Stiftung für die Rechte zukünftiger Generationen (Hg.)

Die 68er – Warum wir Jungen sie nicht mehr brauchen

Stiftung für die Rechte zukünftiger Generationen (Hg.)

Die 68er – Warum wir Jungen sie nicht mehr brauchen

Kore

Liebe Leserin, lieber Leser,

wenn Sie uns nach der Lektüre dieses Buches schreiben wollen, dann nur zu! Wir kennen dieses Bedürfnis und ärgern uns jedesmal, wenn der Autor seine Adresse nicht angegeben hat.

Da uns Ihre Meinung zu diesem Buch wirklich interessiert, wollen wir es besser machen. Ihre Anmerkungen, Kritik oder Vorschläge können Sie richten an die

Stiftung für die Rechte
zukünftiger Generationen
Postfach 5115
61422 Oberursel
info@srzg.de

INHALT

VORWORT ZUM BUCH

«Die 68er – Warum wir Jungen sie nicht mehr brauchen»

1998 jährt sich die 68er-Revolte zum dreißigsten Mal. Die Stiftung für die Rechte zukünftiger Generationen (SRzG), gegründet 1997, gibt aus diesem Anlaß einen Sammelband über die 68er und ihre Bedeutung für die heutige junge Generation heraus. Die Stiftung tritt nicht nur für die Rechte der jungen und künftigen Generationen ein, sondern versteht sich auch als ein Think-Tank, der darüber hinausgehende gesellschaftspolitische Themen aufgreift und analysiert.

Viele Betrachter der politischen Szene sind der Meinung, daß die 68er heute ihren damals propagierten «Marsch durch die Institutionen» erfolgreich abgeschlossen haben. Denn sie stellen inzwischen (zumindest in Westdeutschland) die Mehrheit der Professoren- und Lehrerschaft und dominieren die öffentliche Meinung. Für viele der heute politisch interessierten jungen Leute sind die 68er gewissermaßen geistige Väter und Mütter. Mehr und mehr fragt man sich, ob die junge Generation die Werte der 68er vollständig übernehmen will oder ob sie mittlerweile auch eigene Ideen hat und verfolgt. Im zweiten Buch der Stiftung[1] erörtern zahlreiche Vertreter und Vertreterinnen der jungen Generation, was die 68er aus der Sicht ihrer Nachfolger richtig gemacht haben und was an ihnen damals und heute zu kritisieren ist. Dabei kommt es Ihnen mindestens so stark auf Gegenwartsfragen wie auf eine historische Betrachtung an.

1 Das erste Buch, damals noch herausgegeben von der Gesellschaft für die Rechte zukünftiger Generationen, erschien 1997 mit dem Titel *Ihr habt dieses Land nur von uns geborgt* im Rasch und Röhring Verlag.

Der jüngste SPD-Bundestagsabgeordnete, Hans Martin Bury, befürchtet einen «Clash der Generationen». Er fordert mehr Chancen für junge Menschen in Parteien und eine Reform der Rentenversicherung, des Steuersystems und des Bildungswesens, kurz: einen neuen Generationenvertrag. Schärfer noch als Bury geht sein Bundestagskollege Matthias Berninger, jüngster Abgeordneter von Bündnis 90/Die Grünen, die 68er an. Sein rhetorisch brillanter Beitrag dürfte zahlreiche Diskussionen auslösen, denn selten hat ein junger Autor seine politischen und geistigen Eltern so vehement daran erinnert, daß man nicht mit den Rezepten von gestern die Probleme von heute lösen kann. Ergänzt und erweitert wird Berningers Analyse durch die Dokumentation des Generationenkonfliktes bei den Grünen, wie sie Mathias Wagner aus der Insiderperspektive wahrnimmt. Michael Kauch – gleiche Generation aber andere Partei – geht auf die Zukunft der Arbeitsgesellschaft im Zeitalter der Globalisierung ein und fordert lebenslanges Lernen. Maja Schmidt, wie Kauch bei den Jungen Liberalen, zeigt auf, was dazu im Bildungswesen verändert werden muß.

Das Denken junger Frauen heute hat viele Forderungen der Feministinnen von 1968 verinnerlicht – und gleichzeitig modernisiert und an die heutige Zeit angepaßt. Manuela Rottmann (Grün-Alternatives Jugendbündnis) beschreibt, daß die Lila-Latzhosenfeministin mit ihren «Schwanz-ab-Parolen» heute out ist, das Ideal der Gleichberechtigung aber auch bei den Girlies der 90er noch hoch im Kurs steht.

Einen ganz anderen Schwerpunkt setzen die beiden jüngsten Autorinnen, Natalie Immel und Sue Hermenau, mit ihrer Beschwerde über Belästigungen durch Ausländer. Kaum zuvor dürften so junge Autorinnen einen so differenziert geschriebenen Beitrag über ein so schwieriges Thema verfaßt haben. Dennoch wird auch hier ein Tabu der 68er bloßgestellt – und dann munter gebrochen. Die fehlende demokratische Streitkultur der 68er ist denn auch der Schwerpunkt von Martin Viehöver, dem Bundesvorsitzenden der Jungen Ökologen. Die herrschenden Meinungen werden als die Meinungen der Herrschenden entlarvt. Benjamin Kiesewetter schließlich kritisiert die pädagogischen Vorstellungen der 68er, die «antiautoritäre Erziehung» forderten und praktizieren wollten. Weder ein «Zurück zur traditionellen, autoritären Erziehung» noch eine «moderne Werteerziehung» darf seiner Meinung nach die Reaktion auf die Fehler der 68er-Eltern sein. Vielmehr müsse sich unsere Generation generell von «Erziehung» verabschieden.

Arne Weiß und Julia Junger fragen, ob die Studentenstreiks 1997 mit der vorrevolutionären Stimmung im Jahr 1967 vergleichbar sind. Christopher Gohls Polemik über das «Volksfest Deutschland» wird manchen Älteren nachdenklich machen, ruft sie ihnen doch in Erinnerung, daß sie selbst für vieles verantwortlich sind, was sie heute bei der Jugend beklagen. Der Beitrag von Jörg Tremmel schließlich versucht, die Stränge zusammenzuführen und das Gemeinsame zu finden. Nach seiner Analyse bestimmen die 68er Ideale auch heute noch die Politik, was von den Jüngeren aber nicht mehr widerspruchslos akzeptiert wird. Die meisten Autoren des Buches sehen die 68er-Revolte kritisch bis negativ. Frank Winter dagegen analysiert aus linker Sicht die 60er Jahre und fragt, über welche «unterirdischen Bänder» die Probleme der 60er Jahre mit dem Heute verbunden sind, welche Brisanz sie noch haben. Der renommierte Politiologe Claus Leggewie hat das Privileg des letzten Wortes: Er kommentiert das Ganze noch einmal aus 68er-Sicht.

Die Stiftung für die Rechte zukünftiger Generationen als Herausgeberin hat sich bemüht, neben «normalen» Jugendlichen junge Leute aus verschiedenen Parteien zu Wort kommen zu lassen. Für uns war nicht entscheidend, einen Proporz aller Parteien zu erreichen, sondern jungen Leuten aus verschiedenen politischen Richtungen, die etwas zum Thema zu sagen haben, ein Forum zu bieten. Auch wenn das Buch nicht beansprucht, repräsentativ für die junge Generation zu sein, so gibt es sicherlich die heutige Grundstimmung unter den meisten Jugendlichen treffend wieder.

Kein der Stiftung angebotener Beitrag wurde abgelehnt, alle aufgenommen. Schon dieser Umstand zeigt, daß die Meinungen der Einzelbeiträge selbstverständlich nicht notwendigerweise mit den Meinungen der Vorstandsmitglieder oder der Kuratoriumsmitglieder der Stiftung für die Rechte zukünftiger Generationen übereinstimmen. Die SRzG hat auch solche Beiträge mithineingenommen, deren Tenor von der Mehrzahl der Stiftungsmitglieder nicht geteilt wird. Wir fühlen uns Voltaires berühmtem Satz verpflichtet: «Ihre Meinung ist das genaue Gegenteil der meinigen, aber ich würde mein Leben dafür geben, daß sie sie äußern dürfen.»

Die Beiträge ergänzen sich vielfach, Überschneidungen sind durch einen glücklichen Zufall eher selten geblieben. Wenn in mehreren Beiträgen auf eine Sache eingegangen wird – die Globalisierung ist so ein Thema, das mehrere Autoren beschäftigte – so kommen dabei unterschiedliche Blickwinkel zur Geltung.

Die jungen Autoren – auch die nicht im Vorwort erwähnten – scheint mehr zu verbinden als zu trennen. Die Generationszugehörigkeit scheint ein mindestens ebenso starkes Band zu sein wie die Parteizugehörigkeit, was für Ältere eine Überraschung sein dürfte.

Mit diesem Buch meldet sich die bisher weitgehend stumm gebliebene junge Generation – als 89er oder neuerdings auch als 98er-Generation bezeichnet – endlich zu Wort. Sie dürfte nicht mehr verstummen, sondern stattdessen die politische Debatte in den nächsten Jahren durch neues, unverbrauchtes Denken nachhaltig beleben.

Der Stiftungsvorstand der
«Stiftung für die Rechte zukünftiger Generationen»

Hans Martin Bury

CLASH DER GENERATIONEN

Vier Grundschüler sprechen auf dem Heimweg über ihre Berufswünsche: Pilot, Busfahrerin, Fußballer. Ein Junge schüttelt nur mit dem Kopf, alles nicht erstrebenswert: «zu anstrengend». «Was willst Du eigentlich mal werden?» fragt ihn ein Mädchen. «Opa». «Was is'n das?» rufen die anderen. «Ist doch kein Beruf!» – «Doch», entgegnet der Junge, «mein Opa muß nichts tun und hat immer Geld».

Der Spot der Sparkassen-Finanzgruppe beschreibt eine Gesellschaft, in der schon die Kinder vom Lebensabend träumen. Auch wenn die Charterflieger voller lebenslustiger Senioren, die vor der Kälte in den sonnigen Süden fliehen, während zu Hause die Jüngeren einen immer größeren Teil ihres Einkommens für Sozialversicherungsbeiträge abgeben müssen, für eine ganze Generation Rentner und Pensionäre nicht charakteristisch sein mögen, zeigen sie doch einen Trend auf. Nie hatten die Alten eine vergleichbare Sicherheit und Freiheit zugleich. Niemals zuvor in der Geschichte gab es eine so ausgedehnte eigenständige Lebensphase nach Erwerbsleben und Familienarbeit.

Doch während die Alten für die eingeschränkten Lebensperspektiven der jungen Generation langsam sensibel werden, sind es jene, die selbst kurz davor stehen, die Früchte jahrzehntelanger Arbeit zu genießen, die mit dem letzten Dogma, der Besitzstandswahrung, jeden grundlegenden Reformansatz abwürgen und damit den Jungen deren Teil aus dem Generationenvertrag schuldig bleiben. Deutschland rangiert bei den öffentlichen Ausgaben für Bildung auf einem der letzten Plätze unter den Industriestaaten. Die jährlichen Kanzlerversprechen, daß jeder junge Mensch einen Ausbildungsplatz erhalte, platzen ebenso regelmäßig wie die diesbezüglichen Selbstverpflichtungen der Wirtschaft. Die Hochschulen sind chronisch überlastet, die Mittel für Forschung und Entwicklung fließen immer spärlicher. So finden sich inzwischen auch gut ausgebildete Jugendliche und Akademiker auf der Straße, denn die Arbeitsplätze sind rar. Lieber kloppen die Älteren Überstunden, als den Jungen einen Job zu geben. Und die ritualisierten Klima- und Umweltgipfel enden regelmäßig in zahnlosen Formelkompromissen. Für den heutigen Wohlstand in den Industrienationen wird skrupellos die Zukunft kommender Generationen konsumiert.

Die junge Generation hat Veränderung oft als Synonym für Verschlechterung empfunden, der Begriff der Reform wurde systematisch diskreditiert. Und doch ist die Einsicht weitverbreitet, daß es «so nicht weitergehen» kann. Die herrschenden Generationen verfrühstücken die Zukunft der Jungen: ökologisch und sozial. Doch wenn die Älteren nicht rechtzeitig beginnen zu teilen, werden sie in der unausweichlichen Konfrontation den Jungen unterliegen. Der Clash der Generationen steht bevor.

Jugendlichkeit dominiert die Medien, insbesondere – aber bei weitem nicht allein – in der Werbung. Das Bild einer nach ewiger Jugend strebenden Zivilisation verdeckt, daß es noch immer die Älteren sind, die in Politik und Wirtschaft das Sagen haben. Doch die Geschwindigkeit der Veränderungen hat enorm zugenommen. Es wird nicht reichen zu warten, bis die Generation der Dreißigjährigen ihre Väter abgelöst hat. Der drohende Clash der Generationen kann die Revolution in den Köpfen anstoßen.

Der Bundesrepublik geht es mehr und mehr wie einem mittelständischen Unternehmen. Was die Gründergeneration der Adenauers, Erhards, Schumachers und Schmids anlegte und von den Brandts, Wehners und Schmidts ausgebaut wurde, wird nun von geistigen und selbsternannten Enkeln verspielt. Und alle sind sie verhaftet in der Vergangenheit. Die Großeltern erzählen vom Krieg, die Eltern schwärmen von 68.

«Alle lieben 68, niemand die 68er, nicht einmal sie sich selbst» (Klaus Hartung). Wer dabei war, spricht gerne von der gesellschaftlichen Aufbruchstimmung und dem persönlichen Einsatz, mit dem man gegen das Establishment aufstand, aber als 68er lassen sich die meisten nur ungern bezeichnen.

1968 war das Jahr der aufbegehrenden Jugend. Weltweit rebellierten junge Menschen gegen autoritäre Systeme und deren Repräsentanten, gegen Krieg und Menschenverachtung. In Deutschland erhob sich die «Generation der Unrast», wie Willy Brandt sie nannte, gegen die Generation der Väter. «Tausendjähriger Muff» steckte nach Meinung der Jungen längst nicht nur unter den Talaren der Ordinarien, sondern überall in der zweiten deutschen Republik. Nicht zuletzt in der Politik und in den Führungsetagen deutscher Unternehmen. Bundeskanzler Kiesinger und Bundespräsident Lübke mit ihrer umstrittenen Vergangenheit im NS-Staat wurden zum Symbol für die Kriegsgeneration, die «Mitläufer» im Hitler-Staat, die nach dem Krieg erneut versagt hatten, weil sie die Auseinandersetzung mit ihrer eigenen und der deutschen Vergangenheit verweigerten. Jetzt wurden sie lautstark mit den verdrängten Fragen nach ihrer Rolle im Nationalsozialismus konfrontiert.

Eine Generation stand auf, an ihrer Spitze die radikalen Studenten des Sozialistischen Deutschen Studentenbundes (SDS) um Rudi Dutschke. Dutschke, charismatisch und rhetorisch brillant, wurde zur Leitfigur der Studentenbewegung. Seine Kritik am bundesrepublikanischen System traf ins Schwarze. «Dieser Rudi Dutschke muß ernst genommen werden», kommentierte die *Stuttgarter Zeitung* am 5.12.1967.

> «Dort, wo er dem ‹Establishment›, den Berufspolitikern, der bestehenden Ordnung den Spiegel vorhält, erweist er sich als schonungsloser Kritiker, wie sie die Demokratie in diesem Staat durchaus vonnöten hat ... Daß es diesen Rudi Dutschke gibt, daß er ernst genommen werden muß, resultiert aus dem augen-

blicklichen Zustand unserer parlamentarischen Demokratie und der sie tragenden Parteien.»

So treffend seine Analysen und so beißend seine Kritik waren, so vage und unklar blieben seine Reformvorschläge, seine Visionen. «Ein Dutschke will keine Antworten geben», sagte er am 24. November 1967 in einer Podiumsdiskussion in Hamburg.

> «Das wäre genau die manipulative Antwort, die ich nicht zu geben bereit bin, denn was soll es bedeuten, als einzelner Antworten zu geben, wenn die gesamtgesellschaftliche Bewußtlosigkeit bestehen bleibt.»

Dutschke ging es um die Schaffung eines kollektiven «Bewußtseins des Mißstandes», für ihn die entscheidende Voraussetzung für wirkliche Veränderungen. Nicht der Inhalt des Gesellschaftsentwurfs Dutschkes war entscheidend für seinen Erfolg, sondern die wachsende Einsicht in die Notwendigkeit eines Gegenentwurfs. Alternativen zum muffigen Adenauer-Staat waren denkbar. Begierig nahmen die Jungen dieses Bewußtsein auf.

Mit überzogenen Reaktionen leistete der Staat erstaunliche Hilfestellung bei dieser Bewußtwerdung. Denn zur breiten Jugendbewegung wurde der Studentenprotest erst, als der Staat und seine Eliten zu Repressionen griffen. Der Tod des Berliner Studenten Benno Ohnesorg bei den Demonstrationen anläßlich des Schah-Besuchs in Berlin und die alle Vorurteile bestätigende Hetzkampagne der rechten Presse – allen voran die Nationalzeitung und die Springer-Blätter – machten aus dem elitären Club der «Dutschkes» die größte Jugendrebellion der Nachkriegsgeschichte.

1968 war aber auch das Jahr der zerstörten Visionen und Illusionen. Weltweit brachen die Hoffnungen auf revolutionäre Veränderungen zusammen. Der Prager Frühling in der CSSR und die Hoffnung auf einen «Sozialismus mit menschlichem Antlitz» wurden unter sowjetischen Panzern begraben. Martin Luther King, die Inkarnation des friedlichen Aufbegehrens der Schwarzen in den USA gegen die Apartheid, starb ebenso als Opfer entfesselten Hasses wie der US-Präsidentschaftskandidat Robert Kennedy und mit ihm die

Chance auf ein schnelles politisches Ende des Vietnam-Krieges. Und am 11. April 1968 schoß der verblendete Rechtsextremist Josef Bachmann den deutschen Studentenführer Rudi Dutschke nieder. Dutschke überlebte das Attentat schwer verletzt; mußte aber die politische Bühne verlassen und starb elf Jahre später an den Spätfolgen des Mordanschlags. Die auf das Attentat folgenden gewaltsamen Auseinandersetzungen waren Höhe- und Endpunkt der 68er Revolte in Deutschland. Die Rebellion der deutschen Jugend brach zusammen, nicht ohne erhebliche Spuren in der Gesellschaft zu hinterlassen. Die Bundesrepublik Deutschland war nach 1968 ein anderes Land.

Das Bewußtsein des Mißstandes hatte sich rasch ausgebreitet und fand breiten Widerhall. Auch und gerade in der Politik, und hier besonders bei der SPD, seit 1966 Juniorpartner der CDU/CSU in der Großen Koalition. Nur widerwillig und nach heftigen internen Kontroversen waren die Sozialdemokraten, angeführt von Herbert Wehner, in die Koalition eingeschwenkt. Für die meisten Genossen nicht mehr als ein Bündnis auf Zeit; sie hofften darauf, daß die Bundestagswahlen 1969 die SPD zur stärksten Partei machen würden. Danach sah es zum Jahreswechsel 1967/68 jedoch nicht aus. Der Status des Juniorpartners schadete dem Image der SPD als inhaltlicher Alternative zur Partei Adenauers und Kiesingers. Gemeinsame Vorhaben wie die heftig umstrittenen Notstandsgesetze verstärkten die Zweifel. Schon damals zeigte sich, daß der deutschen Sozialdemokratie das Einschwenken auf konservative Politikmuster nicht bekommt. Die Hoffnung, als «bessere CDU» ins Kanzleramt zu gelangen, war immer ein Trugschluß.

Und sie bewegt sich doch

Doch das Jahr 1968 brachte den Durchbruch für die SPD. Unter dem Druck der opponierenden Jugend und des eigenen Parteinachwuchses verstand es die Sozialdemokratie, den Wunsch nach Veränderung und mehr Demokratie aufzunehmen und Antworten auf die Fragen zu geben, die die Jungen aufgeworfen hatten. Die SPD und ganz besonders ihr Vorsitzender Willy Brandt hatten erkannt, daß der Kern der Jugendproteste ein fundamentaler Generationenkonflikt war, den man nicht mit leichtfertiger Selbstgefälligkeit übergehen konnte.

Die Partei müsse eindeutig und überzeugend klarmachen, daß sie sich nicht nur als «Aufräumkommando» versteht, das das «Trümmerfeld der Erbschaft Adenauer/Erhard beiseite räumt», forderte Jochen Steffen, ein Vertreter der jungen Linken, vor dem Nürnberger Parteitag im *Vorwärts*: Durch die Formulierung eines klaren politischen Selbstverständnisses und konkreter Ziele müsse deutlich gemacht werden, daß sich die Sozialdemokraten als «Architekten und Erbauer einer neuen, veränderten Gesellschaft verstehen».

Der Bundesparteitag im März 1968 in Nürnberg wurde zum «Parteitag des Umbruchs». Von Anfang an hatte er unter dem Eindruck der Studentenrevolte gestanden. Dies umso mehr, als die Versammlung mit einem Eklat begann. Vom SDS aufgerufen, versuchten gewaltbereite Störer den Einzug der Parteispitze in die Meistersingerhalle zu verhindern. Es kam zu Handgreiflichkeiten, Herbert Wehner, dem Architekten der Großen Koalition, wurde die Brille vom Kopf geschlagen, der SPD-Parteivorsitzende und Vizekanzler Willy Brandt entging nur knapp den Schlägen der aufgebrachten Jugendlichen. Auf dem Parteitag siegten schließlich die Argumente, und es waren die Jungen, die die Richtung vorgaben, in die sich der Tanker SPD bewegen sollte.

Und die SPD bewegte sich. Als erste und vorerst einzige Partei erkannte sie den gesellschaftspolitischen Sprengstoff des Generationenkonflikts. In seiner Parteitagsrede führte der Parteivorsitzende Willy Brandt aus:

> «Bei uns in der Bundesrepublik macht sich der Bruch der Generationen vielleicht noch deutlicher bemerkbar als in anderen Ländern. Die Jugend teilt keine der Erfahrungen, von denen die Führungsschicht in diesem Staat tatsächlich zehrt.»

Jüngster SPD-Delegierter in der Nürnberger Meistersingerhalle war damals ein 24jähriger Student aus dem Saarland namens Oskar Lafontaine. Beginn einer eindrucksvollen Parteilaufbahn. Zum Konflikt der Jugend mit der SPD bemerkte er auf dem Parteitag:

> «Viele unserer Genossen scheint die Frage zu bewegen, warum sich die Kritik der Studenten denn gerade und vor allem gegen die Sozialdemokratische Partei richtet. Genossinnen und Genossen, die Antwort darauf ist sehr leicht. Ich will es mit einem Beispiel versuchen: Man fühlt sich nur von der Frau betrogen, die man einmal geliebt hat».

Die SPD des Jahres 1968 verstand es, die «betrogene» Jugend zu neuer Liebe zu führen. Brandt kündigte an:

> «Was an mir liegt, was an uns liegt, wird geschehen, damit die Demokratie und damit die Chance der nächsten Generation in dieser Republik nicht vor die Hunde geht. Wir wissen, daß an diesem Staat vieles zu verbessern ist, viel ausgebaut werden muß.»

Und als Schritt in diese Richtung schlug Brandt vor, einen Kongreß mit der jungen Generation abzuhalten. Einstieg in einen konstruktiven Dialog mit der kritischen Jugend, der für den politischen Aufstieg der deutschen Sozialdemokratie Ende der 60er Jahre entscheidend werden sollte.

In seinem Schlußreferat am 21. März 1968 nannte Brandt als die eigentliche Leistung dieses Parteitags, daß er

> «die Generationsfrage als entscheidend in unserer Zeit zu diskutieren begonnen hat ... Die Sicherung der Zukunft liegt im richtigen Erkennen der Aufgaben und im Willen zu ihrer Bewältigung ... Die Sozialdemokratische Partei geht hier in Führung beim Suchen und Drängen, beim Vorstoß zu neuen Ufern. Sie ist das dynamische Element in der deutschen Politik.»

Eine Einschätzung, der sich auch unabhängige Beobachter anschlossen. Der Schweizer Publizist Fritz René Allemann machte in Nürnberg die «Umrisse einer Politik von morgen» aus. In den Diskussionen habe sich der «Geist jener neuen Kräfte» offenbart, die «sich zum Ausbruch aus den alten Fronten anschickten».

> «Es ist weder das Bedürfnis nach einer Rückkehr zur Ideologie noch die Sehnsucht nach Opposition um jeden Preis, die diese junge Parteigeneration beflügelt – auch wenn sie Pragmatismus nicht mit Theoriefeindlichkeit und Realismus nicht mit Anpassungsfähigkeit verwechselt, wie das manchen der Älteren leicht unterläuft. Was sie auszeichnet ist etwas anderes: Daß sie vor unbequemen Fragen nicht zurückschreckt, daß sie keine Tabus achtet und daß sie in der derzeitigen Gestalt der bundesrepublikanischen Demokratie so wenig der Weisheit letzten Schluß sieht wie in einem Marxismus von vorgestern. Sie zielt auf gesellschaftliche Veränderungen ab und bejaht daher nicht nur die Notwendigkeit entscheidender Reformen, sondern auch des harten und rücksichtslosen Kampfes dafür.»

Die SPD wurde die Partei der Jugend; sie galt als modern und innovativ. «Wir bauen das moderne Deutschland», hieß das Motto, unter dem Sozialdemokraten antraten, um die Republik zu erneuern. An ihrer Seite standen politische Liberale, die mit der heutigen wirtschaftsliberalen Klientelpartei lediglich den Namen gemein hatten. «Mehr Demokratie wagen», kündigte der neue Bundeskanzler Willy Brandt an: «Wir stehen nicht am Ende unserer Demokratie, wir fangen erst richtig an.» So bestätigte sich, was die *Stuttgarter Zeitung* bereits im Dezember 1967 prophezeit hatte:

> «Wenn Dutschkes ... zu der notwendigen Selbstbesinnung in Staat und Parteien, zu einer Re-Demokratisierung anstoßen, dann werden sie die Gesellschaft stärken, die sie zu überwinden trachten. Ein Effekt, der nicht für Dutschke, aber für die Mehrheit wünschenswert ist.»

1998 und die 68er

Die Rebellion von 1968 brach zusammen, die 68er jedoch hatten Erfolg. 1967 hatte Rudi Dutschke das berühmte Diktum des «langen Marsches durch die Institutionen» geprägt. «Der geschichtliche Unterschied zu den vergangenen Revolutionen besteht unter anderem darin, daß unser Prozeß der Revolution sehr lang sein wird, ein sehr langer Marsch sein wird», erläuterte er in einem Fernsehgespräch mit Günter Gaus. «Und innerhalb dieses sehr langen Marsches wird sich das Problem der Bewußtwerdung stellen und gelöst werden, oder wir werden scheitern». Dutschke verstand den langen Marsch durch die Institutionen als einen systemabschaffenden Reformismus, eine Art Kulturrevolution. Dutschke selbst war sich über den Erfolg dieses Marsches keineswegs sicher, vielmehr sah er die Gefahr, daß die Marschierer sich den Institutionen anpassen könnten und nicht die Institutionen veränderten.

Heute sind die 68er, die sich nach dem Zusammenbruch der Jugendrebellion zum Marsch durch die Institutionen aufmachten, in der Bundespolitik unmittelbar vor den Schaltstellen der Macht angekommen. Es scheint, als hätten die Institutionen sich weniger verändert als die Marschierer. Heute müssen sie sich mit der kritischen Jugend auseinandersetzen, wird ihnen in Parteitagen vorgeworfen, es sich in breiten Sesseln zu bequem gemacht zu haben, um die Sorgen der Jungen noch zu kennen. Umso wichtiger, daß die Jugend heute, ebenso wie vor dreißig Jahren, als Korrektiv fungiert. Wenn die Jungen von heute den ergrauten 68ern nicht ebenso Druck machen, wie es die 68er ihrerseits vermochten, sind sie selbst schuld.

Noch liegt die Macht in diesem Lande freilich in der Hand eines anderen 68ers. Wenn die Deutschen am 27. September 1998 die neue Bundesregierung wählen werden, wird Amtsinhaber Helmut Kohl 68 Jahre alt sein. Die sozialen Sicherungssysteme – die allein verhindern, daß angesichts Weimarer Zustände auf dem Arbeitsmarkt und Brüningscher Sparpolitik unter dem Vorwand der Fiskalkriterien von Maastricht die parlamentarische Demokratie ins Wanken kommt – sind inzwischen das Ziel Kohlscher «Jahrhundertreformen». Im Taumel historischer Ereignisse hat der Kanzler das Jahrhundert auf vier Jahre verkürzt. Von Jahrhundertreform zu Jahrhundertreform hangelt sich die Politik von Wahltermin zu Wahltermin. Heute geht nichts mehr im Kabinett des Kanzlers Kohl. Es ist Zeit, den Kanzler des politischen Stillstandes der 90er Jahre, der Massenarbeitslosigkeit und der Rekordverschuldung in den Ruhestand zu schicken. «Reformstau» heißt das Wort des Jahres 1997.

1998 sollte ein anderes Wort die Medien dominieren: Vielleicht «Aufbruch»?

Stell Dir vor, es ist Wahl, und keiner geht hin

Die Hinwendung zur Jugend sollte Ende der 60er Jahre zur Grundlage des politischen Erfolges der Sozialdemokratie werden. Die SPD wurde die Partei der kritischen, aufbegehrenden Jugend. Der größte Teil der aktiven Jugendbewegung der 60er Jahre fand seine politische Heimat in der SPD. Der Zustrom führte zu einem explosionsartigen Wachstum: Fast 500.000 Neumitglieder vermeldete die Partei in diesen Jahren. Allein im Jahre 1972, in dem die SPD mit 45,8 Prozent der Stimmen ihr bestes Bundestagsergebnis erzielte, gab es 160.000 Neueintritte. Und rund zwei Drittel der neuen Mitglieder waren unter 35 Jahre alt.

Inzwischen ist Genosse Trend in die Jahre gekommen. Die SPD hat heute, wie alle Parteien, Defizite in der Akzeptanz bei der jungen Generation. Alle Jungendorganisationen klagen über Nachwuchsprobleme, sie spielen nur noch innerhalb der Parteien eine Rolle, Avantgarde der gesellschaftlichen Entwicklung sind sie längst nicht mehr. Und die Wahlen weisen auf eine alarmierende Entwicklung hin. Hatten die traditionellen Parteien mit dem Erstarken der Grünen schon ganze Wählergruppen verloren, so droht jetzt die Abwendung der jungen Generation von der parlamentarischen Demokratie überhaupt. Stell Dir vor, es ist Wahl und keiner geht hin.

Politiker und Publizisten reagieren auf die Entwicklung larmoyant, beleidigt und vorwurfsvoll: Die Jungen seien politikverdrossen. Eine Fehleinschätzung: Die heutige Politik ist jugendverdrossen. Man hat es «nicht verstanden, die junge Generation im ausreichenden Maße am politischen Geschehen in der Bundesrepublik zu beteiligen» – was Willy Brandt 1968 als einen Grund für die Rebellion der Jugend ausmachte, gilt heute um so mehr. Denn die Seilschaften der Ex-Vorstände von Parteinachwuchsorganisationen halten bis heute, wenn es darum geht, Ämter und Mandate zu verteilen.

Auch vereinzelte Beschlüsse zur Beteiligung junger Menschen in den Parlamenten kaschieren den Mangel weniger als sie ihn offenbaren. Wohlklingende Resolutionen zur Schaffung von Jugendquoten können ebensowenig von der Dominanz der über 50jährigen ablenken wie eine junge Frau im Bundeskabinett, deren Jugendlichkeit sich nur durch einen Blick in den Personalausweis erschließt. Oder «Junge Wilde», gefälliges Produkt der Strategen im Konrad-Adenauer-Haus, die brav an der Leine zerren, die die Altvorderen mal locker lassen, doch stets anziehen, wenn es ernst wird.

In einer repräsentativen Demokratie muß auch die junge Generation ihre Erfahrungen und Interessen in den Entscheidungsgremien vertreten. Junge Politiker sind oft eher in der Lage, Bestehendes in Frage zu stellen und neuen Ideen zum Durchbruch zu verhelfen. 40 unter 30 statt 30 unter 40, heißt die Forderung. Es muß Schluß gemacht werden mit den Ritualen, in denen auf «Jugendparteitagen» morgens flammende Plädoyers für eine stärkere Repräsentanz junger Menschen in Führungspositionen gehalten werden, um nachmittags bei konkreten Entscheidungen konsequent gegen junge Kandidaten zu votieren. Unter dem programmatischen Motto «Eine Partei ohne Jugend ist eine Partei ohne Zukunft» hatte sich die nordrhein-westfälische SPD zum Auftakt der Bundestagswahl 1994 als Partei für die Jugend darstellen wollen. In einem ambitionierten Grundsatzpapier beschloß der Parteitag, junge Menschen verstärkt in verantwortliche Positionen aufsteigen zu lassen, zehn Prozent der Mandate in Partei und Parlament sollten künftig mit jungen Menschen besetzt werden. Doch als am Nachmittag die Besetzung der Landesliste auf der Tagesordnung stand, hatten die Delegierten ihre morgendlichen Beschlüsse längst zu den Akten gelegt. Auf den aussichtsreichen Plätzen der 88 Kandidaten umfassenden Landesliste befand sich kein einziger unter 40, das Durchschnittsalter betrug stolze 51 Jahre. Die Jusos wagten den Aufstand: Eine Dreißigjährige kandidierte gegen einen langjährigen Bundestagsabgeordneten. Der Parteitag schloß die Reihen: Mit 200 zu 51 Stimmen wurde die Juso-Kandidatin abgeschmettert.

Doch wenn die Parteien ihre Ansprüche ernst nehmen und aus den jungen Parlamentariern von morgen nicht die «Berufspolitiker» von übermorgen werden sollen, muß der Austausch zwischen Parlament und Wirklichkeit dringend verbessert werden. Es fällt auf, daß der Werdegang junger Politiker heute deutlich von denen der 68er abweicht. Dazu gehören Chancen für Quereinsteiger ebenso, wie Karrieremöglichkeiten für Abgeordnete außerhalb von Ministerien, Stiftungen und Verbänden. Wer mehr als drei Wahlperioden im Parlament zugebracht hatte, war allzu oft nicht mehr resozialisierbar.

Auch die Jugendorganisationen der Parteien müssen sich auf ihre originären Stärken besinnen. Wenn sie sich nur noch als Sprungbretter für durch Jugendquoten geebnete Parteikarrieren verstehen, ist ihr gesellschaftspolitisches Aus vorprogrammiert. Das Wehklagen über von «den Alten» verwehrte Pöstchen reicht auf die Dauer nicht aus. «Jung sein allein ist kein Verdienst, genauso wenig wie das Alter alleine ein Verdienst wäre», so Willy Brandt 1968. Die Jusos des Jahres 1968 waren nicht nur kritisch, sie repräsentierten auch starke gesellschaftliche Strömungen. Diese Verankerung gab ihnen Gewicht. Einzelne Landesverbände – wie die Jusos Baden-Württemberg – haben begonnen, wieder die Avantgarde zu sein, indem sie heikle Themen anpacken und den Tabubruch wagen.

Die wahren Enkel sind da

Die Jungen in der SPD, Abgeordnete in Bundestag und Länderparlamenten oder Mitglieder im Ortsverein, sind die wahren Enkel: Die Generation, die die Entwicklung der SPD und unseres Landes auf dem Weg ins nächste Jahrtausend entscheidend mitgestalten will und wird. Diejenigen, die einst mit dem Anspruch antraten, die SPD der 80er Jahre zu sein, sind ihren Grundsätzen durchaus treu geblieben. So hatten sie Schwierigkeiten, mit ihrem Politikstil und -verständnis die Bevölkerung zu erreichen und zu überzeugen – und damit die Mehrheit in Deutschland für Reformpolitik zu gewinnen.

«Wir suchen die Auseinandersetzung, den Streit um neue Antworten», heißt es im Diskussionspapier «SPD 2000 plus» der jungen SPD-Abgeordneten in Bundes- und Länderparlamenten vom 7. Oktober 1996.

«Wir wollen dazu beitragen, daß die SPD wieder zum Zentrum gesellschaftlicher Auseinandersetzung um Gegenwarts- und Zukunftsgestaltung wird. Die Auseinandersetzung in und mit der Partei ist kein Zeichen von Schwäche, sondern unsere Stärke, wenn sie mit dem Ziel geführt wird, unsere modernen Grundwerte – Freiheit, Gerechtigkeit, Solidarität – nicht nur in tradierte Instrumente zu zwängen, sondern neue Antworten zu finden, sie zu kommunizieren und durchzusetzen.»

Heute ist die Rentenproblematik das Symbolthema für die Frage nach der Zukunft des Generationenvertrages. In der Shell-Jugendstudie aus dem Frühjahr 1997 rangierte das Thema Rente bei der Frage «Was beeinträchtigt Ihre Zukunft am meisten?» zusammen mit Arbeitslosigkeit und Umweltverschmutzung auf den ersten Plätzen. In seiner «Hausmitteilung» berichtete der *Spiegel* über die Reaktionen auf seine umstrittenene Titelstory «Wie die Alten die Jungen ausplündern»: Körbeweise sei die *Spiegel*-Redaktion mit Protesten eingedeckt worden. Die Titelseite habe sie «aufs schwerste beleidigt» reklamierten einige, andere empfanden den Bericht als Angriff auf ihre Lebensleistung. Leicht verschreckt verwies der *Spiegel* auf den ironischen Unterton des Titels. Man habe provozieren wollen, «doch dieses Thema verträgt wohl keine Provokation».

Der Clash der Generationen braucht die Provokation. Doch Provokation braucht Provokateure. Die Medien können diese Funktion nicht dauerhaft übernehmen, hier sind die gefordert, um deren Zukunft es geht: die Jungen.

Die jungen SPD-Abgeordneten in Bundes- und Länderparlamenten fordern einen neuen Generationenvertrag:

«Verträge muß man einhalten. Dieser Grundsatz scheint die Generationen nicht zu kümmern, die heute oder in naher Zukunft Ansprüche aus dem Generationenvertrag herleiten, den sie selbst längst gebrochen haben. Mit einer nachhaltigen Beschädigung unserer natürlichen Lebensgrundlagen und einem ungebremsten Verbrauch der Ressourcen ebenso wie mit einer Finanz- und Sozialpolitik zu Lasten der Jungen. Ein Vertrag der Generationen fordert Solidarität und Verantwortung von allen. Wir kündigen den Generationenvertrag auf, weil er leider schon längst nicht mehr eingehalten wird. Wir bieten an, einen neuen Generationenvertrag auszuhandeln. In diesem neuen Generationenvertrag muß ein verantwortungsbewußter Umgang mit knappen Gütern ebenso vereinbart werden wie die (Vor-)Sorge für die Zukunft.»

Dies gilt ganz besonders für das System der gesetzlichen Rentenversicherung, die angesichts der demographischen Entwicklung und gravierender Veränderungen auf dem Arbeitsmarkt einer grundlegenden Neustrukturierung bedarf. Kontinuierlich ansteigende Beitragssätze bei immer weiter reduzierten Renten sind keine Perspektive für ein System, das von der Leistungsbereitschaft der Jungen lebt.

Eine echte Reform bedarf der Vereinheitlichung der Alterssicherungssysteme und ihrer Ergänzung um Kapitaldeckungsanteile. Statt die Beiträge der Aktiven binnen weniger Monate an die Ruheständler weiterzureichen, sollen Teile produktiv angelegt werden. Der Kapitalstock dient nicht nur der Sicherung der Renten der heutigen Beitragszahler, sondern soll in Teilen als Risikokapital zur Verfügung gestellt werden und damit Investitionen in eine dynamische Wirtschaftsentwicklung ermöglichen. Die Ergänzung des Rentensystems, das ohne grundlegende Korrekturen allenfalls für die nächsten zwanzig Jahre funktionsfähig gemacht werden könnte, um Kapitaldeckungsanteile, bildet die Brücke zwischen Zukunft und Gegenwart, zwischen Alt und Jung. Ziel ist es, eine solidarische Altersversorgung zu erhalten, die Erosion der gesetzlichen Rentenversicherung zu stoppen und der Flucht in individuelle Vorsorge eine gesellschaftliche Alternative entgegenzusetzen. Die schwierige Phase des Übergangs von der Umlagefinanzierung zur teilweisen Kapitaldeckung muß durch eine Verbreiterung und Erhöhung der Bemessungsgrundlage erleichtert werden. Die Einbeziehung von Vermögen bzw. Erbschaften ist dabei ebenso zu prüfen wie die Berücksichtigung weiterer Einkommensarten, aber auch eine Korrektur von Rentenansprüchen im Falle steigender Beitragssätze und eine veränderte Besteuerung von Renten und Kapitalerträgen.

«Es reicht nicht aus, wenn sich alte Männer wechselseitig versichern, daß ihre Rente sicher sei. Sie könnten nicht nur andere, sondern auch sich täuschen.» (SPD 2000 plus)

Heute wird der Vorschlag einer Ergänzung des Umlageverfahrens durch Kapitaldeckungsanteile auch von Rudolf Dressler vertreten. Im Rentenkonzept der SPD findet er sich unter den langfristigen Optionen für die dauerhafte Stabilisierung der Rentenversicherung wieder.

Land der begrenzten Möglichkeiten

Deutschlands Volksparteien haben bei ihrem Dreiklang von Freiheit-Gerechtigkeit-Solidarität (oder – wahlweise – Nächstenliebe) immer laut die Fanfare von Gerechtigkeit und Solidarität geblasen. Die Völker hören die Signale – und sind verstimmt. Denn unter einem Wust von Steuern und Bürokratie droht die Freiheit des Einzelnen zu ersticken. Das Dogma der Verteilungsgerechtigkeit steht im Widerspruch zum Anspruch der Leistungsgerechtigkeit, der nicht aufgelöste Widerspruch einer modernen Wirtschaftspolitik im Wege. Nur wo Leistung gefördert wird, erwächst Verteilungsspielraum. Aber soziale Transfers dürfen nicht zu Almosen demontiert werden; sie sind Fundament der sozialen Marktwirtschaft. Insofern ist die Forderung nach Freiheit nicht zu verwechseln mit der neoliberalen «Freiheit, unter den Brücken zu schlafen», es geht um die Schaffung beziehungsweise Wiederherstellung von Chancengleichheit und Gestaltungsmöglichkeiten.

Das Ziel ist ein dynamischer Sicherheitsbegriff: «Wer morgen sicher leben will, muß heute für Reformen kämpfen.» Dazu gehört eine Bildungs- und Forschungsoffensive sowie die Sicherung der beruflichen Aus- und Fortbildung. Wer an der Bildung spart, handelt, als würde er die Uhr anhalten, um Zeit zu sparen. Bildungsaufwendungen sind Zukunftsinvestitionen. Die Mängel unseres Bildungswesens werfen unser Land schon heute spürbar im internationalen Wettbewerb zurück und beeinträchtigen die Zukunftschancen der jungen Generation. Mit mehr Autonomie und angemessener Ausstattung, aber auch mit höherer Effizienz der Bildungseinrichtungen muß Raum für Kreativität und Innovation geschaffen werden, für kulturellen Reichtum, technischen Fortschritt und ökonomische Leistungsfähigkeit.

Im Deutschland des Jahres 1998 mangelt es weder an Kreativität noch an Innovationsfähigkeit. Es fehlen jedoch die Rahmenbedingungen, um neue Ideen zu fördern, zu entwickeln und umzusetzen. Deutschland wird wieder bereit sein müssen, Eliten zu fördern – und zu fordern. Nur ein wirtschaftlicher Strukturwandel schafft die Voraussetzungen für Wachstum und Beschäftigung und damit die Stabilisierung und konstruktive Neuausrichtung der sozialen Sicherungssysteme. Träger des Wandels werden insbesondere Smart companies sein, junge Existenzgründer in HighTech- und Dienstleistungsbereichen. In den USA sind es nicht zuletzt milliardenschwere Pension funds, die diese Unternehmen finanzieren.

Ein erster Schritt auf dem Weg zu Leistung und Gerechtigkeit: Alle Steuergesetze werden bis 31.12.1999 befristet. Und am 1.1.2000 tritt an ihre Stelle ein einziges Steuer*system*(!). Einfach, transparent, motivierend. Ohne Unterscheidung zwischen Einkunftsarten, ohne Steuersubventionen und Ausnahmetatbestände. Was der Staat besonders fördern will – Bildung, Zusammenleben mit Kindern oder bezahlbares Wohnen – wird direkt, personen- und bedarfsbezogen bezuschußt. Subjektförderung statt Objektförderung heißt das Konzept, das die Steuerungskräfte des Marktes nutzt und den Menschen die Verfügungsfreiheit über die Mittel gibt.

Auch die ökologischen Rahmenbedingungen stimmen längst nicht mehr. Endliche Ressourcen werden hemmungslos ausgebeutet, die Ökosysteme überlastet. Die natürlichen Lebensgrundlagen sind bereits nachhaltig beschädigt. Notwendig ist die sinnvolle Verknüpfung von Ökonomie und Ökologie; Wirtschaftsmodernisierung muß mit dem Prinzip der Nachhaltigkeit verbunden werden. Die gegenwärtige Ausrichtung der Wirtschaftspolitik auf nominale Wachstumsraten des Bruttoinlandsproduktes ignoriert, daß diese nur durch den Raubbau an endlichen Ressourcen erzielt werden. An die Stelle undifferenzierten quantitativen Wachstums muß endlich das Ziel Sustainable development treten, eine nachhaltige Entwicklung, die die Selbststeuerungskräfte der Natur nicht überfordert und irreversible Schäden vermeidet. Im Rahmen dieser Strategie eröffnen sich Anpassungszwänge, die durch Effizienzsteigerung und Produktinnovation nicht nur ökologische, sondern auch ökonomische Vorteile bieten. Vor allem für diejenigen, die rechtzeitig mit der Veränderung beginnen.

Mit einer ökologischen Steuerreform (die ihren Namen verdient, und nicht aus Angst vor der Lobby die entscheidenden Elemente preisgibt) soll die Effizienz der Marktwirtschaft genutzt werden, um die Umwelt zu retten. Dabei kann kein Zweifel darüber bestehen, daß die ökologische Steuerreform nur ein Instrument ist, nicht das Ziel.

> «Unser Ziel ist, daß die nächste Generation wieder in Flüssen und Seen baden kann, daß Spiel und Sport im Freien ohne Angst vor Ozon und gesundheitsgefährdenden Luftschadstoffen möglich sind», heißt es im Diskussionspapier (SPD 2000 plus). «Ozonloch, Treibhauseffekt und weltweite Umweltverschmutzung dürfen nicht als unabwendbare Bedrohung die Zukunftserwartung unserer Kinder verdunkeln.»

New Deal – Vertrag mit der Zukunft

Hochentwickelte soziale Marktwirtschaften setzen Mobilität und Dynamik voraus, brauchen im Gegenzug solidarische Sicherungssysteme. Zugleich steigen Wünsche und Möglichkeiten, Eigenverantwortung und persönlicher Freiheit größeren Raum zu geben. Eine fortschreitende Individualisierung der Gesellschaft steht der Lösung ihrer Probleme ebenso entgegen wie dem menschlichen Bedürfnis nach Einbindung in die Gemeinschaft. Insofern handelt es sich beim Streit der Generationen weniger um eine Auseinandersetzung Alt gegen Jung, als um das Ringen um eine neue Balance zwischen Freiheit und Solidariät, Eigenverantwortung und Gemeinsinn, Bewahren und Verändern. Es geht zugleich um eine längerfristige Orientierung der Politik, die in der parlamentarischen Demokratie leicht Gefahr läuft, sich kurzfristig an Wahlperioden auszurichten.

Der Generationenvertrag, aus dem die älteren Generationen den Anspruch auf Altersvorsorge herleiten, wird von diesen heute permanent gebrochen. Ein neuer Generationenvertrag schafft gleiche Bildungschancen, garantiert Ausbildung und sichert die Möglichkeit zur Erwerbsarbeit. Er verankert das Prinzip der Nachhaltigkeit in der Verfassung und stellt die Solidarität der Generationen auf eine solide, langfristig tragfähige Grundlage.

Von den 68ern lernen

> «Nichts kommt von selbst. Und nur wenig ist von Dauer. Darum besinnt Euch auf Eure Kraft und darauf, daß jede Zeit eigene Antworten will.» (Willy Brandt)

Der Politikwechsel des Jahres 1969 kam nicht von selbst. Eine entscheidende Voraussetzung war die Kraft der Jungen, ihre originären Probleme und Zukunftssorgen zu artikulieren und politikfähig zu machen. Und die SPD-Spitze war politisch sensibel, den gesellschaftlichen Sprengsatz Generationenproblem zu erkennen, die Sorgen der Jungen ernst- und aufzunehmen. Als die Partei diese Fähigkeit verlor, entstanden die Grünen, die – gerade volljährig geworden – inzwischen vor ähnlichen Problemen stehen wie die vor ihnen etablierten Parteien. Doch sie könnten die Position der Liberalen einnehmen, deren Funktion sie längst haben. So könnte 1998 auch das Entstehungsjahr einer neuen Außerparlamentarischen Opposition werden: der FDP, die diese Rolle in den meisten Bundesländern bereits spielt, und sich anschickt, sie auch im Bund zu übernehmen.

Die «Richtungswahl 1998» (Helmut Kohl) ist eine Chance, wenn wirklich die Wahl zwischen zwei Richtungen eröffnet wird. Der Clash der Generationen ist vermeidbar, wenn wir endlich damit beginnen, neue Antworten auf die drängenden Fragen zu geben, die Herausforderungen annehmen und handeln. Hierfür braucht Deutschland eine Regierung, die wieder politikfähig ist. Eine Regierung, die fähig und willens ist, Probleme zu lösen statt sie auszusitzen. Und eine kritische Jugend, die ihre Forderungen nachdrücklich in die politischen Diskussionen einbringt. Die Studentenproteste des vergangenen Jahres haben bewiesen, daß junge Menschen wieder bereit sind, für ihre Forderungen auf die Straße zu gehen. Sie werden auch den nächsten Schritt tun müssen, in die Parteien und die Parlamente.

Matthias Berninger

DIE 68ER IM WAHLJAHR 1998

Es spricht einiges dafür, in der Studentenrevolte von 1968 auch dreißig Jahre später eine Zäsur für die meisten westlichen Gesellschaften zu sehen. Der Grund sind die Veränderungen, die der Revolte junger Menschen gegen vieles Bestehende folgten.

Der gesellschaftliche Wertewandel, der allenthalben konstatiert wird, ist wohl die wichtigste Veränderung, die von 68 ausging. Die Generation der 68er hat heute viele gesellschaftliche Schlüsselpositionen inne und personifiziert diesen Wertewandel nicht nur, sie hat ihn auch strukturell gesichert und gefestigt. Für viele Konservative liegt darin die Wurzel allen gesellschaftlichen Übels. Und sie sehen in den 68ern die Schuldigen. Daß die Werte verloren gingen, daß traditionelle Institutionen, wie die Kirchen, an Bedeutung verlören, lasten sie dieser dämonischen Generation an. Auf dem Höhepunkt fremdenfeindlicher Gewalttaten verstiegen sich führende Politiker, Wolfgang Schäuble beispielsweise, zu der Behauptung, die antiautoritäre Erziehung – wann und wo hat es die eigentlich in Deutschland je wirklich gegeben? – sei die tiefere Ursache für die Gewaltbereitschaft meist junger Brandstifter. Obwohl die Täter meist alles andere als antiautoritäre Charaktere waren, sondern vielmehr Typen mit glasklaren Ordnungsvorstellungen, die denen von Wolfgang Schäubles Parteifreund Heinrich Lummer beispielsweise näherstehen als dem Geist von Summerhill.

Die realistischere Deutung ist: Das Aufbegehren der Jungen Ende der 60er Jahre gegen die Verkrustungen der Nachkriegsgesellschaft hat den Weg in die offenere und tolerantere Gesellschaft freigemacht, die wir heute in Deutschland haben. Wer kann sich heute noch vorstellen, daß Eltern, die dem Freund ihrer 17-jährigen Tochter erlauben, bei ihr zu übernachten, sich der Kuppelei schuldig und damit strafbar machten. Nein, 68 brachte weder Chaos noch den Untergang des Abendlandes. Der Weg wurde frei für eine umfassende Bildungsreform, die mehr Chanchengleichheit bedeutete. 68 brachte eine intellektuelle Öffnung und nachhaltige Demokratisierung unserer Gesellschaft. Ohne sie wäre es ungemütlicher in Deutschland.

Allerdings: Die 68er müssen sich eingestehen, daß sie das, was ihnen als Erfolg zugeschrieben wird – und an ihrem Mythos haben sie kräftig selbst mitgeschrieben – zu einem großen Teil gar nicht gewollt haben. Die Herren Weltrevolutionäre skandierten «Ho-Ho-Ho-Chi-Minh!», wollten mit der Mao-Bibel unter dem Arm die Arbeiterklasse mobilisieren und die Systemfrage stellen – oder sich zumindest mit Doppelstrategie und antikapitalistischen Strukturreformen an den Sozialismus herantasten. Das konnte nicht gut gehen. Auf die Systemfrage wollte die Arbeiterklasse eine Antwort nicht hören und schon gar nicht selbst geben. Das interessierte das ausgedachte revolutionäre Subjekt schlicht nicht. Den Werktätigen war der greifbare bescheidene Wohlstand lieber als die nebulöse Perspektive des Sozialismus und daher die ganze akademische Revolte suspekt. Konsumieren lag dem Proletariat näher als revoltieren. Weder aus der Weltrevolution noch der Doppelstrategie wurde etwas. Und wo immer die Außerparlamentarische Opposition (APO) mit dem politischen System in Berührung kam, gab es Dresche – auf den Kopf und für die Kopfgeburten.

Allerdings war für diese Generation das Private politisch – und das Politische regierte bis in die letzten Winkel des Privatlebens. Dies ist der Grundstein für die Kulturrevolution, die 68 auslöste. Hierin liegt der eigentliche Motor für die gesellschaftliche Veränderung, deren Tragweite vielen unklar ist, die die Zeit vor 68 nicht kennen oder längst vergessen haben. Die theoretische und mitunter sogar praktische Aufhebung der Trennung zweier Lebenssphären, die die bürgerliche Welt der 50er und frühen 60er Jahre noch strikt abgeschottet hat, zündete auch den Sprengsatz der Frauenemanzipation. Die Pille – ein Geschenk der profitmaximierenden großen Pharmaindustrie – war wohl eine schärfere Waffe in der Hand der Bewegung als alle pathetischen Politpamphlete. Viele Frauen wichen den theoretisierenden Machos aus und konzentrierten sich auf die praktischeren Elemente der Revolte. Die Frauen prägten zwar nicht unbedingt die politischen Debatten – aber sie vor allem fingen an, den «life style» zu entdecken und vorzuleben, der Matrize für die modernen Industriegesellschaften wurde. Mit der Auflösung des Sozialistischen Deutschen Studentenbundes (SDS) begann die Zersplitterung der Bewegung, die einen – wenige nur – drifteten in den Terrorismus ab, andere – weitaus mehr – begannen das Arrangement mit der ehedem verfehmten bürgerlichen Gesellschaft an der ausgestreckten linken Hand der SPD. Es ist eine der großen – wenngleich links wie rechts eher unterschlagenen – Leistungen der sozialliberalen Ära, die radikalen Motive der 68er-Bewegung in einen gesellschaftlichen Modernisierungsimpuls übersetzt zu haben. Sie vor allem hielt, getrieben von der APO die Angebote parat, die den meisten ihrer Anhänger erlaubte, sich mit dem System zu arrangieren. Aus dem langen Marsch durch die Institutionen – ein strategisches Konzept immerhin – wurde dann doch mehr und mehr ein Mitdümpeln im nicht einmal so unangenehmen Sog der reformierten Bürgerlichkeit. Mag sein, daß manchem Akteur die Metamorphose der APO und der gescheiterten Studentenrevolte über gewerkschaftliches Engagement und Bürgerinitiativen bis hin zum (Feierabend-) Parlamentariern als beschwerlicher Marsch vorgekommen sein mag. Vom beruflichen Werdegang läßt sich – nimmt man die vom Berufsverbot Betroffenen aus – Gleiches kaum behaupten. Der begann zunächst mit der Beendigung einer oft recht langen, aber ungestörten Hochschulausbildung und endete nicht gleich, aber für viele doch später mit der Ernennung zum Beamten auf Lebenszeit. Der geplante langwierige Marsch durch die Institutionen wandelte sich unversehens vom beschwerlichen und steinigen Weg zum sanften Aufwärtsgleiten auf einem leicht geschwungenen Highway, auf dem die 68er-Generation mehrspurig und auf breiter Front in den öffentlichen Dienst driftete. Die Aufblähung des öffentlichen Dienstes in der sozialliberalen Ära hatte ihren

Grund vor allem in der sozialdemokratischerseits vorherrschenden Überzeugung von der etatistischen Menschheitsbeglückung und dem technokratischen Machbarkeits- und Steuerungswahn der 70er Jahre – aber sie ist auch die materielle Basis für die erfolgreiche Integration einer Generation. Daß sich im öffentlichen Dienst seither der obrigkeitsstaatlich-paternalistische Gestus verflüchtet hat und vielerorts durch das Interesse an der fachlich kompetenten Durchsetzung von Rechtsstaatlichkeit ersetzt wurde, ist ebenso positiv zu bewerten wie die Kosten dieser Integrationsleistungen in Gestalt wachsender Pensionsleistungen ab Beginn des nächsten Jahrhunderts kritisch zu sehen sind.

Der fünfte Versuch: Wer fordert 1998 Helmut Kohl heraus?

1998, das 30. Jubiläumsjahr der APO, könnte – möchte man meinen – für diese Generation das aufregendste Jahr seit der akademischen Revolte werden. Inmitten einer Umbruchphase stellen sich in Deutschland die Politiker den Wählern. Mit von der Partie sind nicht wenige, die 1968 dem Establishment lauthals ihre Kritik entgegengeschrieen haben. Die Alterskohorte der 68er könnte ihre Position in der Gesellschaft, ihren Mythos ebenso wie ihre tatsächlichen Erfolge nutzen, um vollends auf das politische Terrain vorzustoßen, an das sie vor 30 Jahren von außen angerannt ist, und die Macht der Flakhelfergeneration, nach wie vor voluminös durch Helmut Kohl verkörpert, zu brechen. «Jetzt oder nie» – möchte man meinen – könnte die Devise dieser Generation und ihrer alten und neuen Wortführer in der Blüte ihrer Jahre sein. Die konservative Regierung auswechseln wie in anderen Industrieländern auch, einen Kanzler der eigenen Generation auf den Schild heben, den Lebensstilimpuls aus der Gesellschaft endlich in die Bundespolitik tragen, das politische System modernisieren und dem längst erreichten zivilgesellschaftlichen Standard anpassen, das eigene politische Projekt – gewandelt und zeitgemäß duchkomponiert natürlich – zu Ende bringen. Und dann, allseits geehrt, in Rente gehen. Müßte doch so sein

– möchte man meinen – ist aber nicht so. Jetzt, 30 Jahre danach, nicht einmal mehr ein halbes Jahr vor der Bundestagswahl, wird erst klar, in wie viele heterogene Teile die 68er-Bewegung zerbröselt ist, daß sie heute wirklich nur noch ein von Sympathisanten wie von Gegnern zelebrierter Mythos ist. Man könnte darüber kaltlächelnd zur Tagesordnung übergehen, man könnte weghören, wenn sich die alten Kämpen im Jubiläumsjahr die Geschichtchen ihrer Revolte erzählen, statt sich um den Machtwechsel zu kümmern, wenn, ja wenn die Lage so wäre. Aber sie ist nicht so. Daß viele der 68er dies nicht bemerken, ist ein Zeichen dafür, daß viele der damaligen Akteure genauso wie viele ihrer Generation, die auch dabei waren, so politisch nicht sind, wie sie tun. Jedenfalls steht jenen 68er Meinungsmachern, die sich darüber mokieren, wie unpolitisch angeblich die neue Studentenbewegung sei, der erhobene Zeigefinger so lange nicht zu, wie sie es nicht schaffen, die Mehrheit ihrer Generation dazu zu bewegen, sich für den Machtwechsel im Herbst aus dem Sessel zu bequemen.

Wieweit es das Regierungslager schafft, vor der 98er-Wahl einen Lager- oder Richtungswahlkampf zu inszenieren, ist noch offen. Aber selbst wenn sich konservativ-liberale Regierungslager und Rot-Grün gegenüberstehen, wird das Generationenthema und die Rolle der verschiedenen Generationen die Auseinandersetzung mehr denn je bestimmen – und nicht nur wegen der Renten. Rot-Grün ist nicht nur, aber auch ein 68er Projekt. Sowenig Grüne ohne die 68er vorstellbar wären, so unvorstellbar ist auch Rot-Grün ohne die bekannten ergrauten Protagonisten der 68er-Bewegung.

Ob deshalb 1998 vorrangig ein Generationenwahlkampf wird, ist noch offen. Aber Helmut Kohl, obwohl schon im 68. Lebensjahr, und die Seinen rüsten sich dafür. Zwar wird sich der Kanzler Fragen nach seiner Rüstigkeit gefallen lassen müssen. «Wie wollen Sie die Probleme von morgen lösen? Etwa mit einem Kanzler von gestern?», ließ die SPD anläßlich des CDU-Parteitages in Leipzig für die Delegierten in der ganzen Stadt unübersehbar plakatieren. Und schon 1994 gab es nicht unerhebliche Diskussionen darüber, wie lange der Kanzlerkandidat der CDU im Falle eines Wahlsieges zu amtieren gedenke. Vier Jahre später werden die Fragen nach dem

Haltbarkeitsdatum noch bohrender sein. Aber in der CDU hat man dafür Gespür. Kohl, der Präsidialkanzler, und der Kronprinz Schäuble, der Majordomus mit Sinn für die kniffligen Details des Binnenklimas, sind die Lokomotiven der Koalition. Sie sollen es richten. Damit Schäuble nicht in Versuchung gerät, vom Kanzler zu behaupten, dieser bade gerne lau, hat ihn Kohl flugs zu seinem Nachfolger ernannt. Die Rechnung mit diesem strikt hierarchischen Duumvirat könnte besser aufgehen als die sozialdemokratische mit ihre lang unentschiedenen und immer konfliktanfälligen Doppelspitze, deren Rangordnung erst die niedersächsischen Wähler klarstellen mußten. Zwar kennt die Verfassung keine Thron- oder Erbfolge im Kanzleramt. Die Verfassung kennt zudem weder den Präsidialkanzler noch den Kronprinzen. Die Wähler wissen aber im Falle eines Wahlsieges der Union schon lange vorher und genauer als bei den Sozis, wer zumindest zunächst das Zepter führen will.

Und die Jungen in der CDU, die jungen Wilden? «Der Wulf und die sieben Che Guevaras» (*Der Spiegel*) ahnen, daß sie im Falle eines Scheiterns Helmut Kohls lange auf die Macht warten müßten. Deshalb ziehen sie es vor, daß System Kohl zu stabilisieren, dessen Gravitationskräfte sie mit zunehmender Amtszeit des Kanzlers schwinden sehen. Am Ende der Ära Kohl wollen sie stark genug sein, die Generation vor ihnen zu überspringen. Ins Rampenlicht gespielt haben sie sich allerdings als Kritiker des «Kanzlerwahlvereins». So macht man das nach vorherrschender Medienlogik und anders wird man als junger CDUler nicht bekannt. Aber die Kritik am System Kohl mündete doch allzu beflissen in einen Pakt mit demselben. Nicht nur Spötter behaupten, diesen Pakt habe es in Wahrheit immer gegeben und schon immer hätten die «jungen Wilden» mit einer Karriere-Vollkaskoversicherung operiert. Helmut Kohl jedenfalls selbst achtet immer höchstselbst darauf, daß die Jungen seiner Partei gefördert werden. Im Grunde hat der CDU-Nachwuchs ja auch keine Wahl. Entweder er stützt Kohl und wird im Erfolgsfalle an den Fleischtöpfen der Macht angemessen beteiligt, oder er stürzt ihn und muß am trockenen Brot der Opposition nagen. Da fällt die «Entscheidung» doch leicht. Soll doch die öffentliche Häme aus den «jungen Wilden» früh ergraute «junge Milde» machen. Der saarländische CDU Vorsitzende Müller bemerkte auf dem CDU-Parteitag in Leipzig, es sei in Ordnung, daß die CDU ein Kanzlerwahlverein ist, solange Helmut Kohl Kanzler bleibe. Und Christian Wulf gibt den Takt vor. Er rief die «98er-Bewegung» aus. Deren vornehmstes Ziel sei die Auseinandersetzung mit den 68ern. Das hat mit Sicherheit den Kanzlersegen.

Die Partei mit dem besten Gespür für Wahlkämpfe wird den Generationenwahlkampf führen. Der Alte für die Rentner, der Nachfolger aus der 68er-Kohorte für die gestandenen Leute, und beide umringt von den Enkeln, die mit den Hufen scharren – das ist was fürs konservative Herz, das atmet den Generationenzusammenhalt der Großfamilie, so gibt man die Stafette weiter, so mischt man Tradition und Zukunft. Und so bekommt man den politischen Gegner in die Zange, zumal der es nicht einmal merkt sondern einfach geschehen läßt. Rot-Grün jedenfalls hat zwar auch das Generationenthema, aber kein Generationenbewußtsein. Der rote Patriarch wird von den Braunkohlefossilen im eigenen Laden in Düsseldorf verschlissen, dazu kommen zwei mittelalte Lebemänner und die wenigen Sozi-Youngster können ihrer CDU-Konkurrenz kaum das Wasser reichen. Die Bundestagsfraktion von Bündnis 90/Die Grünen immerhin hat jungen Politikern die Chance zur Profilierung geboten und in unserer Partei – in Hessen beispielsweise – gibt es eine Art Bündnis von Jungen und 68ern. Aber ob's reicht? Die meisten 68er in und um die Grünen und Rot-Grün verpassen die Chance, selbstbewußt und unverstellt Generationenthema und Richtungsstreit zu koppeln und als Generation der zivilgesellschaftlichen Modernisierung der Bundesrepublik gegen den brüchigen Konservatismus der Flakhelfergeneration Kohls offensiv die Entscheidung zu suchen. Denn eines steht auch fest: 30 Jahre nach 68 wird die Generation von der Geschichte eingeholt. Entweder verteidigt gerade sie selbst ihre gesellschaftlichen Errungenschaften und übersetzt sie in einen politischen Machtwechsel – oder sie wird von dem Bremserlabel, das ihr das Adenauerhaus anpappen wird, erdrückt und ins gesellschaftspolitische Abseits gedrängt. Sie werden selbst eine wirksame Antwort finden müssen auf die filmischen Reminiszenzen in ZDF und SAT 1 im Mai 1998, die Dokumentationen aus der CDU-Zentrale und die Zeitzeugendebatten, in denen die Frage aufgeworfen werden wird, ob man der Generation der Straßenschlachten und wilden Polit-Phantasien die Macht im drittgrößten Industriestaat anvertrauen kann. Davonstehlen werden sich die 68er nicht können – aber ob sie dem Druck standhalten?

Konservative Besserwisser

Ob die 68er interessiert, was da politisch auf sie zukommt? Und ob sie es überhaupt verstehen? Sie, die sich intellektuell vor allem selbst im Weg stehen? Die 68er gehören in Deutschland, auch das ein Beleg für erzielte Erfolge, nach dem Marsch durch die Institutionen nicht nur zu den Besserverdienern, sondern vor allem zu den Besserwissern. Die lebensweltliche Hegemonie in den Mittelklassen hat sie satt und selbstgenügsam gemacht, und der intellektuelle Mythos ihrer Theoriedebatten scheint ihnen heutzutage eher das Hirn zu vernebeln. Der Teilerfolg der zivilgesellschaftlichen Lockerung blokkiert mittlerweile ihre politische Phantasie, führt zu politischer Apathie und einer merkwürdigen politischen Ambitionslosigkeit. Wo sind denn – außer einem antiquierten Erfurter Appell – die zündenden Aufrufe für den Machtwechsel? Die eigene Lustlosigkeit oder gar zynische Verbrauchtheit läßt sich nicht ausschließlich dem angeblich mangelhaften politischen Angebot zuschreiben. Trotzdem werden sie den Jüngeren, die den Vorwurf der Besserwisserei erheben, Altklugheit vorhalten – Wetten? – und kalauern, auch Jüngere könnten im Kopf alt und Ältere im selben sehr wohl jung geblieben sein. Dabei kennen viele wohl die neuesten Weinpreislisten und Blindprobenergebnisse, bewegen sich aber politisch auf dem Kenntnisstand der ersten Bände der Suhrkamp-Regenbogenreihe.

Die wenigsten 68er haben ein Gespür für die Veränderungen nach dem kalten Krieg. Die meisten verharren im Denken unter der Dunstglocke der Blockkonfrontation, wie sie es gelernt haben. Vor allem verschlafen sie die Veränderung des gesellschaftlichen Kräfteverhältnisses zwischen Kapital und Arbeit in der heraufdämmernden Epoche der Globalisierung und rennen mit bemerkenswertem

Geschick dem herrschenden Lager ins offene Messer. Wie die Oberlehrer (und viele von ihnen sind das auch von Beruf) warnen und mahnen sie nur oder tragen Bedenken vor. Wenn Eigeninitiative und mehr Selbständigkeit gefordert werden, fällt ihnen nicht mehr als die ängstliche Warnung ein, am Ende führe das doch nur in sozial nicht abgesicherte Scheinselbständigkeit. Wo die Chancen der Dienstleistungsgesellschaft erörtert werden, sprechen sie nur abfällig von einer Entwicklung hin zur Dienstbotengesellschaft. Und zu Multimedia, Datenhighway und Internet fallen ihnen nur drohende Rationalisierungswellen, Entfremdungstendenzen und der alles überwachende «Big Brother», kurzum die Risiken ein.

Auch in der Außenpolitik sind sie nicht die besten Ratgeber. Die Hallstein-Doktrin der Adenauer-Ära galt ihnen zwar zurecht als Fossil. Und man mußte nicht als DKPist verschrien sein, um ein «entspannteres» Verhältnis zur DDR zu fordern. Auch wenn viele 68er der Regierung Brandt zurückhaltend gegenüberstanden, waren sie mit dem Normalisierungskonzept der neuen Ostpolitik einverstandener als mit vielen Elementen der Innenpolitik. Daß Marieluise Beck, die damalige Fraktionssprecherin der Grünen, 1983 in der Debatte um die Regierungserklärung von Bundeskanzler Helmut Kohl die Frage stellte, warum die Bundesrepublik zur damaligen DDR nicht ein Verhältnis entwickeln könne wie zu Österreich oder Frankreich, war eine späte Folge. Aber im Wendejahr 1989 wurde diese Forderung nach Normalisierung und Zweistaatlichkeit, gekoppelt mit der Angst vor der Renaissance des Nationalismus im wiedervereinigten Deutschland, Hauptursache der Unfähigkeit, für den epochalen Wandel in der Politik geeignete politische Ansätze zu finden. Da waren sie wieder, die Bedenkenträger. Joschka Fischer verstieg sich zur Fehleinschätzung: «Vergessen wir die Wiedervereinigung. Halten wir die nächsten zwanzig Jahre die Schnauze drüber». Heute sieht er das als seinen größten Fehler an.

Selbst wo sie recht haben – mit der Skepsis gegenüber dem Versprechen einer stabilen ökonomischen Entwicklung und der Vermutung krisenhafter ökonomischer Tendenzen – entwertet der verbreitete Gestus der Bedenkenträgerei und die fünf-vor-zwölf Rhetorik das Argument. Wo die Neoliberalen auf Veränderungen drängen, wird die Generation der damaligen Revoltierer plötzlich konservativ und tritt als Kassandra auf. Aber Kassandra wird nicht geschätzt. In Zeiten, in denen die rapiden Veränderungen allenthalben für jedermann spürbar sind, reagieren die Menschen auf künstliche Dynamisierung und hektische politische Betriebsamkeit von selbst mit gesunder Zurückhaltung. Aber sie trauen auch denen nicht, die immer nur vor Veränderungsfolgen warnen. So viel Gespür haben die meisten schon für die einschneidenden Veränderungen, denen moderne Industriegesellschaften ausgesetzt sind, daß reine Bedenkenträgerei auch keine Perspektiven eröffnet. Zu satt, zu mutlos, zu besserwisserisch stehen viele 68er dort, wo sie etwas zu sagen haben, da und machen es den Konservativen und Neoliberalen zu leicht, allzuleicht. Dafür könnte dieses Land einen hohen Preis zahlen, weil bei der Wahl zwischen Stillstand und Veränderung denen, die in eine falsche Richtung gehen, sich aber immerhin bewegen wollen, im Zweifel mehr vertraut wird. Den unbeweglichen Politikfolgenabschätzern, den Mahnern könnte im politischen System von morgen allenfalls die Rolle der miesepetrigen älteren Herren zufallen, die von einer Loge heraus nörgelig das Geschehen kommentieren: Die 68er enden in der Muppet-Show.

Bildung für alle: Verspielen die 68er einen Erfolg?

Zu den wichtigsten Wirkungen der akademischen Revolte von 1968 zählt zweifelsohne die Bildungsreform der Ära Brandt. Viele 68er haben die «technokratische Hochschulreform», so wie sie von den Sozialliberalen letztlich betrieben wurde, nicht gewollt, aber immerhin: Waren die Universitäten in den 60er Jahren noch Horte, in denen die Sprößlinge der gehobenen Mittel- und Oberschicht auf eine glänzende Zukunft vorbereitet wurden, legten die Reformen der 70er den Grundstein für die Öffnung der Hochschulen. Und mögen die Konservativen Pickel kriegen, wenn Gesamtschulen gelobt werden: Die Veränderungen im Schulwesen waren eine wichtige Voraussetzung für den Zugang breiter Schichten zu höherer Bildung. Die Förderung der Studierenden nach dem Honnefer Modell und später dem BAföG räumte entscheidende finanzielle Hürden aus dem Weg und ermöglichte vielen ein Studium. Diese Bildungswerbungsgesetze schoben die Bildungsreform an. All das wurde möglich, weil der Bedarf an gut ausgebildeten Menschen infolge des wirtschaftlichen Strukturwandels der späten 60er und 70er Jahre erheblich zunahm. Die Begabungsreserven konnten nur erschlossen werden durch die Öffnung höherer Bildung, natürlich erst für Männer und dann endlich auch für Frauen aus den sogenannten «bildungsfernen Schichten».

Die Expansion des Bildungswesens können sich die 68er als politischen Erfolg mit auf die Fahnen schreiben. Ganz selbstlos war der Eifer nicht, zum politischen Erfolg kam der persönliche Nutzen. Die Bildungsreform bot und bietet vielen 68ern Lohn und Brot. Als diese Generation die Hochschulen verließ, wurden händeringend Lehrkräfte gesucht. In so manchem Schulleiterbüro hängt heute, gerahmt und hinter Glas, und wie von einem anderen Stern die Stellenanzeige: «Lehrkräfte gesucht! Wir stellen ein ... – Ihre Gesamtschule ...».

Auch 1998 wird die Bildungsreform wieder ein bestimmendes Thema werden. Krisensymptome in allen Bildungsbereichen, zumal an den Hochschulen, nähren die Gewißheit: Die Jahre des Dornröschenschlafes der Bildungspolitik gehen zu Ende. Die Demonstrationen der Studierenden im letzten Herbst waren die Vorboten des neuen Mega-Themas Bildung in der Politik. Bemerkenswert ist aber, wie die Konservativen, die die Bildungsreform in den 80er Jahren gestoppt haben, sich nun als die Reformer gerieren wollen und damit teilweise sogar durchkommen. Verschlechterungen beim BAföG in der Ära Helmut Kohl führen heute dazu, daß weniger als 20 Prozent aller Studierenden Förderung erhalten. Immer mehr Studierende sind zu intensiver Erwerbsarbeit neben dem Studium gezwungen und müssen deshalb länger als eigentlich nötig an den Hochschulen verweilen. Bildungsminister Rüttgers hatte bei seiner Amtsübernahme nichts besseres zu tun, als die Mittel für den Hochschulbau systematisch auszudünnen. In der Koalitionsvereinbarung der laufenden 13. Wahlperiode haben sich CDU/CSU und FDP darauf geeinigt, die Mittel für Bildung, Forschung und Technologie deutlich zu erhöhen – gemacht haben sie das Gegenteil. Trotzdem wollen sie den

Ländern die Alleinschuld für den neuen Bildungsnotstand geben und sich als Lordsiegelbewahrer der nächsten Bildungsreform andienen. Das geht seit Jahren so. Und wo waren die 68er, diese erfahrenen Kämpen aus der glorreichen Zeit der Bildungsreform? Wo war ihr wirkungsvoller, taktisch kluger und intellektuell ausgewiesener Widerstand? Wo waren die ganzen Profiteure der Bildungsreform an Schulen und Hochschulen? Wer eigentlich hat die Bildungspolitik der letzten Jahre verschlafen? Die protestierenden Erstsemester oder das 68er- Bildungsestablishment?

Dafür mußten ausgerechnet die streikenden Studierenden im Spätherbst 1997 die harsche Kritik der 68er und den Vergleich mit ihnen über sich ergehen lassen. Meist ungerufen waren sie plötzlich wieder da, besserwisserisch wie eh und je. Die Suche nach Gemeinsamkeiten zwischen 68 und 97 blieb – ein Blick auf die Leitartikel unserer Zeitungen zeigt das – ziemlich erfolglos. Immerhin gelang den Studierenden 1997 zumindest eine ähnlich Überraschung wie ihren vielen Vätern und wenigen Müttern 1967: Niemand hatte die Bewegung vorausgesehen. Und immerhin, auch der jüngste Streik entzündete sich an der verfahrenen Lage in der Bildungspolitik. Bemerkenswerter als die Gemeinsamkeiten sind jedoch die Unterschiede. Die Revolte damals konnte noch – zumindest mit einem kleinen Anflug von Rationalität – den weiten Bogen zur Weltrevolution schlagen. Die Vietnamesen lehrten die Amis Mores, die Befreiungsbewegungen waren noch nicht ihres Mythos‘ entkleidet, China machte alle gleich und zudem Kulturrevolution. Die Weltrevolution war so nahe und so gewiß, daß es vielen Akteuren leicht fiel, alles Bürgerliche scheinbar abzustreifen und auf den Fulltimejob des akademischen Revolutionärs umzusatteln. Die weniger Mutigen vertrauten auf die technokratische Wachstumspolitik der Sozialliberalen, auf Globalsteuerung und konzertierte Aktion, auf die Konzepte der Kommission für wirtschaftlichen und sozialen Wandel, auf die Beherrschbarkeit gesellschaftlicher Prozesse und Fortschritt durch Technik. So oder so: Die Zukunft war gewiß und zumindest rosarot – irgendeine Art Sozialismus würde schon kommen. Und wenn nicht? Auch wenn es viele nicht gleich wahrhaben oder sich nicht eingestehen wollten, so standen ihnen im schlimmstenfalls weiter real existierenden Kapitalismus in den Siebzigern doch viele Türen offen, die die heutige Generation der Studierenden nur verriegelt vorfindet.

Schon nach wenigen Wochen des «Lucky Streiks» von 1997 dagegen wurden Fragen, gegen wen man denn und wofür man eigentlich streike, und worauf das Ganze hinauslaufe, immer lauter. Die Drohung vieler Universitätsleitungen, im Falle einer Streikfortsetzung das Semester nicht werten zu wollen, machte an vielen Unis dem «Spuk» ebenso rasch und überraschend ein Ende wie er kam. Den AkteurInnen der Streikbewegung von 97 war nicht der Sozialismus, sondern höchstens eine ungewisse Berufsperspektive sicher. Da siegte dann der Pragmatismus, der diese Bewegung weithin prägte. Dies freilich kritisierten viele, die sich plötzlich an ihre bewegte Vergangenheit erinnerten. Sie hätten sich nicht von der Drohung beeindrucken lassen, ein Semester nicht anerkannt zu bekommen. In der Tat: Was war schon ein Semester im Vergleich zur unmittelbar bevorstehenden Weltrevolution? Von zu zahmen Protestformen und zu kurzem Atem war die Rede in einigen Leitartikeln früherer Rädelsführer. Vereinzelt verstiegen sich gar selbsternannte 68er-Berater zur Forderung nach einem Hungerstreik – und blickten in erstaunte Augen von vorweihnachtliches Gebäck naschenden jungen Aktivisten. Der Pragmatismus der Bewegung verunsichert allerdings auch nur die, die noch immer meinen, es sei vornehmste Aufgabe der Jugend, nach dritten und vierten, in jedem Fall aber nach militant-revolutionären Wegen aus der Misere zu fahnden. Die protestierenden Studierenden nahmen es hin und legten dem Bundestagsausschuß für Bildung ein Hochschulrahmengesetz vor, das sie während des Streiks entworfen hatten.

1968 war die Öffentlichkeit empört über die Proteste. Schaufenster wurden vernagelt, Hundertschaften der Polizei mobilisiert, der Einsatz von Berittenen und Wasserwerfern erst richtig erlernt, und die Presse ließ kein gutes Haar an den jugendlichen Aussteigern. Diesmal organisierten die Studierenden in Staucafés Kuchen für wartende Autofahrer und putzten diesen die Windschutzscheiben. Ladenbesitzer waren voller Anerkennung, als der Protestmarsch vor ihren Auslagen vorbeikam, und Passanten klatschten spontan Beifall. Konservative Würdenträger, deren politische Vorfahren in den Protesten von einst den Untergang des Abendlandes sahen, solidarisierten sich demonstrativ mit dem Ausstand. Viele Studierende fühlten sich an die eigene Kindheit erinnert: Die Politiker traten auf wie die Tante, die man flüchtig kennt, von der man nichts Gutes gehört hat, und die einem überraschend mit einem feuchten Kuß auf die Wange begrüßt, aber keine Mark zuschiebt. Der ferne 68er-Slogan von der «repressiven Toleranz» nahm plötzlich konkrete und erfahrbare Gestalt an.

«Unter den Talaren der Muff von tausend Jahren!» gehört sicherlich zu den bekanntesten Schlachtrufen der Bewegung von 1968. Die Abwandlung, die Bundesbildungsminister Rüttgers vornahm, sollte gerade den 68ern im Bildungswesen zu denken geben: «Unter den Talaren der Muff von dreißig Jahren». Von der *Süddeutschen Zeitung* über *Die Zeit* bis hin zu *Bild* – letztere hat noch immer eine Rechnung offen mit den Springer-Blockierern von damals – war man sich einig: Die sich pflichtschuldigst mit den Protesten solidarisierenden Professoren sind nicht Teil der Lösung, sondern Teil des Problems. Dasselbe gilt allerdings natürlich auch und oft erst recht für die Teile der Hochschullehrerschaft, die sich nicht solidarisiert haben. Und es gilt natürlich auch für viele 68er, die sich im Zuge der Bildungsexpansion an den Universitäten breit machen konnten, aber eben nicht nur. Ganze Hochschulen und ganze Fachbereiche sind fest in konservativer Hand und haben auch in den letzten 30 Jahren noch keinen einzigen politischen 68er habilitiert oder gar berufen. Aber die 68er tragen eine Mitverantwortung an den heutigen Zuständen der Hochschulen. Zu viele haben mitunter hemmungslos von der Machtfülle Gebrauch gemacht, mit der ein deutscher Professor ausgestattet ist; auch sie sind Teil von unangreifbaren Kartellen der Mittelmäßigkeit. Sie haben sich für eine Liberalisierung der Gesellschaft eingesetzt und für Gleichberechtigung von Frau und Mann und doch waren zu viele zu oft daran beteiligt, daß der Anteil von Frauen in der Lehre nicht nennenswert zunahm. Sie protestieren mit, wenn Bücher und Tutoren fehlen und sind doch auch zu oft daran beteiligt, daß die Töpfe, aus denen sie finanziert werden sollten, zuvor leer geräumt wurden, um Dienstreisen zu finanzieren. Und schließlich werden auch ihre Pensionskosten in den nächsten 10 bis 15 Jahren die Spielräume für einen Generationenwechsel an den Hochschulen empfindlich beschneiden. Ein Vorwurf ist das nicht – aber eine Tatsache.

Die 68er: Wohlhabende Postmaterialisten

Kaum eine Generation hat in der Bundesrepublik so von der Wachstumspolitik profitiert wie die 68er. Zu den Paradoxien ihrer Generation gehört auch, daß sie in Opposition zu den Nachkriegswohlstandsbäuchen die Freiheit vom Konsum forderten, in Wahrheit jedoch die Freiheit des Konsums in einer liberaleren Gesellschaft erst wirklich etablierten. Nach dem Krieg geboren, im Wirtschaftwunderland herangewachsen, unbefristet beschäftigt, auf Lebenszeit verbeamtet, 13 Monatsgehälter sicher in der Tasche, rechtzeitig zum Ende der Ära permanenten Wohlstandszuwachses mit sicheren Tantiemen pensioniert – und beträchtliche Erbschaften vor Augen: das kann heutzutage doch als wohlhabend gelten. Dafür konnten sie nichts, und wissen konnten sie es damals auch nicht, aber heute können sie kaum bestreiten, wie sehr die 68er als Generation in einer Wachstumsphase der Bonner Republik auf Rosen gebettet waren. Kaum einer Generation in Deutschland und Europas ging und geht es materiell besser. Und erkennbar ist heute nicht, daß eine nachfolgende Generation diesen Wohlstand je überbieten könnte. Die Nachkriegskindheit relativiert das Bild, aber nur ein wenig. Viele Heranwachsende, deren Mütter Kriegerwitwen waren, hatten zu kämpfen. In den beengenden dörflichen und kleinstädtischen Strukturen der 50er Jahre konnten sie schon Schaden an der Psyche nehmen. Und das Kinderspiel in den Trümmern der zerstörten und noch nicht wieder aufgebauten Städte erscheint im Nachhinein romantischer als es wohl war. Der 68er-Lehrer ist ein beliebter Popanz, aber die alten frustrierten Schulmeister, die sie hatten und die viel zu grosse Klassen mit Vorkriegsmethoden disziplinierten, wollten wir erst recht nicht. Der Weg zur Uni war ohne BAföG für viele mit Beschwernissen verbunden, die von uns keiner mehr kennt. Und heute? Das nach ökologischen Kriterien im Neubaugebiet erbaute Haus mit Regenwasserrückgewinnung und Fotovoltaikanlage auf dem teilbegrünten Dach markiert ebenso wie die sanierte 5-Zimmer-Küche-Bad-Jugendstil-Wohnung im ehemaligen Hausbesetzer-Stadtteil, die Endausbaustufe einer festen Trutzburg, von der aus man sich leicht Gedanken über soziale Gerechtigkeit, besseren Umweltschutz, fairen Handel und die Globalisierungsfalle machen kann. Die Aussteiger und die 68er, denen selbst ein bescheidener Wohlstand versagt blieb – nicht wenige echte Aktivisten darunter –, relativieren auch dieses Bild, genauso wie diejenigen, die mit einem bescheideneren und ökologischen Lebensstil ernst gemacht haben. Aber eben auch nur ein wenig.

Ist das die Generation, auf deren Einfallsreichtum und gesellschaftliche Innovationskraft im Falle eines Regierungswechsels Verlaß ist? Immerhin hat sie eine lang versäumte und zugleich notwendige Auseinandersetzung über die Vergangenheit in Gang gesetzt und den Konflikt mit ihren konservativ-autoritären Eltern in eine Liberalisierung der Gesellschaft gewendet. Und sie hat auf breiter Front die ökologische Wende mitgemacht und mitgedacht. Bringt sie nun noch einmal die Kraft auf, «federführend» die Antworten auf die neuen Krisenphänomene von heute und die Ungewissheiten von morgen zu finden? Sicher bin ich nicht – aber sicher bin ich, daß ein Politikwechsel ohne tatkräftige Mitwirkung dieser Generation nicht stattfindet!

Der Wohlfahrtsstaat, dessen Aufbau die 68er von der Wiege an begleitet und dank der Garantie von Besitzständen auch weitgehend bis zur Bahre begleiten wird, droht im höheren Wellengang seit 1989 unterzugehen, wenn er nicht seetauglich gemacht wird. Eine Konzentration von Sozialleistungen auf wenige, dafür aber besonders Bedürftige und ein Verzicht auf Wohltaten für die breite Masse und aus der Gießkanne, erst recht auf so manche unter anderen Voraussetzungen versprochene Besitzstände, wird unvermeidlich sein. Zugleich bestreitet kaum jemand heftiger als die Protagonisten der 68er-Generation, daß das bisherige System durch Umverteilung nicht einfach konserviert werden kann.

Viele spüren jedoch, daß die Forderung nach mehr auch bedeutet, daß anderswo weniger ausgegeben werden muß. Das war nicht immer so. Die westlichen Industriegesellschaften konnten nach dem Krieg immer wieder enorme Wachstumsgewinne verteilen und so die Besitzstände aufbauen, die heute in Frage stehen. Die Frage danach, wieweit es gilt, sich von ihnen auch wieder zu trennen, kam erst gar nicht auf. Bernd Ulrich fordert in seinem lesenswerten Essay «Deutsch, aber glücklich» eine neue Politik in Zeiten der Knappheit. Die westlichen Gesellschaften haben, urteilt er nüchtern, ihren Wohlstandszenit überschritten. Vieles spricht dafür und leider finden sich wenig Belege, die zur Widerlegung seiner These geeignet wären. Für die junge Generation bedeutet das eine Abkehr von der Politik der Zuwächse. Politik wird zu großen Teilen aber von Akteuren verantwortet, die es gewohnt sind, mehr zu verteilen und Besitzstände fortzuschreiben. Immer noch sehen sie die Zukunft durch die alte rosarote Brille. Die jüngeren Generationen dagegen sehen die Zukunft durch die «Brille der Knappheit». Ihre Lebensperspektive unterscheidet sich radikal von der der 68er. Weniger Wohlstand und das Ende der Behaglichkeit in der Bundesrepublik West sind der Preis für mehr Freiheit und ein Ende des Rüstungswettlaufes nebst atomarer Bedrohung. Das macht das Leben in neuer Form sicherer und unsicherer zugleich – und erfordert eine andere Politik.

Als postmaterialistisch haben die Soziologen die Alterskohorte der 68er eingestuft. Soweit sie an der Ökologisierung der Gesellschaft mitgewirkt haben, trifft das auch zu. Nun steht die Neudefinition des Sozialen an. Die sozial gerechte Transformation eines Wohlfahrtsstaates, der von mehr Wachstum geprägt war und künftig weniger an mehr verteilen muß, steht auf der Agenda. Reicht der Erfahrungsschatz und der politische Horizont der 68er dazu aus? Finden sie aus ihrer Lebenswelt der wohlhabenden Postmaterialisten einen Zugang zu dieser Transformation oder füllen sie die Reihen der Besitzstandswahrer auf? Das Teilen hat begonnen. Entwickeln sie eine Bereitschaft und Fähigkeit zu teilen, die auf die Gesellschaft ausstrahlt? Entwickeln sie eine Entschlossenheit, den Prozeß des Teilens sozial zu gestalten, an der sich andere orientieren können? Können sie der gesellschaftliche Motor einer neuen Politik werden?

Ist mit den 68ern Staat zu machen?

In ihrer Kritik an den Zuständen im Nachkriegsdeutschland blieben die 68er autoritätsfixierter als sie wahrhaben wollten. Die autoritäre Sozialisation ist nicht spurlos an ihnen vorübergegangen. Weniger die autoritäre Struktur selbst, als vielmehr die Enttäuschung über die Autoritäten trieb die akademischen Revolutionäre an. Es verwundert deshalb nicht, wie sehr einzelne Studentenführer die Revolte dominierten. Bestimmten Gelehrten, wie den Protagonisten der Frankfurter Schule, wurde die Definitionsgewalt der gesellschaftlichen Analyse geradezu aufgedrängt. Das Ganze gipfelte in einer verqueren Heiligenverehrung. Marx, Engels, Lenin, Mao und Che Guevara wurden zu den neuen Göttern. Das Dogma «Du sollst keine Götter haben neben mir!» war der Bewegung weniger fremd als der Gedanke des Göttersturzes. Und nicht von ungefähr wählte ein Teil der Bewegung in ihrer Niedergangsphase rigide hierarchische Organisationsformen.

Es dauerte sehr lange, bis die APO sich mit der Gesellschaft und ihrem politischen System arrangiert hat. Auch der Weg der Grünen aus der Initiativenbewegung der 70er Jahre zur parlamentarisch operierenden Anti-Parteien-Partei bis in die Landesregierungen und an die Schwelle der Bonner Regierungsmacht markiert diesen Prozeß. Daß ausgerechnet der Staat und dann auch noch mit einem völlig veralteten Beamtensystem die größte Integrationsleistung vollbrachte, ist auch eine Paradoxie in der Biographie vieler 68er. Wäre diese Integration in die Republik nicht gelungen, hätte die Bewegung nie wirklich Erfolg gehabt, wäre aber auch die Republik die alte und damit weniger lebenswert geblieben. Nicht alle 68er haben die Umarmung akzeptiert. Die Morde der Terroristen in den 70er Jahren belegen dies erschreckend. So mancher Aussteiger, der heute ein Dasein als belächelter Sonderling fristet, hingegen zeigt, daß nicht alle, die sich gegen den «Marsch durch die Institutionen» sträubten, zu Attentätern werden mußten. Aber auch in der Gesellschaft gab es Widerstände gegen die «Resozialisation». So mancher Provinzrichter steckte Studenten wegen Nichtigkeiten ins Gefängnis. Und die schäbigste Antwort auf die APO blieben die Berufsverbote. Die 68er haben sich das Integrationsangebot auch ertrotzt. Ein purer Gnadenakt war es nicht, und trotzdem zeugt es auch vom Groß- und Langmut gesellschaftlicher wie politischer Institutionen. Die alte Bundesrepublik war nie so rechts, geschweige denn faschistoid, wie manche 68er in verstiegenen Analysen glaubten. Auch dies war eine Voraussetzung dafür, warum nicht alles beim alten blieb und die Integration die Republik selbst veränderte. Man kann es an unzähligen Details nachzeichnen. Wohngemeinschaften, Kinder-, Stadtteil- und Dritte-Welt-Läden, Altbausanierung statt Abrisse, eine freie alternative Kulturszene, Bürgerinitiativen, die Grünen und vieles mehr ist ohne 68 nicht denkbar. Wir, meine Generation, die Jungen von heute, haben von dieser Liberalisierung entscheidend profitiert und nicht nur wir. Unter Adenauer wäre es wohl kaum vorstellbar gewesen, daß ein Finanzminister, noch dazu ein katholischer, sich von seiner Frau scheiden läßt, um seine Geliebte zu heiraten. Uns ist es heute möglich, ein gelasseneres Verhältnis zu Autoritäten und auch zum Staat zu entwickeln. Der demokratische Souverän ist ein wenig souveräner geworden. Auch das ist ein Erbe von 68.

Tony Blair beschrieb in einem Interview mit dem Time Magazine wie vor diesem Hintergrund eine von 68ern geprägte Politik aussehen könnte:

> «Meine Generation sagt, wir brauchen eine unternehmungslustige und hochkreative Wirtschaft, aber wir wollen außerdem unsere Kinder in einer Gemeinschaft mit starken sozialen Bindungen zwischen den Menschen aufwachsen lassen. In einer Gemeinschaft, in der wir das Gespür für Verantwortung und Verpflichtungen untereinander entwickeln. Ich möchte eine mulitikulturelle Gesellschaft. Ich möchte eine Gesellschaft, in der Frauen gegenüber Männern voll gleichberechtigt werden. Wenn

Sie so wollen, der kulturelle Wandel dieses Landes kommt jetzt auch in der Politik zum Ausdruck.»

Deutschland ist nicht Großbritannien. Der Thatcherismus ist Deutschland unter dem «Rechtssozialdemokraten» Kohl erspart geblieben. Und nirgends ist hierzulande ein Blair in Sicht. Aber eines stimmt genauso für unser Land: Der kulturelle, der gesellschaftliche Wandel muß auch hier in der Politik zum Ausdruck kommen. Die Politik, die vorherrschende Mischung aus Konservatismus und Neoliberalismus, hinkt in ihrer Widersprüchlichkeit der realen gesellschaftlichen Entwicklung hinterher. Der gesellschaftliche Strukturwandel und der Wertewandel sind weiter vorangeschritten, als die Konservativen glauben. Und der Bedarf an gesellschaftlichem Zusammenhalt, an Solidarität, ist auch viel größer als die Neoliberalen ahnen.

Wir leben in einem tiefgreifenden Umbruch. Antworten von gestern werden uns nicht weiterhelfen. Wer das nicht wahrhaben will, fordert Kritik heraus, strukturkonservative 68er ebenso wie Neoliberale und Konservative. Der Versuch, die 68er vor allem für die Probleme der Umbruchphase verantwortlich zu machen, ist absurd und wird bei der jüngeren Generation nicht verfangen. Die Öffnung der Gesellschaft, der historische Verdienst der 68er, ist das Fundament einer neuen Bürgergesellschaft. Konservative Gegenreformatoren, die sich mit der Forderung nach ehernen «familiy values» und einem Rückschritt zu Familienstrukturen aus der Vorzeit vor den drohenden Veränderungen verkriechen wollen, bieten keine Perspektive. Hierin liegt der Konstruktionsfehler des Bündnisses von jungen Wilden und Helmut Kohl im Wahljahr 1998. Die einen wollen eine Umgestaltung der Republik nach dem Vorbild von Ronald Reagan und Margret Thatcher, die der «Sozialdemokrat» Kohl in seiner gesamten Amtszeit verhindert hat. Sie wollen die Globalisierung mit einer radikalen Liberalisierung des Wirtschaftsgefüges beantworten und opfern dabei den gesellschaftlichen Zusammenhalt. Die alten Konservativen dagegen halten an traditionellen Familienstrukturen fest und leben mental noch immer im Wohlstandswunderland Adenauers.

Anthony Giddens sieht in diesem Dilemma, gleichzeitig wie ein Fels in der Brandung stehenzubleiben und auf der höchsten Welle reiten zu wollen, das Ende des klassischen Konservatismus. Wer einen Arbeitsmarkt nach amerikanischem Vorbild liberalisieren möchte, Löhne herunter- und Arbeitszeit herauffährt, produziert Partnerschaften, in denen beide auf Arbeiten angewiesen sind. Die klassische Ernährerfamilie, die die Konservativen im Auge haben, hält dieser Revolution nicht stand. Sie zerstören mit der Familie die Keimzelle ihres Konservatismus selbst. Diese widersprüchliche Dynamik, in der sich das konservativ-liberale Lager bewegt, spitzt sich zur intellektuellen Zerreißprobe zu. Man könnte sich daran weiden. Sie hat prekäre Folgen, wenn sie das praktische Regierungshandeln bestimmt. Gleichzeitig bietet sie aber auch die Ansatzpunkte, um das konservativ-liberale Koalitionsprojekt aus den Angeln zu heben. Reizt das nicht?

Die 68er haben früher Bestehendes in Frage gestellt. Heute müssen sie das erneut tun. Und dabei müssen sie sich auch selbst in Frage stellen können. Das ist mit das Schwerste überhaupt. Aber tun sie es nicht, stehen die zivilgesellschaftlichen Errungenschaften, die auch ihr Verdienst sind, in Frage. Sie müssen einen Staat umgestalten, dem sie skeptisch gegenüberstehen, obwohl er doch viele von ihnen beschäftigt. Sie müssen gegen einen Wohlstand zu Felde ziehen, den sie erst zu kritisieren, dann zu schätzen und zu mehren gelernt haben. Aus Protagonisten der Forderung nach Umverteilung und Solidarität sind Adressaten geworden. Die traditionssozialistischen Restbestände sind Ballast und müssen über Bord. Solidarität in der Gesellschaft ist neu zu definieren. Leicht ist das nicht. Aber das historische Angebot an die 68er steht, und ihre historische Chance 1998 besteht darin, ihr gesellschaftliches Projekt politisch zu vollenden. Die Protagonistenrolle – hilft es vielleicht weiter, wenn man sagt, die Avantgarderolle? – beim Übergang ins nächste Jahrtausend ist zu vergeben. Man kann sie annehmen oder nicht. Man kann, wenn man sie annimmt, auch scheitern. Aber wer nicht kämpft, hat schon verloren. Das sollten die 68er eigentlich doch wissen. Gebraucht werden sie noch!

Mathias Wagner

START IN DEN STAAT DES 21. JAHRHUNDERTS

Für einen neuen Generationenvertrag

STAA/RT im Wortlaut:[1]

1998: Zwei Jubiläen, aber auch ein Grund zum Feiern?

Allerorten führt die gängige Politik zu einer schleichenden Aufkündigung der Generationenverträge, die es zwar in schriftlicher Form nicht gibt, die aber dennoch bislang einen Grundkonsens unserer Gesellschaft darstellten: Die sozialen Sicherungssysteme sind in der Krise. Die Arbeitslosigkeit steigt auf immer neue Rekordmarken, immer mehr Jugendliche finden nicht einmal mehr einen Ausbildungsplatz. Hochschulen zerfallen innen wie außen. Die Globalisierung der Wirtschaft überrollt die Politik. Jede Sekunde nimmt der Staat bei unserer Generation und den folgenden über 3.000 Mark mehr Kredit auf. Die Gleichberechtigung von Frauen und Männern fällt angesichts dieser «harten» Themen ganz unter den Tisch. Auch der Erhalt der Umwelt für spätere Generationen droht von der Tagesordnung zu verschwinden.

Vor diesem Hintergrund stehen 1998 bei der Bundestagswahl zwei Politikergenerationen im Mittelpunkt: der dann 68jährige Kohl und die 68er von SPD und Bündnis 90/Die Grünen. Unsere Ge-

1 Vorbemerkung: Dieser Beitrag ist in zwei Teile gegliedert. Zunächst ist das Diskussionspapier von 109 jungen Grünen zum Thema 68er im Wortlaut abgedruckt. Der zweite Teil beschäftigt sich mit den Reaktionen darauf.

neration muß verdeutlichen, daß es 1998 um mehr geht als die übliche ritualisierte Wahlkampfschlacht. Die Bundestagswahl entscheidet über die Zukunftschancen unserer Generation. Es geht um nichts Geringeres als die Formulierung eines neuen Generationenvertrags, um den Start in den Staat des 21. Jahrhunderts.

Der 68jährige

Die Politik des 68jährigen hat inzwischen mehr mit Ritualen zu tun als mit der Realität im Lande. Obwohl jede Neujahrsansprache des Kanzlers von tiefer Sorge über die Arbeitslosigkeit geprägt war und er jedes Jahr wieder Besserung gelobte, sind mit jedem Tag der Kanzlerschaft Helmut Kohls 500 Arbeitslose hinzugekommen. Angesichts dieser Zahlen tröstet es uns wenig, daß die «besondere Sorge» des Bundeskanzlers der Jugendarbeitslosigkeit gilt.

Der Anteil der Löhne am Gesamteinkommen sinkt stetig – und zugleich wird genau dieses Einkommenssegment mit immer neuen Steuern und Abgaben belastet. Zentraler Glaubenssatz des 68jährigen ist: Wenn ich Spitzenverdiener steuerlich entlaste, nehmen diese das Geld und schaffen damit Arbeitsplätze. Doch Kohls Bürger verhalten sich anders als erwünscht: Sie legen ihr Geld lieber im Ausland an oder geben es in die Hände der Banken, die auch nicht anders damit verfahren.

Der zweite Glaubenssatz, daß neue Arbeitsplätze in Deutschland mehr Beitragszahlende bedeuten und damit zu einer Entlastung des Gesundheitswesens und der Rentenkasse führen, kann somit schon nicht mehr erfüllt werden. Die Arbeitsplätze fehlen, und der daraus folgende Teufelskreis ist angesichts von über vier Millionen Arbeitslosen am Ende der Amtszeit Kohls durch nichts mehr zu überdecken. Immer weniger Beschäftigte zahlen immer höhere Beiträge in die Sozialversicherungen. Angesichts der Beitragssteigerungen lohnen sich Rationalisierung und Jobabbau, was die Arbeit der wenigen noch teurer macht. Neue Beschäftigungsfelder für BerufseinsteigerInnen werden so nicht erschlossen. Es ist diese Bundesregierung, die die höchsten Lohnnebenkosten in dieser Republik zu verantworten hat und gleichzeitig eben diesen Zustand beklagt: Die Bundesregierung klagt über sich selbst.

Und wie sehen nun die Notlösungen des 68jährigen aus? Lohnnebenkosten sollen durch Sozialabbau gesenkt werden. Der Versuch, die Lohnfortzahlung im Krankheitsfall zusammenzustreichen, ist allerdings an der Solidarität der Beschäftigten gescheitert, denen klar ist, daß jede/r mal krank werden kann. An anderer Stelle zeigt die Politik der Regierung Kohl jedoch Wirkung: Tausenden wird ihr Job im Gesundheitswesen weggekürzt. In den Neuen Ländern werden die meisten Menschen in Arbeitsbeschaffungsmaßnahmen selbst diesen Strohhalm verlieren. Besonders Frauen werden davon betroffen sein.

Frauen sind schon jetzt in den Neuen Ländern überdurchschnittlich häufig arbeitslos. Angesichts der Krise auf dem Arbeitsmarkt ist die Teilhabe von Frauen am Erwerbsleben für den 68jährigen kein Thema mehr. Das Ideal der treusorgenden Hausfrau wird aus der gesellschaftlichen Mottenkiste hervorgekramt. Es wird der Versuch gestartet, Frauen in veraltete Rollenklischees zurückzudrängen.

Die 68er

Die 68er haben die Republik schon einmal verändert: Die Bewegung von 1968 brachte einen Wertewandel und eine Demokratisierung. Es wurden Freiheiten erstritten, die heute selbstverständlich für die Bundesrepublik sind; das Monopol der Ehe wurde durch die Vielfalt der Lebensformen ersetzt. Der Autoritätshörigkeit steht inzwischen eine lebendige Diskussionskultur gegenüber.

Jetzt befinden sich die 68er auf einem Highway durch die Institutionen. Sie wuchsen mit dem Wirtschaftswunder auf und genossen eine bessere Ausbildung als jede Generation davor. In den Jahren nach 1970 konnten sich UniversitätsabsolventInnen zwischen drei und mehr Jobs entscheiden (vor allem im öffentlichen Dienst). Wenn die Generation der 68er in den Ruhestand geht, wird die dadurch entstehende Belastung der Pensionskassen einer der Hauptgründe dafür sein, daß Jüngeren die Auffahrt auf diesen Highway versperrt wird. Zugleich werden die 68er in den nächsten Jahren die eigentlichen Profiteure einer Erbschaftswelle in Deutschland sein, sie stellen vermutlich den Höhepunkt der Wohlstandsentwicklung in Deutschland dar.

Soviel Erfolg macht satt; viele haben ihren Frieden mit dem System gemacht. Wir befürchten, daß die 68er ihr Jubiläum zum Anlaß nehmen, sich selbst die Geschichten ihrer Revolte zu erzählen, anstatt den Fahrplan für den Regierungswechsel 1998 und für eine neue Politik in Deutschland zu entwerfen.

Politisch sind sich die 68er unschlüssig: «Globalisierung gibt es nicht», sagen die einen, «gegen die Globalisierung helfen internationale Übereinkommen und festgeschriebene Sozialstandards», meinen andere. Verantwortungslos handeln diejenigen, die glauben, der Weg zur Macht führe über die Verneinung der Probleme, eine einfache Schuldzuweisung in Richtung Kohl und die Beruhigung der verunsicherten Bevölkerung. Auf der einen Seite wird das Modell einer ökologisierten Bundesrepublik eingefordert. Andererseits wird jede Änderung an den sozialen Sicherungssystemen als Sozialstaatsdemontage gegeißelt. Beides paßt nicht zusammen. Bereits 1972 wies der Club of Rome, der übrigens ebenfalls 1968 gegründet wurde, in «Die Grenzen des Wachstums» darauf hin, daß eine ökologische Entwicklung nur durch eine Abkehr vom permanenten quantitativen Wirtschaftswachstum erreicht werden kann. Die bisherige Sozialpolitik ist jedoch auf ständiges Wachstum angewiesen. Dieser Zielkonflikt wird von vielen 68ern schlicht ignoriert.

Ach ja, die 68er haben noch etwas im Angebot: ihre Ratschläge an die heutige Jugend. Manche empfehlen uns, auf die Probleme von heute mit den Mitteln von damals zu reagieren: «Seid revolutionär» oder «sprengt Grenzen», heißt es da. Leider haben viele 68er nicht begriffen, daß die Jugend von heute nicht dazu da ist, ihre revolutionären Träume von gestern zu verwirklichen. Wenn diese mittlerweile verbeamteten Revoluzzer glauben, mit Demonstrationen, Appellen und Resolutionen könne die Zukunft der Jugend gerettet werden, sind sie herzlich dazu aufgefordert, ihren Worten Taten folgen zu lassen.

Fazit: 68jähriger minus 68er gleich null?

Wenn in Bonn der 68jährige und die 68er aufeinandertreffen, werden die Debatten der 80er Jahre geführt. Das Schema ist bekannt: Lobbygruppe A stellt eine Forderung auf, die Bundesregierung begrüßt den Vorschlag als wichtigen Beitrag zur Stärkung des Standorts Deutschland, Lobbygruppe B ist empört über Lobbygruppe A und über die Bundesregierung sowieso – jetzt wacht auch die SPD auf und geißelt die Forderung als Verrat an den in über 100jährigem Kampf erstrittenen Errungenschaften der Sozialdemokratie. Am Ende passiert natürlich nichts.

Die Inszenierungen sind hinreichend bekannt und schon so oft wiederholt, daß sie selbst in den Dritten Programmen keinen Sendeplatz mehr haben dürften. Wir haben diese Politikrituale satt. Angesichts von wachsenden Problemen und sinkender Lösungskompetenz der Politik stellt sich die Frage, was die Parteien eigentlich den ganzen Tag über in Bonn so treiben.

Das alles wäre halb so schlimm, würden wir noch in den 80er Jahren leben. Zwei Millionen Arbeitslose waren 1982 für die CDU noch Anlaß genug, den Rücktritt des Bundeskanzlers zu fordern, und PolitikerInnen gingen mit der Subventionsgießkanne übers Land, um auch der letzten Lobbygruppe ihre Wünsche zu erfüllen.

Das geistig-moralische Ende

Spätestens seit 1989 gibt es nichts mehr zu verteilen. 1989 nicht als tiefgreifenden Einschnitt für die Politik zu begreifen, leitete das geistig-moralische Ende des 68jährigen ein. Den Mantel der Geschichte trug der Kanzler zwar stolz, daß die Taschen aber nicht mehr voller Geld, sondern voller Löcher waren, verschwieg er. Die Notwendigkeit, den Umbruch von 1989 zu einem umfassenden Modernisierungsschub für die gesamte Bundesrepublik zu nutzen, sah der 68jährige im Rausch der Geschichte nicht.

Die seitherige Entwicklung in den Neuen Ländern zeichnet vor, was in den alten Ländern in den nächsten Jahren passieren könnte. Im Osten hat man sich schon längst von Besitzständen verabschiedet, an denen im Westen noch krampfhaft festgehalten wird, bzw. diese sich gar nicht erst etablieren lassen. Im Ruhrgebiet halten die politischen Akteure an Kohlesubventionen fest, die den Kumpeln in der Lausitz in diesem Umfang nie zugestanden wurden. Im Westen wird über den Umbau der Industrie- in eine Dienstleistungsgesellschaft diskutiert, in Ostdeutschland gibt es durch den Zusammenbruch der Industrieproduktion keine Alternative dazu.

Der Bevölkerung wurde 1989 kein reiner Wein über die Folgen der Globalisierung eingeschenkt. Der 68jährige versuchte ihr weiszumachen, daß auch in zehn Jahren noch eine heile Arbeitswelt in Deutschland herrsche – hätte er damals anders gehandelt (statt verharmlost und verschönt), wäre der Republik so manche Standortdebatte erspart geblieben. Was die Wirtschaft in Ostdeutschland durchgemacht hat, wird immer noch als Ausnahmesituation hingestellt, statt die Lage als anspruchsvolle, schwierige Gegenwart *und* Zukunft des vereinigten Deutschlands zu erkennen und zu akzeptieren.

Von der Lobby- in die Teilhabegesellschaft

Wir brauchen eine neue Politik. Eine neue Politik, die sich nicht nur auf Rituale beschränkt. Eine neue Politik, die die Lasten nicht wie bisher vor allem auf die ArbeitnehmerInnen und die junge Generation verteilt: Wir brauchen den Übergang von der Lobby- in die Teilhabegesellschaft. Unsere Vorstellung der Teilhabegesellschaft hat allerdings mit der FDP-Politik für Teilhaber nichts zu tun. Bei der Pünktchenpartei müssen viele teilen, damit wenige haben. Wir sind für eine Gesellschaft, in der jede/r seinen Platz hat, keine/r ausgegrenzt wird und Politik so vielfältig ist, wie die Lebensentwürfe der Menschen. Politik hat dafür zu sorgen, daß das Individuum nicht nur Teil ist, sondern auch teilhat. Uns ist bewußt, daß auf uns jüngere Menschen große Belastungen zukommen. Wir müssen die erworbenen Besitzstände der Generationen vor uns finanzieren und gleichzeitig akzeptieren, daß wir selbst niemals in den Genuß der selben Besitzstände kommen werden. Wir sind bereit, unseren Beitrag zu einem neuen Generationenvertrag zu leisten.

Die 68er zum Jagen tragen oder erst ein teach-in übers Jagen machen?

Den 68ern kommt beim Start in den Staat des 21. Jahrhunderts eine Schlüsselfunktion zu, dazu müssen sie aber aus ihrer Behaglichkeit erwachen und ihre Chance als solche begreifen und nutzen. Mit den

Geschichten und Konzepten von damals ist heute kein Staat mehr zu machen. Vielmehr müssen sich die 68er auf ihre Stärken besinnen: Der Erfolg von 1968 bestand darin, Bestehendes in Frage zu stellen, Unmut über den Zustand der Gesellschaft zu erzeugen und diesen in Reformen umzusetzen. Ihnen ist es gelungen, gesellschaftliche Verkrustungen aufzubrechen. Damals haben die 68er die Gesellschaft weiterentwickelt.

Dagegen trifft heute eine innovationsbereite Gesellschaft auf verkrustete Strukturen in der Politik. Der Unterschied zwischen gesellschaftlicher Realität und politischem Handeln wird immer größer. Die Anstöße für den Wandel von der Lobby- in die Teilhabegesellschaft kommen aus der Gesellschaft und nicht von der Politik. Das reicht vom Bündnis für Arbeit der IG Metall über die Einführung der 4-Tage-Woche bei VW und hört bei der Tatsache, daß es zehnmal mehr junge BewerberInnen als Plätze für ein Freiwilliges Soziales Jahr gibt, noch lange nicht auf.

1998 müssen die 68er die gesellschaftliche Realität einholen. Es wird wieder darauf ankommen, neue Wege zu gehen, Bestehendes in Frage zu stellen und konkrete Konzepte für den Wandel von der Lobby- zur Teilhabegesellschaft vorzulegen. Wir wollen hierzu einen Beitrag leisten.

1. Mehr und weniger arbeiten

Die Teilhabe an der Gesellschaft wird materiell wie ideell durch die Teilhabe am Arbeitsmarkt bestimmt. Auch hier gilt es, sich von den Ritualen der Vergangenheit zu befreien.

Das erste Ritual ist die Beschwörung der Vollbeschäftigung. Obwohl unsere Generation sich nicht mehr an eine Zeit mit weniger als zwei Millionen Arbeitslosen erinnern kann, wird immer noch der Eindruck erweckt, es handle sich um ein vorübergehendes Problem. Die Wahrheit ist: Es wird auf absehbare Zeit weiterhin einen großen Anteil von Arbeitslosen in unserer Gesellschaft geben. Immer mehr Frauen fordern zu Recht ihre Teilhabe an der Arbeitswelt ein und vergrößern damit das Angebot an Arbeitskräften. Zudem läßt sich das gleiche Produktionsniveau von Jahr zu Jahr mit immer weniger ArbeitnehmerInnen realisieren.

Immer mehr Menschen werden im Laufe ihres Lebens zeitweise keinen Job haben. Sie sind nicht arbeitslos weil sie nicht arbeiten wollen, sondern weil sie nicht arbeiten dürfen. Auch ihnen muß die Teilhabe an der Gesellschaft ermöglicht werden. Wir brauchen einen neuen Arbeitsbegriff, der nicht zwischen bezahlter und belächelter Arbeit unterscheidet. Ehrenamtliche Tätigkeit, Hausarbeit, Kindererziehung und soziales Engagement sind gesellschaftlich genauso wertvoll wie Erwerbsarbeit.

Das zweite Ritual sind die vermeintlichen Patentrezepte. «Arbeitszeitverkürzung ist das Allheilmittel», sagen die einen, «der Standort Deutschland kann nur gerettet werden, wenn wieder mehr gearbeitet wird», die anderen.

Ein sich in bislang ungekannter Geschwindigkeit wandelnder Arbeitsmarkt erfordert aber nicht ein Entweder-Oder, sondern beides. Wir brauchen mehr *und* weniger Arbeit. *Weniger* Arbeit durch Teilzeit in großen Unternehmen und der öffentlichen Verwaltung, wo sich nicht nur standardisierte Arbeitsabläufe relativ problemlos auf mehr ArbeitnehmerInnen verteilen lassen. *Mehr* Arbeit bei ExistenzgründerInnen, die ohne hohen persönlichen Einsatz ihrerseits und seitens ihrer MitarbeiterInnen keine Chance haben, ihren Platz in der globalisierten Wirtschaft zu finden.

Selbständigkeit als Weg zu mehr Beschäftigung

In der Teilhabegesellschaft kommt den ExistenzgründerInnen eine Schlüsselfunktion zu. Nach einer OECD-Studie gibt es in Deutschland 1,5 Millionen Selbständige weniger als im Vergleich zu anderen Industrieländern. Jede Existenzgründung schafft, wenn sie erfolgreich ist, durchschnittlich vier zusätzliche Jobs. Hier liegt ein Potential, das einen spürbaren Beitrag zur Bekämpfung der Arbeitslosigkeit leisten kann. Es gilt, eine neue Gründungswelle in Deutschland zu initiieren. Um diesen Aufbruch zu ermöglichen, muß es in Deutschland, wie in anderen Ländern üblich, einen Markt für Risiko- und Wagniskapital geben. Die Eigeninitiative und Kreativität von FirmengründerInnen darf nicht an den risikoscheuen deutschen Banken und Sparkassen scheitern. Sie darf aber auch nicht durch starre Arbeitszeitregelungen erdrückt werden. Eine Firma läßt sich nicht in einer 38,5 Stundenwoche aufbauen. Die UnternehmerInnen – aber auch die ArbeitnehmerInnen in diesen Betrieben – müssen mehr arbeiten (dürfen). Das kann aber kein einseitiges Geschäft auf Kosten der Beschäftigten sein. Wer als ArbeitnehmerIn wie ein/e UnternehmerIn arbeitet, muß auch UnternehmerIn sein, d.h. er oder sie muß teilhaben an der Firma und ihrem Gewinn.

Die Teilhabegesellschaft braucht also auf den jeweiligen Betrieb abgestimmte Arbeitszeitmodelle. Die Gewerkschaften haben das Potential, dabei Motor der Entwicklung zu sein. Ihnen kommt die entscheidende Aufgabe zu, noch stärker als bisher die Betriebsräte vor Ort zu beraten und in den Verhandlungen mit den ArbeitgeberInnen zu unterstützen. Zu welchen positiven Ergebnissen für beide Seiten eine solche neue, auf die betrieblichen Verhältnisse abgestimmte Tarifpolitik führt, zeigt die Einführung der Altersteilzeit bei VW.

Das dritte und letzte Ritual ist der Glaube, die Politik allein könne mehr Beschäftigung schaffen. Sie kann jedoch nur den Rahmen vorgeben, positive Entwicklungen fördern und versuchen, Fehlentwicklungen zu korrigieren. Sie muß Anreize für mehr Teilzeitarbeit in großen Unternehmen und der öffentlichen Verwaltung schaffen und gemeinsam mit den Gewerkschaften und den Betriebsräten darauf achten, daß die ArbeitnehmerInnen nicht zu VerliererInnen der Globalisierung werden.

2. *Bildung: Das Mega-Thema der Zukunft*

Der Stellenwert von Bildung und Qualifikation wächst enorm. Während 1985 nur etwa 28 Prozent aller Beschäftigungsverhältnisse von Höherqualifizierten eingenommen wurden, werden es im Jahre 2010 über 40 Prozent sein. Die Teilhabe an der Gesellschaft wird in immer stärkerem Maße durch Bildung beeinflußt werden.

Drei Herausforderungen markieren die Aufgaben einer Bildungsreform auf Bundesebene: Die Krise des Dualen Berufsausbildungssystems, die Krise an den deutschen Hochschulen und die fehlende Umsetzung der Forderung nach lebenslangem Lernen.

«Ja» – aber zum Dualen Berufsbildungssystem

In vielen Tätigkeitsfeldern hat sich das Duale Berufsbildungssystem bewährt. Es bereitet die Auszubildenden auf ihre praktische Tätigkeit in einem Betrieb vor und gibt ihnen gleichzeitig das theoretische Rüstzeug mit, um sich auf dem Arbeitsmarkt zu behaupten. Es verbindet das Interesse der Unternehmer an für bestimmte Aufgaben qualifizierte MitarbeiterInnen mit dem Interesse der ArbeitnehmerInnen, vielfältige Fähigkeiten zu erlernen.

Zwei Entwicklungen führen jedoch zur Krise der Dualen Berufsausbildung. Die erste Entwicklung resultiert aus den Nachwirkungen der Rationalisierungswellen. Es liegt auf der Hand, daß Firmen sich weigern, FacharbeiterInnen auszubilden, deren Jobs längst der Rationalisierung zum Opfer gefallen sind. Gleichzeitig bringt der Strukturwandel von der Industrie- zur Dienstleistungsgesellschaft andere Tätigkeitsfelder hervor. Diesem Strukturwandel wird das Duale Bildungssystem immer hinterherlaufen: Erstens kann es sich nicht so schnell anpassen, wie sich der Arbeitsmarkt verändert, und zweitens erfordern die neuen anspruchsvollen Tätigkeitsfelder – genau wie die Jobs, die infolge einer neuen Gründerwelle entstehen – universelle Qualifikationen, die besser an einer Universität erworben werden können.

An die Stelle klassischer Lehre tritt bei diesen Jobs eine Hochschulausbildung. Sie muß jedoch auf die in den neuen Jobs geforderte Flexibilität abgestimmt sein. Auch die neueste Studie des Münchner IFO-Instituts zur Lage des deutschen Arbeitsmarktes diagnostiziert, daß das Duale Berufsausbildungssystem durch seine Ausrichtung auf ein eng definiertes Beschäftigungsfeld die Entwicklung neuer Beschäftigungsstrukturen hemmt. Dies sei mit den Ansprüchen, die an ein lebenslanges Lernen in der Wissensgesellschaft gestellt werden, nicht vereinbar.

Gelingt es nicht, den Teil eines Altersjahrgangs, der heute noch den Wunsch in die Lehre zu gehen und zugleich das Potential hat, die neuen qualifizierten Jobs auszufüllen, für diese neuen Tätigkeiten zu begeistern, wird sich der gnadenlose Verdrängungswettbewerb noch beschleunigen. Die Folge: AbiturientInnen verdrängen

RealschülerInnen und RealschülerInnen HauptschülerInnen. Der Lehrstellenmarkt wird dann dauerhaft allen unzureichende Angebote machen und vor allem in der Gruppe junger Männern mit geringerer Schulbildung reihenweise und mit unabsehbaren gesellschaftlichen Folgen Verlierer produzieren.

Die zweite Entwicklung ist die, daß Ausbildung immer mehr als reiner Kostenfaktor angesehen wird. Dies kann nur durch eine bessere Verteilung der Kosten der Ausbildung auf alle Unternehmen gebremst werden. Die Last der Ausbildung tragen vor allem kleine und mittlere Betriebe, die zukünftig für ihre Leistung zu entlasten sind. Im Rahmen eines Umlagesystems, das regionale und branchenspezifische Komponenten berücksichtigt, sollen die Betriebe über ihre Kammern zunächst selbst versuchen, die Ausbildungsplatzversorgung sicherzustellen. Betriebe, die für die Branche zu wenig ausbilden, sollen die Betriebe entlasten, die mehr ausbilden. Nur wenn die Betriebe es innerhalb von zwei Jahren nicht schaffen, das Umlagesystem selbst zu organisieren, sollte es staatlich geregelt werden.

Universität als Ort der Fort- und Weiterentwicklung des Individuums und der Gesellschaft

Die Reform der Hochschulen muß ebenfalls zu einem Kernstück der Bildungsreform werden. Von der Hochschulreform der 70er Jahre sind in vielen deutschen Hochschulstädten nur noch Reformruinen übriggeblieben. Die Universität muß wieder zum Ort der Fort- und Weiterentwicklung des Individuums und der Gesellschaft werden. Das Bildungsangebot einer solchen reformierten Hochschule basiert auf drei Säulen. Die erste Säule stellt die klassische Vorbereitung auf eine akademische Laufbahn in den Mittelpunkt der Ausbildung. Diesen Weg beschreitet jedoch ein immer geringerer Prozentsatz der Studierenden. Für die meisten geht es darum, sich durch das Studium für das Erwerbsleben zu qualifizieren. Daher müssen Lehrveranstaltungen mit stärkerem Praxisbezug die zweite Säule bilden. Nur so ist es möglich, die oben beschriebene Lücke, die das Duale Bildungssystem bezüglich der hochqualifizierten Jobs läßt, zu schließen. Die dritte Säule ist das lebenslange Lernen. Hochschulen müssen neue Bildungsangebote entwickeln, die sich speziell an Menschen im Erwerbsleben richten. Das einmal in der Universität Gelernte reicht nicht mehr aus, um damit ein ganzes Arbeitsleben bestreiten zu können. Fort- und Weiterbildung wird zu einem immer wichtigeren Teil des Erwerbslebens. Dieser Bereich kann und darf nicht allein kommerziellen Anbietern überlassen werden.

Zu den Ritualen der Bildungsdebatte in den letzten Jahren gehört es, zu sagen, daß für die erste Säule die Universität, für die zweite die Fachhochschulen und für die dritte bestenfalls die Volkshochschulen zuständig sind. Muß in dieser Republik wirklich für jede staatliche Aufgabe ein eigenes Gebäude, eine eigene Verwaltung und natürlich eine eigene Abteilung in einem Ministerium geschaffen werden? Wäre es nicht viel sinnvoller, zusammenzuführen was zusammengehört?

Geld gegen Reformen

Um diesen Anspruch zu erfüllen, soll den Hochschulen mehr Eigenverantwortung übertragen werden. Die Zuständigkeit für Personal und eine weitgehende Finanzautonomie sind Schlüsselreformen, an deren Ende eine vielfältige Hochschullandschaft in Deutschland steht. Neue Ideen und Konzepte können so die bestehenden Verkrustungen aufbrechen und Fehlentwicklungen rückgängig machen.

Mit der Einführung der Direktwahl der Hochschulleitung durch alle Hochschulmitglieder wird ein neuer Impuls für mehr Demokratie und Mitbestimmung erzeugt. Ein bundesweites Verbot der Einführung von Studiengebühren schiebt der drohenden Spaltung der Hochschullandschaft in Deutschland einen Riegel vor.

In den nächsten zehn Jahren werden die Hälfte aller Stellen an den Universitäten frei. Diese Chance, den Anteil von Frauen in der Wissenschaft erheblich zu steigern, darf keinesfalls verpaßt werden. Gleichzeitig wird eine radikale Personalreform möglich. Teilzeitprofessuren mit 80 Prozent der bisherigen Arbeitszeit und des bisherigen Gehalts sollten zur Regel, ProfessorInnen nicht mehr verbeamtet, sondern nur noch auf Zeit in Abhängigkeit von ihrer Leistung ernannt und Leistungszulagen für gute ProfessorInnen eingeführt werden.

Die Politik sollte den Hochschulen ein Angebot machen: Geld gegen Reformen. Nur Hochschulen, die neue Ideen entwickeln, erhalten zusätzliche Mittel. Denn eines ist klar: Eine Hochschulreform nur durch mehr staatliche Mittel wird genauso scheitern wie Veränderungen ohne diese. Dem klaren Bekenntnis der Politik zu einer besseren Finanzierung muß der Reformwille der Hochschulen gegenüberstehen.

BAFF statt BAföG

Nicht nur die Uni, auch die Studierenden brauchen Geld, um ihr Studium zu finanzieren. Das jetzige BAföG ist zur Verbesserung der Chancengleichheit beim Zugang zu höherer Bildung ungeeignet. Wir setzen den Bundesausbildungsförderungsfonds (BAFF) dagegen. Der BAFF gewährt allen Studierenden eine elternunabhängige Ausbildungsförderung von bis zu 1050 Mark pro Monat. Studierende können im Rahmen des BAFF frei entscheiden, ob sie die vollen 1050 Mark, gar nichts oder einen Teil davon in Anspruch nehmen. Das Jobben neben der Universität, um sich seinen Lebensunterhalt zu finanzieren, gehört damit der Vergangenheit an.

Wer Geld aus dem Fonds erhält, muß nach dem Studium Beiträge entrichten. Die Beitragshöhe hängt einerseits davon ab, wieviel Geld während des Studiums aus dem Fonds entnommen wurde, andererseits aber auch vom erreichten Verdienst nach dem Studium. Für ein 10 Semester langes Studium mit Vollförderung ergibt sich ein Betrag unter drei Prozent des Bruttolohns. Dieses Reformwerk wird den Staat langfristig erheblich von Kosten entlasten.

3. Die Renten sind sicher – wie Blüms Versprechen noch zu halten ist

Was haben junge Menschen mit der Rente zu tun? Ganz einfach: Wir bezahlen sie! Nicht nur weil wir es müssen, sondern auch weil wir der Meinung sind, daß soziale Gerechtigkeit nicht mit dem Ausscheiden aus dem Erwerbsleben enden darf. Auch ältere Menschen haben ein Recht auf Teilhabe an dieser Gesellschaft. Wir halten an dem bestehenden Generationenvertrag zwischen Alt und Jung fest. Allerdings müssen Teile des Vertrages neu geschrieben werden.

Ja zum Generationenfonds, nein zur Grundrente

Um den Anstieg der Ausgaben in den nächsten Jahren auffangen zu können, muß eine vorausschauende Politik schon jetzt Rücklagen für die Zukunft schaffen. Daher sprechen wir uns für die Einrichtung eines Generationenfonds aus, der jährlich aus Steuermitteln aufgebaut wird. Ein Grundrentenmodell lehnen wir ab. Es wäre in den nächsten 50 Jahren mit einer enormen Doppelbelastung für unsere Generation verbunden. Am Ende wären nur die wenigen absoluten Spitzenverdiener in der Lage, durch zusätzliche Vorsorge der Altersarmut zu entgehen.

Der jungen Generation ein faires Angebot machen

Ein Fonds ermöglicht die Teilhabe von beiden Generationen: Ab 2020 sorgt er dafür, daß RentnerInnen auch weiterhin in Würde alt werden können. Bis dahin kann ein Teil der Rendite des Fonds als Darlehen für unterkapitalisierte Existenzgründungen dienen und damit den entscheidenden Anstoß für eine neue Gründungswelle geben. Der Generationenfonds wird somit zum Kernstück des neuen Generationenvertrags. Die in vielen Familien gelebte Solidarität zwischen Jung und Alt wird zum Modell für die Teilhabegesellschaft.

Der andere Teil des Generationenfonds sollte an den Finanz- und Aktienmärkten vermehrt werden. Dabei ist auf eine risikoarme und breite Streuung bei der Anlage zu achten, um Verluste zu vermeiden. Durch die Beteiligung an Aktiengesellschaften haben Staat und Bürger teil an den Zuwächsen der Wirtschaft. Die satten Globalisierungsgewinne der Unternehmen, die zum Teil zu Lasten der sozialen Sicherungssysteme gehen, werden so genutzt, um die Renten unserer Generation mitzufinanzieren.

Rentenniveau senken, Altersarmut verhindern

Die veränderte Situation auf dem Arbeitsmarkt wirkt sich auch auf die Rentenversicherung aus. Unterbrechungsfreie Erwerbstätigkeit und damit Beitragszahlung werden zur Ausnahme werden. Erziehungs-, Hausarbeits-, Teilzeit- und Weiterbildungsphasen sowie Zeiten der Erwerbslosigkeit müssen bei der Berechnung der Rente miteinbezogen werden, um eine Ausbreitung von Altersarmut zu vermeiden. Zur Finanzierung der neuen Beitragszeiten ist eine stärkere Umverteilung innerhalb des Rentensystems nötig. Am Ende der Ära der Vollzeitbeschäftigung haben Menschen, die ihr Leben lang beruflich erfolgreich waren, einen Vorteil, der es rechtfertigt, bei der Bemessung ihrer Rente Abstriche zu machen. Der bisherige Generationenvertrag, ergänzt durch den Generationenfonds und die Solidarität der älteren Menschen untereinander, ermöglicht die Teilhabe der Älteren an der Gesellschaft, ohne dabei die Teilhabe der Jüngeren durch eine zu starke Doppelbelastung unmöglich zu machen.

4. Balanced Budget: Den Haushalt wieder ins Lot bringen

Die Schuldenlast der Gemeinden hat sich allein in der bisherigen Lebensspanne unserer Generation mehr als vervierfacht (1970: 39,9 Milliarden; 1995: 165,7 Milliarden), die der Länder mehr als verachtzehnfacht (1970: 27,4 Milliarden; 1995: 503,3 Milliarden), und die des Bundes ist heute 15mal so hoch (47,8 zu 754,3 Milliarden). Und das Schuldenmachen geht munter weiter. Seit Jahren weisen die Haushalte in schöner Regelmäßigkeit den Posten Nettoneuverschuldung aus. Ehrlicher müßte er heißen: «Was wir uns gar nicht leisten können». Und das dicke Ende kommt erst noch. In der Nettoneuverschuldung sind nämlich nicht die zukünftigen Pensionsberechtigung der BeamtInnen enthalten, die auch nichts anderes sind als ein Abwälzen der Belastungen auf kommende Generationen. Beides zusammen wird die öffentlichen Haushalte in den nächsten Jahren erdrücken. Wer diese Politik heute damit rechtfertigt, daß sie notwendig sei, um politischen Gestaltungsspielraum zu behalten, verkennt oder ignoriert dabei, daß er den Knockout der Politik nur verschiebt und verschärft, aber nicht behebt. Zur Teilhabe an der Gesellschaft gehört es aber auch, die Gesellschaft gestalten zu können.

Generationenvertrag oder Generationenverrat?

Umsteuern tut not. Das Ziel muß die schrittweise Rückführung der Nettoneuverschuldung auf null sein. Solange dieses Ziel noch nicht erreicht ist, fordern wir, daß die öffentlichen Haushalte in verständlicher Form ausweisen, wofür konkret die Neuverschuldung verwendet wird. Die Politik muß sich wieder darüber klar werden, daß die Neuverschuldung nicht als feste Größe im Haushalt angesehen werden kann. Sie ist die Ausnahme und nicht die Regel. Durch einen jährlichen Bericht soll dies immer wieder ins Bewußtsein der PolitikerInnen gerufen werden. Sie werden dazu verpflichtet, über die Belastung unserer Generation Rechenschaft abzulegen. So läßt sich feststellen, ob es sich tatsächlich, wie so oft behauptet wird, um einen Generationenvertrag (Investitionen für die Zukunft) handelt oder um einen Generationenverrat (Investitionen auf Kosten der Zukunft).

Steuererhöhungen als letztes Mittel

Die Lösung der Finanzkrise hat bisher eher rituellen Charakter. Die einen wollen den «verfetteten Staat» zum Teufel jagen. Die andern sagen, Geld sei genug da, man müsse es nur bei den Reichen holen. Beide verschweigen etwas. Das Fett des Staates besteht zu einem großen Teil aus Dienstleistungen, die keiner missen möchte. Polizei, Justiz und Bildung verursachen den größten Teil der Personalausgaben; die Sozialausgaben garantieren die Teilhabe aller Menschen an der Gesellschaft. Zugegeben, es gibt Reformbedarf. Vieles läßt sich effektiver und billiger machen. Am Ende der Reformmaßnahmen werden aber wahrscheinlich die eingesparten Mittel geringer sein als die jährliche Neuverschuldung. Die öffentlichen Haushalte bleiben auch nach einer Verwaltungsreform defizitär, wenn auch auf niedrigerem Niveau.

Die AnhängerInnen der anderen These kümmern sich nicht so sehr um Verwaltungsreform. Sie glauben, einen anderen Weg zur Deckung der Haushaltslöcher gefunden zu haben: Die selbsternannten Robin Hoods wollen das Geld durch Steuererhöhungen bei Besserverdienenden abgreifen. Nur sind die, wenn die Robin Hoods zuschlagen, schon längst im Ausland.

Steuererhöhungen können nur das letzte Mittel sein, um das Defizit des Staates auszugleichen. Vorher müssen Maßnahmen ergriffen werden, die den öffentlichen Dienst und das Steuersystem transparenter, leistungsfähiger und effektiver machen. Bei der Steuererklärung darf der/die Ehrliche nicht länger der/die Dumme sein.

Schlupflöcher für Besserverdienende müssen geschlossen und das Steuersystem für jedeN verständlich werden. Wenn die Menschen sehen, daß ihr Geld sinnvoll verwendet wird, werden sie auch zu einem höheren Eigenbeitrag bereit sein – vorher aber nicht.

Angestellte statt BeamtInnen

Besonderes Augenmerk ist bei der Sanierung der öffentlichen Haushalte auf die Personalausgaben zu legen, die den größten Teil verschlingen. Ein erster Schritt zu mehr Klarheit und Wahrheit in den öffentlichen Haushalten wäre die weitgehende Abschaffung des BeamtInnentums. BeamtIn muß nur sein, wer wirklich hoheitliche Aufgaben erfüllt. Dazu gehören Polizei, Berufssoldaten, Rechtspflege und der diplomatische Dienst. Alle anderen Tätigkeiten (z.B. Schule und Hochschule) können auch von Angestellten wahrgenommen werden. Zwar kostet dies kurzfristig mehr, da die Rentenbeitragszahlungen und weitere Lohnnebenkosten sofort und nicht erst Jahrzehnte später anfallen, aber immerhin würde dadurch das ganze Fiasko der derzeitigen Haushaltspolitik deutlich – und es würde endlich der notwendige Handlungsdruck entstehen. Außerdem kann sich der öffentliche Dienst durch Angestellte aus den Verkrustungen des BeamtInnenrechts befreien.

Eine Möglichkeit, um bei Neueinstellung den Systemwechsel vom BeamtInnen- in das Angestelltenverhältnis zu finanzieren, ist der Zuschuß aus dem Bundeshaushalt an die Rentenversicherung. Derzeit überweist der Bund jährlich über 70 Milliarden DM aus Steuermitteln an die Rentenkassen, um ihr Finanzierungsdefizit auszugleichen. Wenn Neueinstellungen im öffentlichen Dienst außer für hoheitliche Aufgaben im Angestelltenverhältnis erfolgen, erhöht sich die Zahl der BeitragszahlerInnen zur Rentenversicherung, ihr Defizit sinkt. Aufgrund dieses Zusammenhangs sollte ein Teil des Bundeszuschusses zur Finanzierung des Systemwechsels verwendet werden. Für jede Stelle, die vom BeamtInnen- in das Angestelltenverhältnis überführt wird, erhalten Bund, Länder und Kommunen aus diesen Mitteln die dadurch anfallenden Rentenversicherungsbeiträge erstattet. Für die Rentenversicherung macht es keinen Unterschied, ob sie den Bundeszuschuß direkt oder mittelbar über mehr

BeitragszahlerInnen erhält. So wird der Systemwechsel finanzierbar, das BeamtInnentum auf seine Kernbereiche reduziert, die Zahl der BeitragszahlerInnen zur Rentenversicherung erhöht und das Abwälzen der Pensionslasten auf nachfolgende Generationen gestoppt.

5. *Frauen und Männer*

Noch nie hatten junge Männer und Frauen derart ähnliche Perspektiven wie heute: Waren es früher nur die Frauen, die mit einem von Unterbrechungen, mehreren Arbeitsplatzwechseln und Umschulungen geprägten Erwerbsleben zurechtkommen mußten, so zwingen die Veränderungen der Arbeitsgesellschaft mittlerweile auch immer mehr Männern phasenweise Erwerbslosigkeit, Flexibilität und Karrierebrüche auf.

Frauen als Motor für die Teilhabegesellschaft

Durch Teilzeitarbeit in großen Betrieben und der öffentlichen Verwaltung wird die Arbeit auf mehr Menschen verteilt werden. Eine neue Gründungswelle führt zu weiterer Beschäftigung. Frauen sind für diesen Wandel der Arbeitswelt besser gerüstet als Männer. Schon heute sind es überwiegend Frauen, die Teilzeitjobs haben. Was für Männer eine Umstellung sein wird, ist für Frauen schon lange Realität. Auch bei Existenzgründungen zeigen Frauen wie es geht. Ihr Weg in die Selbständigkeit ist bereits heute erfolgreicher als der von Männern.

Ein Großteil der Gesellschaft hat sich vom Bild des «Familienernährers» längst verabschiedet: In den unteren Einkommensgruppen werden seit langem kaum mehr Löhne gezahlt, die den Lebensunterhalt einer Familie abdecken. Bei weiterer Arbeitszeitverkürzung in den großen Betrieben und der öffentlichen Verwaltung wird diese Entwicklung mehr und mehr auch die anderen Lohngruppen erreichen. Die Härten, die hierdurch für Menschen entstehen, die wegen der Erziehung von Kindern nicht erwerbstätig sein können, müssen durch ausreichende Sozialtransfers abgefedert werden.

Und schließlich gibt es da nicht zu leugnende Ergebnisse von 30 Jahren Frauenbewegung: Mögen junge Frauen den Feminismus ihrer Mütter auch nicht mehr wie eine Monstranz vor sich hertragen, so nehmen sie doch selbstverständlich ihr Recht auf eine eigene Karriere und eine eigene Lebensplanung in Anspruch. Männern muß klar werden: Die Teilhabe von Frauen am Erwerbsleben setzt die Teilhabe von Männern an Hausarbeit und Kindererziehung voraus.

Dennoch hindern etliche Hürden Frauen und Männer noch immer daran, mit der Chancengleichheit endlich ernst zu machen: Frauen sind trotz guter Ausbildung nach wie vor in den schlechter bezahlten Jobs zu finden, und auch für Männer bedeuten Familienphasen nicht selten das Karriereende. Die politischen und rechtlichen Rahmenbedingungen gehen von der lebenslangen Kleinfamilie und einer Form der Ehe aus, die in der Realität schon seit längerem eher die Ausnahme ist. Allen, die anders leben, darf die Teilhabe an der Gesellschaft nicht länger durch bürokratische, steuerliche und soziale Hindernisse erschwert werden. Die Chancen, die der Umbruch in der Arbeitswelt für die Gleichberechtigung mit sich bringt, müssen genutzt werden.

Taten statt hehrer Appelle

Den Frauenbeauftragten der Kommunen kommt bei der Teilhabe von Frauen am Erwerbsleben eine Schlüsselfunktion zu. In Zusammenarbeit mit den Unternehmen könnten sie konkrete Konzepte und Hilfestellungen anbieten, um praxistaugliche Teilzeitprogramme, Frauenförderung und flexible Arbeitszeitmodelle zu entwickeln und umzusetzen. Die Beratung von Unternehmen (Genderaudit) sorgt dafür, daß Frauenförderung auch in der Wirtschaft kein hehrer Appell bleibt.

Für unsere Generation ist es selbstverständlich, daß jeder Mensch eine individuelle Entscheidung über seinen Lebensweg trifft. Geschlechtsspezifische Rollenmuster spielen hierbei insbesondere für junge Frauen eine immer geringere Rolle. Ziel ist eine Gesellschaft, in der Frau und Mann nicht nur auf dem Papier gleichberechtigt sind, gesellschaftliche Ressourcen und Pflichten gleich verteilt werden und sich die Menschen jenseits von Rollenklischees frei entfalten können. Politische Veränderungen können dafür nur notwendige Voraussetzungen schaffen, garantieren aber noch keine

Gleichberechtigung. Diese kann nur durch die Initiative einer jeden und eines jeden einzelnen Wirklichkeit werden.

6. *Umwelt*

Öko ist out. Die Umfragen offenbaren schonungslos, daß der überwiegende Teil der Bevölkerung in Zeiten hoher Arbeitslosigkeit ökologische Fragen als nachrangig betrachtet. Das Nichtstun der Bundesregierung in diesem Bereich kann jetzt sogar in aller Ruhe fortgesetzt werden, schließlich ist das Thema nicht mehr wahlentscheidend.

Öko ist out? Die Klimakonferenzen der UNO werden zeigen, daß die Reduktion klimaschädlicher Gase nicht erreicht wurde. Das Klassenziel Rio ist verfehlt. Die Erde wird sich weiter erwärmen, lediglich das öffentliche Interesse hat sich abgekühlt. Wachstumsregionen in vielen Teilen der Erde folgen dem westlichen Modell. Sie werden nach unserem Wohlstand streben und den ökologischen Kollaps dadurch beschleunigen. Solange die Industriestaaten nicht konsequent auf Nachhaltigkeit setzen, haben sie kein Recht, mit dem Finger auf aufstrebende Staaten zu zeigen.

Öko ist out. Zentrale Felder des Umweltschutzes wurden von den Grünen der 80er Jahre besetzt, in Forderungen gekleidet, medienwirksam auf die Agenda gesetzt und schließlich sogar von der Bundesregierung übernommen. Trotzdem steigt der Flächenverbrauch weiter, von einer ökologischen Stoffwirtschaft sind wir weit entfernt, Arten und Bäume sterben weiter. Mit Abfallpolitik, Immissionsschutz, Boden- und Naturschutz ist inzwischen kein Blumentopf mehr zu gewinnen.

Öko ist out? Mitnichten. Alle Maßnahmen und Förderprogramme, die es bisher in der Umweltpolitik gibt, sind gut, richtig und wichtig, aber sie werden Stückwerk bleiben müssen, wenn uns nicht durch eine ökologische Steuerreform ein grundsätzlicher Wandel gelingt. Solange ökologisch unsinniges Verhalten belohnt wird, gibt es keine durchschlagende Investition in eine umweltverträgliche Wirtschaftweise.

Ökosteuer als Anreiz für die Wirtschaft

Deshalb ist die Ökosteuerreform so bedeutsam. Sie erhöht die Kosten für den Verbrauch von natürlichen Ressourcen und verwendet die Mittel, um die Kosten für den Faktor Arbeit (und somit die Lohnnebenkosten) zu senken. Die Wirtschaft hat einen Anreiz, von sich aus ökologisch sinnvoll zu handeln. Ohne diese Reform wird es keinen wirklichen Fortschritt in der Umweltpolitik geben. Selbstverpflichtungserklärungen der Wirtschaft haben sich als ineffizient herausgestellt. Die Ökosteuer fügt sich nahtlos in die Marktwirtschaft ein. Anstatt die Folgen von Umweltverbrauch erst nach ihrem Entstehen zu sanktionieren, sorgt die Ökosteuer dafür, daß sich die Knappheit an natürlichen Ressourcen von Anfang an in den Preisen widerspiegelt.

Schutz der Bevölkerung statt Interessen der Atomindustrie

Wenn die Preise für Produkte endlich die durch ihre Produktion und ihren Verbrauch entstehende Umweltbelastung widerspiegeln, löst sich auch ein weiteres Problem von selbst: die Atomenergie. Wohin mit dem ganzen strahlenden Schrott? Soll es in diesem Land üblich werden, jeden Castortransport für zweistellige Millionenbeträge durch die Republik prügeln zu lassen? Und wenn der Müll endlich im Atommüllager angekommen ist, fangen die Probleme erst richtig an. Noch immer gibt es kein Konzept, wo die strahlenden Zukunftsaussichten unserer Generation sicher gelagert werden sollen; auch hier geht die Rechnung wieder voll auf Kosten der jungen Generation. Wir brauchen einen Energiekonsens, der dem Schutz der Bevölkerung Vorrang vor den Interessen der Atomindustrie einräumt. Ziel muß der schnellstmögliche Ausstieg aus der Atomenergie sein.

Damit die Preise endlich die ökologische Wahrheit repräsentieren, müssen auch die Strommonopole aufgelöst werden. Wenn Produktion und Netz voneinander getrennt sind, wird sich automatisch ein Wettbewerb entwickeln, der die Dinosauriertechnologie Atomkraft ins Museum befördert.

7. *Wir sind Europa*

Europa, das ist vor allem die große Idee des friedlichen Zusammenlebens von Menschen verschiedener Nationen auf einem Kontinent. Europa, das ist die Vielfalt von Menschen, Kulturen, Lebensentwürfen. Europa, das ist mehr als ein gemeinsamer Wirtschaftsraum, mehr als der Euro.

Europa ist mehr als der Euro

Europa, das ist für die Politik zur Zeit vor allem der Streit um die erste Stelle nach dem Komma bei dem Euro-Kriterium Neuverschuldung. Die Frage, ob die Neuverschuldung bei 3,0 Prozent, 3,2 Prozent oder gar 3,4 Prozent des Bruttoinlandprodukts liegt, wird zur Schicksalsfrage für die Zukunft Europas stilisiert. Und das, obwohl Ökonomen sagen, daß die Angleichung der Volkswirtschaften wichtiger sei, als die punktgenaue Erfüllung von Prozentzahlen. Das Vertrauen der Bevölkerung wird nicht durch die Nachkommastelle zerstört, sondern durch die Debatte darüber. Wenn die Einführung einer gemeinsamen Währung zum Spielball von Parteipolitik wird, bleibt die Glaubwürdigkeit auf der Strecke. Der Euro wird 1999 kommen und mit ihm die Europäische Zentralbank.

Die Teilhabegesellschaft auch in Europa realisieren

Europa, das ist mehr als der Euro: Wir sind die erste Generation, die in einem geeinten Europa leben könnte. Die Aussöhnung mit unseren Nachbarländern, die Ostpolitik, und Glasnost gehören zu den großen Erfolgen der europäischen Nachkriegspolitik. Es muß keine Utopie bleiben, daß sich junge Menschen aus allen europäischen Ländern unvoreingenommen, ohne Visum und Grenzkontrollen begegnen können. Das Zusammenleben mit Menschen unterschiedlicher Nationalität ist für uns zur Selbstverständlichkeit geworden. Dieses Lebensgefühl macht nicht Halt an den Grenzen der europäischen Union. Die EU darf sich nicht abschotten. Sie muß Kriterien für den Beitritt weiterer Länder aufstellen.

Aber auch das Bewußtsein in den noch vorhandenen Nationalstaaten muß sich andern. Europa muß als Chance begriffen werden und als Gewinn für die Staaten des entstehenden «Hauses Europa». Wie die Deutsche Einheit ist Europa kein Opfer, sondern eine Chance für uns, die Menschen im Herzen Europas.

Staatsbürgerschaft als Schlüssel zur Teilhabe

Allen Menschen, die dauerhaft in der EU leben, sollte die Teilhabe an der Gesellschaft ermöglicht werden – egal welche Farbe ihr Paß hat. Gerade bei jungen Menschen zeigt sich die Absurdität des geltenden Staatsbürgerschaftsrechts: Es ist nicht einzusehen, warum in der Bundesrepublik geborene und aufgewachsene TürkInnen oder AmerikanerInnen weniger Rechte haben als deutsche EinwohnerInnen. Alle hier Geborenen sollten das Recht auf die deutsche Staatsangehörigkeit haben.

Demokratie braucht Transparenz

Um die Teilhabegesellschaft auch in Europa zu realisieren, bedarf es auch in Brüssel und Straßburg einer neuen Politik. Einer Politik, die das friedliche Zusammenleben von Menschen verschiedener Nationen dauerhaft sichert und ihnen die Teilhabe an der Gesellschaft ermöglicht. Dazu gehören einheitliche Sozial- und Umweltstandards und die Stärkung des Europäischen Parlaments. Es kann nicht sein, daß die BürgerInnen alle fünf Jahre ein Parlament wählen, wichtige Entscheidungen aber an diesem vorbei vom Ministerrat getroffen werden. Ein gestärktes Parlament muß dafür sorgen, daß über europäische Themen öffentlich und für die Bevölkerung nachvollziehbar diskutiert wird. Eine europäische Regierung, die wie bisher hinter verschlossenen Türen tagt, hemmt die Entwicklung einer europäischen Identität.

Die Krise als Chance begreifen

Europa, das ist auch die Konkurrenz zu den Wachstumsregionen Südostasiens, zu Indien, China und Nordamerika. Dort blickt man zunehmend mitleidig auf den alternden Kontinent Europa. Europa gilt als Verlierer der Entwicklungen der nächsten 50 Jahre. Es gilt, diese Krise als Chance zu begreifen; Europa darf sich nicht auf ein Hase-und-Igel-Spiel einlassen. Der Wettlauf um niedrigere Löhne,

Umweltstandards und Sozialleistungen ist nicht zu gewinnen – darf nicht gewonnen werden. Vielmehr muß sich Europa auf seine Stärken konzentrieren und Vorreiter auf den Zukunftsmärkten Ökologie und Informationstechnologie werden. Doch auch hier droht Europa den Anschluß zu verlieren. Wir dürfen nicht weiterhin nur über Zukunftsmärkte reden, wir müssen sie erschließen.

UnterzeichnerInnen (Bündnis 90/Die Grünen)

Nicole Vogelsberger, 23 Jahre, Sprecherin der Grünen Jugend Hessen, Kreisverband Marburg-Biedenkopf

Fabian Dittrich, 21 Jahre, Sprecher der Grünen Jugend Hessen, Kreisverband Groß-Gerau

Rainer Krug, 26 Jahre, Landesvorstandsmitglied für Wirtschaft und Finanzen der Grünen Jugend Hessen, Kreisverband Kassel-Stadt

Nele Schönau, 18 Jahre, Landesvorstandsmitglied der Grünen Jugend Hessen

Julia Wörwag, 25 Jahre, Frauenbeauftragte der Grünen Jugend Hessen, Kreisverband Frankfurt/Main

Jens Kröcher, 24 Jahre, Politischer Geschäftsführer von Bündnis 90/Die Grünen Hessen, Kreisverband Marburg-Biedenkopf

Lene Riedel, 25 Jahre, Landesvorstandsmitglied Bündnis 90/Die Grünen Hessen, Kreisverband Frankfurt/Main

Ronja Perschbacher, 25 Jahre, Mitglied des Hessischen Landtags, Kreisverband Frankfurt/Main

Tarek Al-Wazir, 26 Jahre, Mitglied des Hessischen Landtags, Kreisverband Offenbach-Stadt

Matthias Berninger, 26 Jahre, Bundestagsabgeordneter, Kreisverband Kassel-Land

Mathias Wagner, 23 Jahre, Initiator des Papiers, Kreisverband Hochtaunus

Petra Becker, 23 Jahre, Parteiratsdelegierte, Kreisverband Kassel-Stadt

Dirk Döhne, 28 Jahre, Kreistagsabgeordneter und Parteiratsmitglied, Kreisverband Kassel-Land

Finn Kaufmann, 23 Jahre, Kreisverbandssprecher Darmstadt

Tina Rasper, 19 Jahre, Stadtverordnete in Gladenbach, Kreisverband Marburg-Biedenkopf

Gisela Enders, 29 Jahre, Schatzmeisterin von Bündnis 90/Die Grünen Hessen, Kreisverband Kassel-Stadt

Martin Duru, 24 Jahre, Kreisverband Marburg-Biedenkopf

Stefan Spindler, 21 Jahre, Stadtverordneter Gladenbach, Kreiverband Marburg-Biedenkopf

Sarah Sorge, 28 Jahre, Stadtverordnete in Frankfurt/Main, Kreisverband Frankfurt/Main

Frauke Hermann, 22 Jahre, Kreisverband Marburg-Biedenkopf

Jürgen Merz, 25 Jahre, stellvertretender Stadtverordnetenvorsteher und Fraktionssprecher in Obertshausen, Kreisverband Offenbach-Land

Hans Pixner, 24 Jahre, Stadtverordneter in Offenbach/Main, Kreisverband Offenbach-Stadt

Sandra Laaz, 27 Jahre, Parteiratsgeschäftsführung Hessen, Kreisverband Marburg-Biedenkopf

Susanne Kaufmann, 26 Jahre, Kreisverband Marburg-Biedenkopf

Tilo Koch, 24 Jahre, Kreisverband Marburg-Biedenkopf

Mareike Klauenflügel, 18 Jahre, ehemaliges Landesvorstandsmitglied der Grünen Jugend Hessen, Kreisverband Wiesbaden

Christian Hornberg, 23 Jahre, ehemaliges Landesvorstandmitglied der Grünen Jugend Hessen, Kreisverband Wiesbaden

Oliver Stark, 24 Jahre, Landesvorstandsmitglied der Grünen Jugend Hessen, Kreisverband Odenwald

Anne Forker, 19 Jahre, Kreisverband Wetterau

Johannes Marx, 17 Jahre, Obertiefenbach

Bernd Schrader, 27 Jahre, Grüne Jugend Kassel-Stadt

Martin Hühne, 28 Jahre, Kreisvorstand Kassel-Land

Oliver Schmidt, 25 Jahre, Grüner Jugendstammtisch Frankfurt

Christof Fink, 22 Jahre, Stadtverordneter in Oberursel und Kreisgeschäftsführer Hochtaunus

Karin Runkel, 24 Jahre, ehemaliges Landesvorstandsmitglied der Grünen Jugend Hessen, Kreisverband Groß-Gerau

Raoul M. Hecker, 24 Jahre, Stadtverordneter in Groß-Gerau, Kreisverband Groß-Gerau

Jörg Rüddenklau, 26 Jahre, Kreisverband Groß-Gerau

Karsten Hufer, 23 Jahre, Kreisverband Groß-Gerau

Jan Hofmann, 22 Jahre, Kreisverband Groß-Gerau

Veit Brandt, 29 Jahre, Kreisverband Offenbach-Stadt

Christian Gösel, 25 Jahre, Kreisverband Fulda

Stefan Witzel, 23 Jahre, Junge Grüne Fulda

Oliver Beeris, 23 Jahre, Kreistagsabgeordneter, Kreisverband Fulda

Volker Meisinger, 29 Jahre, Kreisverband Frankfurt

Manuela Rottmann, 25 Jahre, ehemalige Sprecherin des Grün-Alternativen Jugendbündnisses, Kreisverband Bad Kissingen

Michael Münter, 24 Jahre, Kreisverband Nürnberg-Stadt

Christian Boeser, 26 Jahre, Kreisverband Nürnberg-Stadt

Volker Oschmann, 27 Jahre, Kreisverband Bad Kissingen

Marc Berkant Tuna, 29 Jahre, Bundesvorstandssprecher ImmiGrün, Kreisverband München-Mitte

Anja Engelmohr, 18 Jahre, ehemaliges Bundesvorstandsmitglied des GAJB, Kreisverband Fürstenfeldbruck

Sebastian Gräfe, 22 Jahre, Kreisverband Leipzig-Stadt

Matthias Gräfe, 25 Jahre, Kreisverband Leipzig-Stadt

Niko Karcher, 23 Jahre, ehemaliges Vorstandsmitglied des Grün-Alternativen Jugendbündnisses, Kreisverband Rostock

Alex Bonde, 22 Jahre, ehemaliges Landesvorstandsmitglied von Bündnis 90/ Die Grünen Baden-Württemberg, Kreisverband Freiburg

Henrik Becker, 23 Jahre, Landesvorstandssprecher der Grün-Alternativen Jugend Baden-Württemberg, Kreisverband Karlsruhe-Land

Franziska Brantner, 18 Jahre, ehemaliges Landesvorstandsmitglied der Grün-Alternativen Jugend Baden-Württemberg, Kreisverband Breisgau-Hochschwarzwald

Katrin Simon, 20 Jahre, Kreisverband Freiburg

Nadyne Dittmann, 18 Jahre, ehemaliges Landesvorstandsmitglied der Grün-Alternativen Jugend Baden-Württemberg

Markus Sandrock, 22 Jahre, Kreisverband Freiburg

Ulrich Narr, 23 Jahre, Kreisvorstandsmitglied Tübingen

Denis Igor-Susko, 23 Jahre, Grün-Alternative Jugend Bruchsal

Patrick Schultz, 19 Jahre, Kreisvorstandsmitglied Calw

Volker Nill, 23 Jahre, Kreisvorstandsmitglied Tübingen

Sonja Mund, 23 Jahre, Grün-Alternative Jugend Bruchsal

Benjamin Mund, 18 Jahre, Grün-Alternative Jugend Bruchsal

Andreas Schneider, 22 Jahre, Landesvorstandsmitglied Grün-Alternative Jugend Baden-Württemberg, Kreisverband Rems

Daniel Kraft, 24 Jahre, Generalsekretär der Föderation der europäischen jungen Grünen, Kreisverband Breisgau-Hochschwarzwald

Steffen Lemmerzahl, 21 Jahre, Landesvorstand Grün-Alternative Jugend Baden-Württemberg, Kreisverband Freiburg

Cai Fark, 31 Jahre, Kreisverband Bodensee

Marco Walker, 21 Jahre, ehemaliger Sprecher des Grün-Alternativen Jugendbündnisses, Kreisverband Stuttgart

Thomas J. Dauser, 22 Jahre, Kreisverband Tübingen

Martina Breitling, 22 Jahre, Kreisverband Tübingen

Martin Ruf, 24 Jahre, Grüne Hochschulgruppe Tübingen

Volker Stickel, 26 Jahre, Grüne Hochschulgruppe Tübingen

Andreas Ströbel, 28 Jahre, Kreisvorstandsmitglied Freiburg

Kai Felkendorff, 23 Jahre, Kreisverband Wangen

Sebastian Buko, 20 Jahre, Kreisverband Karlsruhe-Stadt

Tobias Ziegele, 26 Jahre, Kreisverband Freiburg

Annette Braun, 28 Jahre, Kreisvorstandsmitglied Freiburg

Marc Mausch, 26 Jahre, Kreisvorstandsmitglied Stuttgart

Florian Braune, 19 Jahre, Kreisverband Freiburg

Jens Christian Keller, 30 Jahre, Kreisverband Heilbronn

Heike Dederer, 27 Jahre, Stadträtin in Bietigheim-Bissingen, Kreisverband Ludwigsburg

Boris Palmer, 25 Jahre, Kreisverband Tuebingen

Jochen Böder, 25 Jahre, Grüne Hochschulgruppe Tübingen

David Handwerker, 27 Jahre, Kreisverband Hannover

Kerstin Sennekamp, 24 Jahre, Kreisverband Göttingen

Christian Reuter, 29 Jahre, Kassierer des Kreisverbands Hamburg-Eimsbuettel

Claudius Rafflenbeul-Schaub, 20 Jahre, Sprecher Junge Grüne Düsseldorf, Kreisverband Düsseldorf von Bündnis 90/Die Grünen

Heino Stegmann, 30 Jahre, Junge Grüne Düsseldorf, Kreisverband Düsseldorf von Bündnis 90/Die Grünen

Daniel Schneider, 18 Jahre, Kreisverband Steinfurt

Matthias Römer, 27 Jahre, Sprecher der Grün-Alternativen Jugend Saar, Kreisverband Saarbrücken

Stefan Schmitt, 19 Jahre, Mitglied im Landesvorstand der Grün-Alternativen Jugend Saar, Kreisverband Völcklingen

Felix Bierbrauer, 20 Jahre, Mitglied im Landesvorstand der Grün-Alternativen Jugend Saar, Kreisverband Saarbrücken

Daniel Dörr, 23 Jahre, stellvertretender Sprecher der Grün-Alternativen Jugend Saar und Kreisverbandssprecher Saarbrücken

Aline Volkert, 18 Jahre, Mitglied im Landesvorstand der Grün-Alternativen Jugend Saar, Kreisverband Saarbrücken

Arash Akbarian, 21 Jahre, Kreisverband Homberg

Tobias Schild, 18 Jahre, Kreisverband Saarbrücken

Philipp Malter, 19 Jahre, Kreisverband Saarbrücken

Rainhard Palm, 28 Jahre, Landesverband Berlin

Kai Baron, 27 Jahre, Kreisverband Alzey-Worms.

Olaf Bursian, 23 Jahre, Kreisvorstandsmitglied Mainz

Martin Schmidt, 29 Jahre, Kreisverband Mainz-Stadt

Angelika Wilmen, 28 Jahre, Kreisverband Mainz-Stadt

Martin Thomsen, 27 Jahre, Junge Grüne Kassel

Sebastian Metzger

Thomas Schoerner, ehemaliges Mitglied im Landesvorstand von Bündnis 90/ Die Grünen Bayern

Daniel Günthör, 25 Jahre, Kreisvorstand München-Ost

Markus Rainer, 20 Jahre, Grüne Jugend München, Kreisverband Fürstenfeldbruck

Die Reaktion auf den Text

Am 8. September 1997 wurde unser Positionspapier «Start in den Staat des 21. Jahrhunderts – Für einen neuen Generationenvertrag» (STAA/RT 21) von zunächst 18 jungen Grünen vorgelegt. Die *Frankfurter Rundschau* veröffentlichte an diesem Tag eine gekürzte Fassung auf ihrer Dokumentationsseite und auch dem *Spiegel* war unser Text eine Panoramameldung wert. Die Diskussion war eröffnet. Bis Ende 1997 hatten 109 junge Grüne das Papier unterschrieben (http://www.gruene-hessen.de/staart21), alle großen Zeitungen darüber berichtet, 68er, 78er und 89er sich zu Wort gemeldet. Grund genug, eine erste Bilanz zu wagen. Wie haben die 68er auf die Kritik reagiert? Wie geht die Partei Bündnis 90/Die Grünen, die die Jugend gerne als «natural born voters» ansieht, damit um, wenn sich die Jugend in ihren eigenen Reihen laut und vernehmlich zu Wort meldet und nicht nur Plakate mit den Inhalten von 68 bzw. den Inhalten der 68er klebt? Hat die Jugend von heute andere Ziele als die Jugend von gestern? Kurzum, brauchen wir die 68er noch?

Die erste Reaktion auf unseren Text kam nicht – wie erwartet – von den 68ern, sondern – zu unserer Überraschung – aus der eigenen Generation, nämlich von jungen Mitgliedern der eigenen Partei. In dem Gegenpapier «Junge Grüne für das @lternative 21. Jahrhundert»[2] (@21) wird uns Neoliberalismus und Deregulierung vorgeworfen. Auszüge: «Zu Kapitalismuskritik und ähnlichem reicht der Horizont der UnterzeichnerInnen [von STAA/RT 21] nicht», «Zu der zentralen Frage nach der Schaffung wirklicher Gerechtigkeit in unserer Gesellschaft verlautet aus dem Papier kein einziges Wort». Und weiter:

> «Wir halten die Perspektive von Neoliberalismus und Entsolidarisierung der Gesellschaft, wie sie in STAA/RT 21 von einem kleinen, in den Medien überrepräsentierten Teil junger Grüner präsentiert wird, für nicht zukunftsfähig – für uns ist dies in keiner Weise tragbar.»

Eine weitere ausführliche Reaktion erfolgte von der 78er-Generation.[3] All jenen also, die für eine Politisierung in den wilden Jahren um 1968 noch zu jung und für unsere, die 89er Generation, bereits zu alt sind. Oft wird sie mit den 68ern in einen Topf geworfen, was aber biographisch beim besten Willen nicht passen will. Mit 16, 17 Jahren waren sie schlicht zu jung für die Studierendenbewegung. Sie könnten als Zaungäste der Revolte bezeichnet werden. Sie wären gerne dabei gewesen, hatten aber das Pech der späten Geburt. In ihrem Beitrag weisen sie auf vier Probleme hin, die sie mit unserem Papier haben:

> «1. Fragen der Macht und der Herstellung von Solidarität werden eher kleingeschrieben», «2. Werden die Möglichkeiten ‹kluger› organisatorischer Lösungen sozialer, kultureller und politischer Probleme im Papier nicht überschätzt?», «3. In den vorgeschlagenen Reformkonzepten steckt sehr viel mehr gesellschaftlicher und politischer Konfliktsstoff, als das Papier zu

---

2 Nachzulesen im Internet unter http://www.informatik.uni-freiburg.de/~westerma/21.htm.

3 Am 10. Oktober 1997 veröffentlichten Hartmut Bäumer (Regierungspräsident in Gießen), Jo Dreiseitel (Mitglied im hessischen Landesvorstand Bündnis 90/Die Grünen), Prof. Dr. Adalbert Evers (Hochschullehrer in Gießen), Prof. Dr. Günter Frankenberg (Hochschullehrer in Frankfurt). Dr. Karin Jurczyk (Sozialwissenschaftlerin Gießen), Alexander Müller (Vorsitzender der hessischen Landtagsfraktion Bündnis 90/Die Grünen) und Volker Schäfer (Dezernent für Jugend, Kultur und Schule in Kassel) in der *Frankfurter Rundschau* einen Kommentar zu unseren Thesen.

thematisieren bereit ist» und «4. Politik schrumpft auf Regierungshandeln».

Und die 68er? Einige spendeten Applaus, viele enthielten sich eines Kommentars und eine wenige sahen bei uns «alles verloren». Daniel Cohn-Bendit übte Selbstkritik:

> «Die Unterzeichner [von STAA/RT 21] sind rationaler, als wir es waren, das hat den Vorteil, daß ein Überschuß an Wahnsinn fehlt. Wir waren zum Teil zu wahnsinnig, das war auch nicht das Gelbe vom Ei.»[4]

Die Kritik an seiner Generation hält er für

> «eine hervorragende Marketingstrategie und war Voraussetzung, daß die Medien hellhörig wurden ... Allerdings haben sie mit dieser Kritik nicht wirklich die 68er getroffen und deren Entwicklungsprozeß in den letzten 30 Jahren beschrieben.»[5]

Auch der Vorstandssprecher der Hessischen Grünen, Tom Koenigs, hält die Ausführungen zu den 68er lediglich für einen «Resonanzverstärker».[6] Ansonsten wirft er die Frage auf

> «was wäre, wenn 1998 (30 Jahre danach) auf Bundesebene die 68er wieder nicht die Chance und die Verantwortung für die Regierung bekämen? Würden wir 2002 noch einmal antreten? Wäre unser Arsch so breit, daß keiner unter 40 Minister würde? Gelingt es uns, die politischen Talente unter den jüngeren so zu fördern, daß sie uns ablösen, bevor sie selbst Großväter sind?»[7]

Also alles in Butter? Wir kritisieren die 68er und fürchten, daß sie den Regierungswechel nicht auf die Reihe bekommen, weil sie zu sehr mit sich beschäftigt sind. Diese sagen, da haben wir ja schon lange darauf gewartet, daß ihr uns mal so richtig doll kritisiert, ihr habt natürlich völlig recht. Botschaft gesendet, Botschaft angekom-

---

4 *taz* vom 13. September 1997, Seite 10
5 *taz* vom 13. September 1997, Seite 10
6 Dokumentationsseite der *Frankfurter Rundschau* vom 10. Oktober 1997
7 Ebd.

men. Wirklich? Das Schema ist zu bekannt, um nicht mißtrauisch zu werden: Junge Generation innerhalb einer Partei kritisiert die ältere, etablierte. Diese läßt die Youngsters mal machen, äußert Verständnis. Am Ende passiert nichts bzw. das, was schon immer so war, noch nie anders gemacht wurde und wird. Ist das bei der Partei mit der Jugend als «natural born voters» wirklich anders? Ja und nein.

Gleich ist die Debatte da, wo es um die Generationenfrage im biographischen Sinne des Wortes geht. Wir haben gezeigt, daß es auch bei Bündnis 90/Die Grünen junge Politiker gibt, die laut und vernehmlich für sich in Anspruch nehmen, die Interessen ihrer Generation zu vertreten. Für die 68er ist dies nicht leicht zu verdauen, hatten sie sich doch genau das vor 30 Jahren selbst auf ihre Fahnen geschrieben. Allerdings haben viele diesen Gestus, graue Haare hin, Wohlstandsbäuchlein her, bis heute beibehalten: La jeunesse c'est moi. Wir haben sie Opis und Omis genannt und das will erstmal verkraftet werden. Die 68er sind mittlerweile dem Rentenalter näher als ihrer wilden Jugend, wie vielen von Ihnen nun schmerzlich klar wird. Es heißt Abschied nehmen von der Zeit, in der sie aus eigener Anschauung wußten, was die Jugend will. Auch wenn sie sich geistig noch so spritzig fühlen, ist ihr Lebensgefühl doch meilenweit von dem der heutigen Jugend entfernt. So werden ihre gern und oft geäußerten Tips an die heutige Jugend endgültig zu den Lebensweisheiten, die sie selbst bei ihren Eltern so genervt haben. Noch schmerzlicher merken die 68er, daß der Zenit der politischen Schöpfungskraft bald erreicht sein wird, ohne daß der Marsch durch die Institutionen bislang seinen krönenden Abschluß in der Bundesregierung gefunden hat.

Anders verläuft die Debatte, wenn es um die politischen Inhalte der verschiedenen Generationen geht. Zum einen wurde unsere Position nicht abgewimmelt, sondern in wesentlichen Zügen vom hessischen Landesverband von Bündnis 90/Die Grünen mit Zwei-Drittel-Mehrheit beschlossen. Zum anderen spielt sich die Diskussion nicht nur zwischen, sondern auch innerhalb der Generationen ab. Die einen jungen Grünen (STAA/RT 21) kritisieren die 68er, die anderen (@21) nehmen sie – gegen ihren Willen – in Schutz. Die 78er stellen in ihrem Papier viele Fragen, geben aber wenig Antworten. Wo liegt also das Trennende, wo das Verbindende?

Die von den 78ern erhobene Forderung «neue Politik ist nicht zu haben, ohne ihre Bedingungen in der Gesellschaft mitzudenken und zu organisieren»[8] ist richtig. Nur entläßt die Forderung nach Diskussion auch die 78er nicht aus der Verantwortung für eine eigene Position. Eine gesellschaftliche Debatte läßt sich nur führen, wenn verschiedene Gruppen eine Position formulieren. Diskussion allein ist noch kein Wert an sich.

Verbindend ist der Grundkonsens der Partei, und der hat viel mit den Zielen der 68er zu tun. Bündnis 90/Die Grünen stehen für Feminismus, Basisdemokratie, Gewaltfreiheit, Solidarität und Ökologie. Diese Ziele haben die 68er den Grünen mit ihrer Gründung ins Parteibuch geschrieben und werden in allen hier genannten Papieren nicht in Frage gestellt. Der Streit entbrennt um die geeigneten politischen Mittel, um diese Ziele zu erreichen.

Der Grundirrtum bei der Mittelauswahl der 68er, 78er und auch einiger 89er besteht in dem ambivalenten Verhältnis zum Staat. Auf der einen Seite wird ihm als Institution tiefstes Mißtrauen entgegengebracht, auf der anderen Seite wird ihm fast blindes Vertrauen geschenkt, wenn es um die Umverteilung des gesellschaftlichen Reichtums geht. Oder wie es Antje Vollmer formulierte:

> «Die 68er waren weitgehend dadurch gekennzeichnet, daß sie den Staat ablehnten, in permanenter Kampfstellung dagegen waren, weil irgendwo an der Schwelle der staatlichen Verantwortung, ja manchmal sogar schon der parlamentarischen Existenz das Reich des Bösen, Mächtigen und Unheimlichen begann. Gleichzeitig haben die 68er dem Staat die höchstmögliche Summe an Aufgaben zur Erledigung aller Weltprobleme aufgelastet.»[9]

---

8 Vgl. Fußnote 3 auf Seite 83.

9 Stellungnahme von Dr. Antje Vollmer bei der Landesmitgliederversammlung Bündnis 90/Die Grünen Hessen am 11. Oktober 1997

Dieses Verständnis des Staates als eierlegende-Woll-Milch-Sau hat ausgedient. Die Gleichung mehr Staat gleich mehr Gerechtigkeit geht in vielen Bereichen nicht mehr auf. Einige Beispiele:

Bildung ist das Mega-Thema der Zukunft. Mega out ist der Glaube, daß mehr staatliche Mittel allein auch mehr Bildung bedeuten. Allzu oft landet das Geld nämlich nicht bei den Schülerinnen und Schülern sowie den Studierenden, sondern bleibt in der Bildungsbürokratie hängen.

- Die staatlich garantierte Freiheit von Forschung und Lehre ist eine große Errungenschaft, nur wird sie eben nicht durch die größtmögliche Freiheit der ProfessorInnen von Pflichten garantiert.

- Die Unterstützung der sozial Schwachen ist konstitutives Element einer gerechten Gesellschaft, nur ist der Ruf nach staatlicher Umverteilung oder nach dem bisherigen Förderprogramm nicht a priori ein Garant für mehr Gerechtigkeit.

Durch die dramatische Änderung der Rahmenbedingungen für Politik seit 1989 wird die Problemlösungskompetenz der staatlichen Institutionen weiter geschwächt. Die Wiedervereinigung war dabei nicht, wie oft und fälschlicherweise behauptet wird, Auslöser dieser Entwicklung. Im Gegenteil: Durch das Zusammenwachsen der beiden deutschen Staaten und des damit verbundenen gigantischsten Keynesianischen Deficit-Spending-Programms in der Geschichte wurden die Strukturen der alten Bundesrepublik noch ein paar Jahre konserviert. Seitdem bekommen wir auch die zwei großen Trends zumindest der westlichen Welt zu spüren: Globalisierung und Individualisierung. Zudem ist die Lage der öffentlichen Haushalte katastrophal. Jede fünfte Steuermark wird von der Bundesregierung für den «Schuldenberg» ausgegeben, 64,6 Milliarden neue Schulden kamen 1997 allein im Bundeshaushalt hinzu.

Diese drei Entwicklungen verändern die Grundlage für politisches Handeln derart, daß heute in Umkehrung des Marxschen Wortes «die Philosophen haben die Welt nur unterschiedlich interpretiert, es kommt darauf an sie zu verändern» gilt: Um die Welt zu verändern, muß sie neu interpretiert werden.

Solange die öffentlichen Haushalte nicht ausgeglichen sind, bedeutet jede zusätzlich ausgegebene Mark für politische Programme mehr Schulden und somit höhere Zinszahlungen in den folgenden Jahren. Bei einem Zinssatz von fünf Prozent, was eher zu niedrig als zu hoch sein dürfte, zieht eine Mark durch Zins und Zinseszins innerhalb von 14 Jahren eine weitere Mark Zinszahlung nach sich. Aus einer Mark werden so drei: Eine Mark wird heute wirksam, eine Mark erhöht die Verschuldung des Staates und die letzte Mark für Zinszahlungen fehlt der Politik in der Zukunft. Schon heute sind beispielsweise die Ausgaben allein für die Zinszahlungen in Hessen höher als der Zuschuß des Landes für alle Hochschulen zusammen.

Trotz steigender Arbeitslosenzahl und stagnierende Staatseinnahmen verbuchen die Unternehmen immer höhere Gewinne, und die Zahl der Millionäre wächst. Was läge also näher, als die Plakate von 1968 aus dem Keller und das Geld bei den Reichen sowie den Firmen zu holen? Soweit die Theorie – praktisch führt die Globalisierung leider dazu, daß Unternehmen, Kapital und Arbeitsplätze dorthin verlagert werden, wo am wenigsten Steuern anfallen. Bei 64,6 Milliarden Mark jährliche Neuverschuldung allein im Bundeshaushalt müßte jede zusätzliche Mark zur Deckung des Defizits verwendet werden, bevor an neue Ausgaben gedacht werden kann. Allein für einen ausgeglichenen Bundeshaushalt wäre eine Mehrwertsteuererhöhung um fünf Prozent notwendig. Die Wiedereinführung einer verfassungskonformen Vermögenssteuer bringt auch nur 11 bis 13 Milliarden Mark, ein Prozent Spitzensteuersatz schlappe 3 bis 4 Milliarden Mark. Soviel Geld, wie der Staat derzeit ausgibt, ist eben doch nicht so leicht zu holen.

Die Individualisierung führt schließlich dazu, daß selbst die bestehenden staatlichen Transferprogramme vielen Menschen nicht mehr die notwendige Unterstützung gewährleisten. Was nützt beispielsweise ein BAföG, das nach der Einkommenshöhe der Eltern bemessen wird, in einem Land, in dem der klassische Familienverband immer seltener wird. Viele Studierende wollen heute unabhängig von ihren Eltern leben. Sie nehmen diese Freiheit, für die die 68er gestritten haben, selbstverständlich für sich in Anspruch. Ein moderner Staat sollte diese Freiheit durch eine elternunabhängige Förderung unterstützen, anstatt sie durch das jetzige BAföG einzuschränken.

Individualisierung bedeutet jedoch nicht nur mehr Freiheit sondern auch ein geringeres Maß an Sicherheit. Für viele ist der Verlust an Sicherheit kein Problem. Sie können die Freiheit nutzen, um sich auch materiell von den staatlichen Sicherungssystemen zu lösen. Aber was ist mit all jenen, die aufgrund ihrer sozialen Situation nicht in der Lage sind, die schöne neue Welt für sich zu nutzen? Für sie ist die Sicherheit des bisherigen Sozialstaats wichtiger als die Modernität des freiheitlichen Gemeinwesens. Genau das ist die neue soziale Frage: Wie gelingt es, das Freiheitsbedürfnis der einen mit dem Sicherheitsbedürfnis der anderen in Einklang zu bringen? Weder die Negation der Ziele der 68er – oft und gerne als Neoliberalismus oder Deregulierung verkauft – noch die Verteidigung der alten Mittel – mittlerweile der Hauptinhalt sozialdemokratischer Politik – wird diese Frage beantworten können. Es bedarf neuer Antworten jenseits der Rituale des Bonner Politikzirkus.

Zu dieser Neuinterpretation können die heute 20- bis 30jährigen viel beitragen. Wir sind wie, es Helen Wilkinson und Ulrich Beck beschreiben, «Kinder der Freiheit».[10] Viele, aber eben nicht alle, genießen heute die Freiheiten, die 1968 erkämpft wurden. Für viele von uns sind sie gar so selbstverständlich, daß wir darauf verzichten, sie jeder unserer Reden als eine Art Glaubensbekenntnis voranzustellen. Auf die 30 Jahre alten Textbausteine zu verzichten, heißt aber nicht, auf die Inhalte zu verzichten. Wer das glaubt, wird Opfer seiner eigenen rhetorischen Wiederholungen.

Die Frage, ob wir die 68er noch brauchen, ist in ihrer Absolutheit daher genauso leicht zu beantworten, wie die Frage, ob wir die 78er oder die 89er brauchen: Nein. Es geht nicht darum, eine Generation gegen die andere auszuspielen, sondern um eine neue Politik,

10 Helen Wilkinson: «Kinder der Freiheit. Entsteht eine neue Ethik individueller und sozialer Verantwortung?»; Ulrich Beck: «Kinder der Freiheit: Wider das Lamento über den Werteverfall.» Beide in: Ulrich Beck [Hg.]: *Kinder der Freiheit*, Suhrkamp, Frankfurt 1997

die das Verhältnis zwischen Freiheit und Sicherheit aller Generationen neu ausbalanciert. Was wir brauchen sind neue, moderne Mittel für die alten, aber keineswegs unmodernen Ziele. Es geht um den Weg, er ist aber nicht das Ziel. Wer den Weg ebnet, ob 68er, 78er oder 89er, ist letztlich egal – am besten gemeinsam.

Michael Kauch

ZUKUNFT DER ARBEIT

Passen die Konzepte der 68er noch?

1. Die Frage nach der Organisation von Arbeit in der Gesellschaft

Die 68er-Generation hat richtige Fragen nach der Organisation von Arbeit und den Teilhaberechten in der Gesellschaft gestellt. Die Frage, unter welchen Voraussetzungen das Individuum nicht nur formal, sondern materiell ein freier Bürger in einer freien Gesellschaft sein kann, war notwendig: Grundgesetzlich garantierte Freiheitsrechte können nur dann wirklich genutzt werden, wenn vergleichbare Startchancen für jeden Einzelnen bestehen. Auch die Frage nach den Beteiligungsrechten in der Wirtschaft war überfällig: Während der Staat demokratisch kontrolliert war, schien die Macht von Großunternehmen stetig zu wachsen. Die Diskussion um den Kapitalismus an sich, um den Systemwechsel, hat dann dazu geführt, daß das marktwirtschaftliche System reformiert wurde.

Liberale erkannten im Zuge der 68er-Bewegung, daß die Fragen nach der materiellen Freiheit in der Gesellschaft und der Demokratisierung der Wirtschaft liberale Fragen sind. Die Mitbestimmung des Faktors Arbeit im Betrieb und die Beteiligung der Arbeitnehmer am Produktivkapital, der freie Zugang zu Bildung als Mittel zur Chancengleichheit im Wirtschaftsprozeß, die Sicherung des Existenzminimums als Voraussetzung für die Teilhabe an einer freien Gesellschaft – das stand im Mittelpunkt der ökonomischen Diskussion in der FDP nach 1968. Sie fand ihren Höhepunkt in der Verabschiedung der Freiburger Thesen von 1971.

Die Fragen der Freiburger Thesen haben auch in der heutigen Gesellschaft noch Bedeutung. Es wäre eine naive Sicht marktwirtschaftlicher Politik, wenn sie die Situation des Arbeitnehmers im Betrieb, die Frage nach der Machtverteilung in der Wirtschaft und die Frage nach der Chancengleichheit in der Gesellschaft ausblenden würde. Eine solche Politik ohne Rücksicht auf den gesellschaftlichen Rahmen wäre nicht ordoliberal, sondern würde durch falsch verstandenes Laissez-faire konservativ wirken, indem sie Macht- und Besitzverhältnisse zementiert.

Deshalb bemühen sich gerade die Jungen Liberalen, konsequent marktwirtschaftliche Politik mit Chancengleichheit und Teilhabe des Bürgers an der Wirtschaft zu verbinden. Auch die FDP hat das in ihren «Wiesbadener Grundsätzen» von 1997 in Ansätzen wieder aufgegriffen. Die Fragen der 68er sind noch aktuell. Jedoch haben die jungen Liberalen von heute andere Antworten auf manche Fragen. Diese Antworten sind individualistischer als 1968. So setzen junge Liberale heute auf individuelle Beteiligung der Arbeitnehmer am Produktivkapital, statt – wie in den Freiburger Thesen – überbetriebliche Tariffonds zu fordern. So wollen junge Liberale heute die Mitbestimmung der Arbeitnehmer durch Eigentümerrechte aufgrund von persönlichen Anteilen am eigenen Unternehmen voranbringen. In den Freiburger Thesen setzte man noch große Hoffnungen auf die kollektive Mitbestimmung durch gewählte Arbeitnehmervertreter in den Aufsichtsräten der Großunternehmen, die heute leider zunehmend zur gewerkschaftlichen Funktionärsmitbestimmung degeneriert ist.

Stärker als 1968 gibt es zudem heute die Notwendigkeit, nicht nur Arbeit zu gestalten, sondern auch Arbeit zu schaffen. Die neuen Politikansätze beruhen einerseits auf Veränderungen der Märkte und der Arbeitswirklichkeit, andererseits auf den Erfahrungen mit den Fehlentwicklungen der Konzepte der 68er.

2. Veränderungen der Arbeitswelt und der Arbeitsmarktsituation zwischen 1968 und 1998

Zwischen 1968 und 1998 haben tiefgreifende Veränderungen der Arbeitswelt und der Arbeitsplatzsituation stattgefunden. Die Globalisierung der Wirtschaft, die Individualisierung der Gesellschaft und eine neue technologische Revolution haben neue Realitäten geschaffen, die neue Antworten erfordern. Nicht mehr die Demokratisierung der Arbeitswelt, sondern die Schaffung von Arbeitsplätzen steht für die Jugend von heute im Mittelpunkt. Diese gewandelte Problemstellung beruht vor allem auf folgenden Veränderungen:

Fehlende Arbeitsplätze für die Jugend

Die Arbeitsmarktsituation hat sich allgemein und für Jugendliche im besonderen in den vergangenen dreißig Jahren drastisch verschlechtert. 1968 gab es noch genug Arbeitsplätze. Studienabgänger konnten zwischen mehreren lukrativen Angeboten wählen. Die wirtschaftliche Lage der Unternehmen war gut und der Ausbau von Arbeitsplätzen im öffentlichen Dienstes war noch finanzierbar. Wer sich in die bürgerliche Gesellschaft integrieren wollte, hatte die Chance dazu.

1998 sind Arbeitsplätze Mangelware. Von 100 Jugendlichen sind heute acht arbeitslos, fünf sind im Weiterbildungsbereich «geparkt». Die Lage in Deutschland ist zwar nicht so dramatisch wie in vielen europäischen Nachbarländern. Dennoch: Die andauernde strukturelle Arbeitslosigkeit hat die Erfahrungswelt der Jugend verändert.

Im Gegensatz zu vorangegangenen Jugend-Generationen empfindet die Jugend von heute nicht mehr, daß ihr alle Türen offenstehen. «Die gesellschaftliche Krise hat inzwischen die Jugendlichen erreicht. Damit ist gemeint, daß die gesellschaftlichen Krisenphänomene zu Sozialisationserfahrungen geworden sind», so die Shell-Studie von 1997. Ganz konkret auf ihre persönliche Zukunft bezogen, sehen sich junge Menschen am stärksten durch steigende Arbeitslosigkeit, mangelnden Umweltschutz, unsichere Renten und ausufernde Staatsverschuldung beeinträchtigt.

Die subjektive Einschätzung deckt sich mit den objektiven Problemen. Auf dem Arbeitsmarkt erleben wir, daß es Jugendliche in Ausbildungsberufen ebenso wie akademische Berufsanfänger immer schwerer haben, den Einstieg in die Arbeitswelt zu finden. Die Inflexibilität der Arbeitsmärkte, die durch hohen Schutz für die Arbeitsplatzbesitzer bewirkten Einstellungshemmnisse und das Tarifkartell, das keine Rücksicht auf die Arbeitslosen nimmt, tragen zur Ausgrenzung derer bei, die (noch) nicht im Berufsleben stehen. Das trifft natürlich in besonderem Maße auf Einsteiger ohne Berufserfahrung zu.

Hohe jährliche Lohnsteigerungen in den vergangenen dreißig Jahren, immer weiter verbesserter Kündigungsschutz, der Aufbau des Wohlfahrtsstaates mit hohen Sozialleistungen und hohen Lohnzusatzkosten, der Aufbau eines kostentreibenden öffentlichen Dienstes, Konjunkturprogramme auf Pump, die «Untertunnelung» der geburtenstarken Jahrgänge im Bildungswesen – all das nutzte der 68er-Generation, die heute die Arbeitsplätze besitzt. Die Leidtragenden sind die 98er, die Bildung und Arbeit einfordern müssen. Es ist kein Zufall, daß die Studenten von heute demonstrieren, nicht um aus der bürgerlichen Gesellschaft auszusteigen, sondern um in sie einzusteigen.

Technologische Revolution

In den letzten dreißig Jahren haben wir einen gravierenden Strukturwandel weg von klassischen Industriearbeitsplätzen hin zu Arbeitsplätzen im Dienstleistungsbereich erlebt. Dieser Sturkturwandel verschärfte sich in den letzten zehn Jahren. Wir befinden uns im Umbruch von der Industriegesellschaft zur Informationsgesellschaft. Der Siegeszug des Computers hat die Arbeitswelt verändert. Mit den neuen Medien, wie dem Internet, beschleunigt sich dieser Wandel noch einmal. Dieser Umbruch hat tiefgreifende Veränderungen der Arbeitsorganisation zur Folge.

Viele Informationen stehen über Datenbanken und Inter-/Intranet im Prinzip jedem Mitarbeiter zur Verfügung. Informationsmonopole als Machtposition der Unternehmensführung brechen auf. Das ermöglicht, Hierarchien abzubauen und auf Selbstorganisation in kleinen Einheiten zu setzen. Die Taylorisierung der Arbeit, d.h. die fließbandmäßige Reduktion des Individuums auf die mechanistische Ausführung von Anweisungen des Managements, wird zunehmend überwunden. Die Entfremdung von der Arbeit nimmt ab. Entscheidungskompetenz, Verantwortung und Flexibilität nehmen für den einzelnen Arbeitnehmer tendenziell zu.

Computer und neue Medien ermöglichen es, Arbeiten unabhängig von Zeit und Raum auszuführen. Daten können sekundenschnell über den Globus verschickt und weiterbearbeitet werden. Es ist für viele Aufgaben nicht mehr zwingend notwendig, zu einer bestimmten Zeit an einem bestimmten Ort mit Kollegen zusammenzuarbeiten. Der Betrieb im klassischen Sinne nimmt an Bedeutung als Arbeitsstätte ab. Dies bringt mehr Flexibilität und Selbstbestimmung für den Mitarbeiter, aber auch mehr Wettbewerb mit ausländischen Arbeitnehmern. Zugleich wird die selbständige Ausübung von Tätigkeiten immer häufiger möglich.

Globalisierung der Wirtschaft

Neue Erkenntnisse und Technologien führen neben neuen Produktionsprozessen auch zu neuen und billigeren Transport- und Kommunikationsmöglichkeiten, die bisherige mannigfaltige staatliche, gesellschaftliche, kulturelle und ökonomische Barrieren verschwinden lassen. Die Integration bisher abgeschotteter Teile der Welt und die Liberalisierung des Welthandels geben der Globalisierung weiteren Schub. Dieser Globalisierungs-Prozeß ist nicht neu. Lediglich das Tempo und die Dimension sind neu.

Die Globalisierung bringt neue Chancen auf neuen Märkten auch für deutsche Unternehmen. Allerdings liegen diese Chancen nicht mehr unbedingt in den klassischen Industrien wie Kohle und Stahl. Als Hochlohnland muß Deutschland auf Innovationen setzen. Das beschleunigt den Strukturwandel. Die notwendigen Veränderungen können aber nur erfolgreich durchgeführt werden, wenn die Rahmenbedingungen stimmen. Ein solcher Strukturwandel ist für die ältere Generation stets mit größeren Problemen behaftet als für die anpassungsfähige und kreative Jugend. Deshalb verhält sich die

68er-Generation naturgemäß strukturkonservativ, während die junge Generation Innovationen positiv annimmt.

Die Globalisierung führt zum internationalen Wettbewerb der Standorte, der Werte und Kulturen. Die Möglichkeit, sich gegen äußere Einflüsse abzuschotten, schwindet. Dadurch wird auch die Steuerungsfähigkeit nationaler Politik eingeschränkt. Hohe Kosten durch staatliche Zwangssysteme im Sozialbereich, hohe Steuern und eine dichte Regulierung der nationalen Märkte sind plötzlich nicht mehr wettbewerbsneutral, sondern verursachen unmittelbar Wettbewerbsnachteile und Arbeitsplatzverluste. Länder mit geringer Staatstätigkeit und geringer Regelungswut wie etwa die USA, Großbritannien und Neuseeland erweisen sich als erfolgreicher im internationalen Wettbewerb. Manche nationalstaatliche Regulierungen sind sogar rein faktisch nicht mehr durchsetzbar. Beim elektronischen Handel via Internet ist das besonders einleuchtend: Zölle und Embargos sind für elektronische Dienstleistungen nicht durchsetzbar. Auch deutsche Regeln des Wettbewerbsrechtes werden ausgehebelt, wenn ein Anbieter vergleichende Werbung oder Rabattangebote vom Ausland aus einspeist. Und genauso können papsttreue Regierungen in Irland oder Polen nicht verhindern, daß via Internet «unmoralische Angebote» ins Land flimmern.

Die Globalisierung erfordert eine Rückführung der Staatstätigkeit und schränkt die Durchsetzbarkeit der Entscheidungen von Institutionen ein. Und genau hier gibt es ein mentales Problem für die herrschende Generation. Denn die faktische Entmachtung der Institutionen ist ein Problem für eine 68er-Generation, die den Marsch durch diese Institutionen erfolgreich durchgeführt hat.

3. Die Alt68er und die Globalisierung

Die 68er-Generation, die heute in Amt und Würden in den Volksparteien ist, versteht die Globalisierung zumeist als Bedrohung der von ihnen aufgebauten Systeme und Institutionen. Sie setzt weiterhin vorrangig auf den Staat, um die Probleme der Globalisierung und des Mangels an Arbeitsplätzen zu bewältigen. Damit wird sie scheitern.

Rudolf Dreßler und Norbert Blüm preisen unverdrossen den abgewirtschafteten Wohlfahrtsstaat. Der Kostenexplosion in den Sozialversicherungssystemen begegnen sie damit, daß sie Beitragssteigerungen durch Steuererhöhungen zu verhindern versuchen. Außerdem wollen sie mehr Bürger in die Zwangsversicherung pressen, um kurzfristig die Kassen zu füllen (Stichwort 620 DM-Jobs). Vor allem die sozialdemokratischen Besitzstandswahrer – die Vertreter der Modernisierungsverlierer – wehren sich gegen Flexibilisierung des Arbeitsrechtes und gegen zukunftsorientierte Reformen der sozialen Sicherungssysteme.

Die gleichen Politiker schotten Deutschlands Bauwirtschaft mit dem Entsendegesetz ab, um ausländische Arbeitskräfte vom Markt fernzuhalten. Auch für Erntehelfer aus Osteuropa werden die Grenzen dicht gemacht, um deutsche Sozialhilfeempfänger auf den Feldern einzusetzen – ohne Rücksicht auf die zu erwartende Leistung. An der Subventionierung von Kohle und Landwirtschaft wird unbeirrt festgehalten – die Zeche zahlen die Steuerzahler und kommende Generationen, die die Staatsschulden bedienen müssen.

Hunderte von Unternehmen werden vor allem von den Bundesländern in Staatsbesitz gehalten. Sowohl rote als auch schwarze Kommunalpolitiker versuchen ein Aufbrechen der kommunalen Ver- und Entsorgungsmonopole zu verhindern. All dies ist der Versuch, die Macht des Staates und seiner Repräsentanten – also Politiker und Beamte der 68er-Generation – in der Wirtschaft zu sichern.

Ein bemerkenswerter Höhepunkt eines national geprägten Staatskapitalismus war der Kauf der Preussag Stahl AG durch Gerhard Schröders niedersächsische Landesregierung: Der Staat kauft ein Wirtschaftsunternehmen, um den Erwerb durch einen österreichischen Investor zu verhindern. Statt durch ausländische Direktinvestitionen Arbeitsplätze zu sichern und Kapital ins Land zu holen, verhalten sich linke 68er wie rechte Nationalisten.

Der exponierteste Verfechter der Staatsintervention in der Globalisierung ist aber Oskar Lafontaine. Er holt die keynesianische

Nachfragesteuerung aus der Mottenkiste der Wirtschaftspolitik der 70er Jahre – ohne zu realisieren, daß mit dieser Politik der Grundstein für die exorbitante Staatsverschuldung gelegt wurde, die die junge Generation belastet. Seine neueren Ideen zielen zudem darauf ab, den internationalen Wettbewerb zu beschränken und der Politik durch ein Netzwerk von internationalen Verträgen wieder die Chance zur Intervention zu geben.

4. Globalisierung: Der Gegenentwurf zu den Konzepten der Alt68er

Im Gegensatz zur Sicht der Alt-68er aus den Volksparteien verstehen viele junge Leute, insbesondere die Liberalen unter ihnen, Globalisierung eher als einen positiven und unvermeidbaren Prozeß. Er muß uns nur dann Anlaß zur Sorge geben, wenn wir nicht in der Lage sind, unsere Politik zu ändern und eingefahrene Wege zu verlassen. Er bedroht nur solche Rahmenbedingungen, die Folge von Besitzstandsdenken sind.

Im Wettbewerb der Standorte haben nicht jene, die sich nach außen abschotten und damit stehenbleiben, eine Chance, sondern nur diejenigen, die sich den modernen Herausforderungen offensiv stellen.

Die Politiker müssen einen freiheitlichen Rahmen für die Globalisierung schaffen. Sie sollten eine politische Diskussion über die Chancen der Veränderungen initiieren, um die Menschen auf den Weg zur globalen Bürgergesellschaft mitzunehmen.

Chancen der Globalisierung ergreifen

Die Globalisierung der Wirtschaft ist eine Chance für die Entwicklung der Dritten Welt. Besonders die Schwellenländer in Asien und Lateinamerika werden von den neuen Marktchancen profitieren. Die Industrieländer haben die moralische Verpflichtung, sich dem wachsenden Wettbewerb zu stellen und durch eine freiheitliche Weltwirtschaftsordnung Entwicklung in allen Teilen der Welt zu ermöglichen.

Aber auch für die Menschen in den Industrieländern bietet die Globalisierung neue Chancen. Neue Märkte eröffnen sich. Die Entwicklung der Schwellenländer und der neuen Industrieländer bietet zusammen mit den Effizienzgewinnen durch weltweiten Freihandel Perspektiven für ein wachsendes Weltsozialprodukt. Selbst bei einem geringerem Anteil am weltweiten Wohlstand können die Industrieländer weitere Wohlstandsgewinne erreichen, wenn der Wohlstand insgesamt größer wird. Und schließlich begünstigt die Globalisierung die Konsumenten durch eine breitere Angebotsvielfalt.

Den Wettbewerb bestehen

Die deutsche und europäische Wirtschaftspolitik ist gefordert, die eigenen Unternehmen konsequent dem Wettbewerb auszusetzen. Abschottung und subventionierter Strukturerhalt gehen nicht nur zu Lasten der wettbewerbsfähigen Branchen und der Konsumenten, sie schwächen auf Dauer auch die eigene Innovations- und Wettbewerbsfähigkeit der geschützten Unternehmen.

Innovationen, Qualitäts- und Ideenwettbewerb sind die Schlüssel zu neuen Arbeitsplätzen im Technologiestandort Deutschland. Wenn wir den Preis- und Lohnwettbewerb nicht bestehen, dann müssen die Leistungen besser werden. Die Qualität akademischer und beruflicher Bildung muß sich weiter verbessern, und wir müssen flexible Rahmenbedingungen für neue Technologien schaffen. Um den Innovationswettbewerb erfolgreich zu meistern, sollten wir zudem stärker den unternehmerischen Tatendrang freisetzen und die Stärken eigenverantwortlicher Menschen nutzen. Gerade Existenzgründungen müssen gefördert werden.

Um Wachstum auch in Arbeitsplätze umzusetzen, zwingt uns der Wettbewerb mit anderen Industrieländern weiterhin zu Anstrengungen, die Arbeitskosten in Deutschland zu senken. Bei den Lohnzusatzkosten brauchen wir Entlastungen durch echte Strukturreformen. Niedrigere Steuersätze müssen Investitionen lohnender machen. Diese Reformen wären auch notwendig, wenn es keine Globalisierung gäbe. Denn auch in nicht-globalisierten Branchen wird Arbeit wegrationalisiert. Die Gründe dafür liegen auf der Hand: Hohe Steuern, hohe Sockellohnsteigerungen für einfache Arbeiten und hohe Sozialabgaben haben dazu geführt, daß immer mehr Menschen durch Maschinen ersetzt wurden.

Chancen für Niedrigqualifizierte verbessern

Im Zuge der Globalisierung werden sich die Industrieländer einem beschleunigten Strukturwandel gegenübersehen. Dabei kommt es darauf an, die Modernisierungsverlierer nicht auszuschließen und sie stattdessen wieder in den Arbeitsprozeß zu integrieren. Menschen, deren Qualifikation im Strukturwandel nicht mehr anwendbar oder nicht mehr konkurrenzfähig ist, müssen die Chance haben, neue Qualifikationen zu erwerben. Dies wird eine individuelle Begabungsgrenze finden.

Die Arbeitslosigkeit wird in dem Bereich wachsen, in dem wettbewerbsorientierte Löhne unter den Sozialhilfesatz fallen würden. Für diese Niedrigqualifizierten müssen durch Brücken zwischen Transferleistungen und Arbeitsmarkt neue Beschäftigungsmöglichkeiten geschaffen werden. Die Einführung eines Bürgergeldes, das Erwerbseinkommen nur teilweise auf Transferleistungen anrechnet, wird immer dringlicher. Dringlicher wird auch die Schaffung von neuen Arbeitsplätzen im Bereich einfacher und persönlicher Dienstleistungen durch Deregulierung und verbesserte Anerkennung des Privathaushaltes als Arbeitgeber.

Internationale Verträge marktkonform gestalten

Marktwirtschaft braucht Rahmenbedingungen. Diese Rahmenbedingungen fehlen derzeit zum Teil noch im globalen Wettbewerb. Das betrifft Lücken im internationalen Privatrecht ebenso wie ein fehlendes globales Kartellrecht, das in dem Maße geschaffen werden muß, wie nationales und supranationales Kartellrecht den funktionsfähigen Wettbewerb nicht mehr schützen können. Internationale Verträge im Bereich des Umweltschutzes müssen dann eingreifen, wenn durch den Wettbewerb der Standorte nationale Politik bei globalen Schadstoffen nicht wirken kann.

Abzulehnen sind aber – im übrigen unrealistische – internationale Regulierungen à la Lafontaine, mit denen Sozialstandards oder Mindeststeuern weltweit festgeschrieben werden sollen. Gleiches gilt für einen globalen Wirtschaftsrat, der diese Fragen nach Vorstellung einiger Interventionisten zentral steuern soll. Verträge bezüglich Steuerhöhe, Arbeitszeit, Löhnen und Sozialsystemen sind ebenso kontraproduktiv wie internationale Steuern auf Finanz- und Informationstransaktionen.

Die Dritte Welt und Osteuropa müssen ihre Wettbewerbsvorteile behalten. Die Verfechter weltweiter Sozialstandards geben vor, etwas für die Lage der Menschen in diesen Ländern tun zu wollen. Würden sie sich aber etwa mit ihren Forderungen nach Standards in den Sozialsystemen durchsetzen, brächten sie viele dieser Menschen angesichts der Folgekosten durch Steuern und Sozialabgaben um ihre Arbeitsplätze. Es ist eine notwendige Entwicklungsstufe, daß Schwellenländer zunächst mit niedrigen Arbeitskosten den Einstieg in die Industrialisierung finden. Nur so können sie mit dem Entwicklungsvorsprung der Industrieländer konkurrieren. Zugespitzt: lieber Arbeitsplätze, wenn auch verbunden mit schwach ausgeprägten, der wirtschaftlichen Lage vor Ort angepaßten Sozialsystemen als formell hohe Standards, die zu weiterer Arbeitslosigkeit und damit Verarmung in der Dritten Welt führen.

In Wahrheit geht es denen, die einheitliche Mindeststandards im Sozialbereich predigen, nicht um die Menschen in den Entwicklungsländern. Es geht ihnen um die Besitzstände in den reichen Industrieländern, die sie durch den Wettbewerb aus dem Süden und dem Osten bedroht sehen. Und es geht ihnen um die Durchsetzung ihrer staatsinterventionistischen Ideologie. Das beste Beispiel ist die Bauwirtschaft: Das Entsendegesetz schreibt Mindestlöhne für ausländische Bauarbeiter nicht deshalb vor, weil man den betroffenen Polen etwas Gutes tun will, sondern weil man deutsche Arbeiter vor polnischer Konkurrenz schützen und die staatlich für allgemeinverbindlich erklärten Tarifverträge retten will.

Liberale Reformen durchsetzen

Notwendig ist aus jungliberaler Sicht ein Wettbewerbsrahmen für die globale Wirtschaft. Wettbewerbsbeschränkungen brauchen wir aber nicht. Unter dem Deckmantel sozialer Wohltaten verbergen sich zu oft sozialdemokratische Bevormundung und der alte Irrglaube der politischen Steuerbarkeit komplexer Wirtschaftssysteme.

Wir junge Liberale setzen dem eine Wirtschaftspolitik entgegen, die auf Innovation, globalen Freihandel und unternehmerische Tätigkeit, auf Marktwirtschaft und Reformen der Sozialsysteme setzt. Indem sie produktive Arbeitsplätze schafft, ermöglicht eine solche Politik erst eine dauerhaft tragfähige soziale Sicherung.

Maja Schmidt

1968-1998

Hochschulen und Studierende im Wandel

«1968 lebt!» riefen alle Alt68er jubelnd aus, als 1997, fast dreißig Jahre nach den großen Studierendenunruhen die neue Generation auf die Straßen ging. Im Dezember 1997 sammelten sich vierzigtausend Studierende, die gegen «Bildungsklau» ihren Unmut kundtaten. 1968 und in den folgenden Jahren gingen die Studierenden unter Dutschke und Ohnesorg auf die Straße, um gegen die Herrschenden zu demonstrieren. Damals ging es um die gesellschaftliche Revolution. Heute, 1998, geht es um die Chancen junger Menschen.

1998 streiken die Studierenden für bessere Ausstattung der Hochschulen, für mehr Bücher in den Bibliotheken und für den längst überfälligen Einzug moderner Technologie in die Hörsäle. Dagegen verwahren sich gerade diejenigen, die heute unter den gleichen muffigen Talaren sitzen, die sie vor dreißig Jahren auslüften wollten. Die 68er mit ihrer anti-technologischen Haltung und ihren heute schon längst wieder angestaubten Idealen sind die Mitverursacher der heutigen Bildungsmisere. Dreißig Jahre lang haben ihre Ideen die Bildungspolitik mitbestimmt: In den Siebzigern legten sie die Grundsteine für eine völlig neue Pädagogik an den Schulen und neue Strukturen im gesamten Bildungswesen. Aus der Forderung nach dem Bürgerrecht auf Bildung und dem Ruf nach Chancengerechtigkeit ist längst ein postuliertes «Bürgerrecht auf akademische Bildung» und die Egalisierung der Chancen durch die Maxime der Zielgleichheit geworden. Wenn es nach den 68ern ginge, sollen nicht nur alle die gleichen Anfangschancen haben, sondern am Ende soll auch jeder gleich gut dastehen. Binnen dreißig Jahren haben sich gute Ideen der 68er in fragwürdige Positionen verwandelt, um die heute in ideologischen Grabenkämpfen gefochten wird.

1968-1998

1968 bis 1998. Schon alleine der statistische Vergleich der Studierendenzahlen macht die himmelweiten Unterschiede deutlich. 1968 machten durchschnittlich 10 Prozent eines Jahrgangs Abitur und nahmen ein Studium auf. 1998 werden in Deutschland etwa ein Drittel der Schülerinnen und Schüler eines Jahrganges Abitur machen und ein Studium aufnehmen. Aufgrund dieser Entwicklung und der geburtenstarken Jahrgänge drängen sich heute an den Hochschulen etwa fünfmal soviele Studierende wie vor dreißig Jahren. Dabei haben sich die Kapazitäten der Hochschulen seit den siebziger Jahren nicht wesentlich verändert.

Die Bildungsideale der 68er

1968 ging es nicht nur um den Vietnamkrieg und um gesellschaftliche Revolution, den Klassenkampf und den Kommunismus, sondern es war auch eine Zeit, in der sich eine junge Demokratie vieler Mängel bewußt wurde. Gerade das Bildungswesen, das nach dem zweiten Weltkrieg aufgebaut worden war, um die Demokratisierung Deutschlands zu fördern, benötigte dringend eine Reform. Die Strukturen von Schulen und Hochschulen stellten damals nicht den Zugang der ganzen Bevölkerung zu Bildung sicher. Der Hochschulzugang war 1968 noch stärker von der sozialen Lage der Eltern abhängig als heute. Nach dem Honnefer Modell, dem ersten BAföG, erhielten die Studierenden zwar seit Mitte der sechziger Jahre Unterstützung, doch akademische Bildung wurde im gesellschaftlichen Bewußtsein immer noch als Privileg einer kleinen Schicht gesehen. Ein Ziel der Bildungspolitik in den sechziger und siebziger Jahren war es, Begabungen zu fördern und klarzustellen, daß nicht sozialer

Hintergrund oder Herkunft darüber entscheiden, ob jemand ein Studium aufnehmen könne oder nicht, sondern alleine die Begabung des einzelnen. Damit wurde ein Prozeß in Gang gesetzt, der bis heute die Bildungspolitik prägt. Die 68er-Generation erkannte, daß in einer demokratischen, freien Gesellschaft Bildung eine neue, in Deutschland bis dahin nie gekannte Rolle einnahm, daß Bildung – und nicht mehr wie früher der Stand – über die Chancen des einzelnen entschied.

Die Bildungspolitiker der sechziger und siebziger Jahre erarbeiteten Konzepte, die Benachteiligungen ausgleichen und die Akademikerrate steigern sollten. Während in der gleichen Zeit in den umliegenden europäischen Ländern die Studierendenzahlen schnell angestiegen waren, schien Deutschland zuwenige Akademiker auszubilden. Politiker aller Parteien befürchteten in seltener Einmütigkeit ebenso wie die Wirtschaft, daß Deutschland den Anschluß an den weltweiten, technologischen Aufschwung verpassen würde. Es mußten Begabungen genutzt werden, denn Bildungspolitik wurde nun als Teil einer vorausschauenden Wirtschaftspolitik verstanden.

Die Studierenden von 1968 indes beschäftigten sich mit gesellschaftlichem Wandel und stellten nicht nur die Gesellschaft und die Politik, sondern auch ihre Hochschulen in Frage. Gegen «den Muff unter den Talaren» wollten sie vorgehen und setzen sich für eine freiere Lehre und Wissenschaft ein. Die Ideen der Studierenden von 1968, die eine Gesellschaft ohne Herrschaft wollten, die sich für antiautoritäre Bildung und Erziehung einsetzten, fanden Eingang in die bildungspolitischen Diskussionen. Auch an den Hochschulen sollte nicht mehr der Inhalt vorgegeben sein, sondern die jungen Menschen sollten sich selbst finden können, sollten zu Eigenverantwortung kommen können und sich zu mündigen Bürgern bilden. In den Jahren um 1968 entstanden auch die liberalen Forderungen nach einer Reform des Bildungssystems und die Sozialdemokraten entwickelten ihre Konzepte von Gesamtschulen, mit denen sie die Forderungen nach mehr Chancengerechtigkeit aufnahmen.

Die Debatten um antiautoritäre Erziehung und die freie Entfaltung der Kinder haben die gesamte bildungspolitische Debatte der letzten Jahrzehnte mitgeprägt (siehe auch den Beitrag von Benjamin Kiesewetter in diesem Buch).

Es ist sicherlich ein falscher Eindruck, daß sich 1968 alle Studierenden mit kommunistischen Idealen verbunden gefühlt hätten. Auch heute gibt es an den Hochschulen immer noch Grüppchen, die den Kommunismus hochhalten, auch wenn die Entwicklung sie schon längst überholt hat. Seit dem Zusammenbruch der kommunistischen Staaten ist bewiesen, daß die Ideen Marx' und Lenins ausgedient haben.

Die Studierenden von 1968 verstanden sich als treibende Kraft gesellschaftlicher Veränderung. Von den Hochschulen sollte die Revolution ausgehen, die eine bessere Gesellschaft entstehen lassen würde. Ob die Studierenden nun kommunistisch inspiriert waren oder anderen Idealen anhingen, jedenfalls gab es 1968 einen hohen Motivationsgrad unter den Studierenden. Nur wenige waren desinteressiert und nicht zumindest in die Debatten involviert, die in den Hörsälen und Kneipen stattfanden, nahmen an den Demonstrationen teil, mit denen die Studierenden gegen den Vietnamkrieg und gegen das Establishment im allgemeinen protestierten.

Bildungsnotstand 1998

Die Ursachen für den Bildungsnotstand, der heute an den deutschen Hochschulen herrscht, lassen sich teilweise auch in den Idealen der 68er finden. Das Gegenteil von gut gemacht war auch schon 1968 gut gemeint. Die gut gemeinte Anhebung der Studierendenzahlen führte zu dem, was heute als «Akademikerschwemme» tituliert wird. Heute klagen diejenigen, die 1968 für eine Öffnung der Hochschulen stritten, über das sinkende Niveau der Hochschülerinnen und Hochschüler. Die an sich gute Idee, daß jeder Akademiker werden könne, wenn er die entsprechende Befähigung mitbringe, führte dazu, daß heute jeder dritte Abitur macht und diese Zahlen noch im Steigen begriffen sind. Es ist nun schwer zu prognostizieren, ob der Arbeitsmarkt der Zukunft solche Mengen von Akademikern brauchen wird. Die Vermutungen reichen hierzu von einer katastrophalen Zunahme der Akademikerarbeitslosigkeit bis hin zu einem noch steigenden Bedarf an hochqualifizierten Arbeitskräften. Persönlich tendiere ich zu letzter Annahme, weshalb es notwendig scheint, die Kapazitäten der Hochschulen noch zu erhöhen. Die heutige Situation ist mit dem Wort «Massenuni» nur unzutreffend umschrieben: Die Hochschulen platzen aus allen Nähten. Ein Ausbau ist dringend erforderlich.

Eine weitere Erbschaft der 68er, die heute die Situation an den Hochschulen prägt, ist die Technikfeindlichkeit. Wenn man heute als aufgeschlossener junger Mensch mit einem richtigen, noch immer überzeugten Alt68er über eMail, Internet und moderne Medien diskutiert, wird man zumeist auf Ablehnung stoßen. Die rigorose Gegnerschaft zu Modernisierung und Technologisierung fußt auf der Ideologie der 68er, daß sich der Mensch und die Gesellschaft nicht von Maschinen oder Industrien beeinträchtigen, oder schlimmer noch, bestimmen lassen sollten. Die Alt68er sehen vor allem in den Hochschulen eine Oase des geistigen Diskurses, der kritischen Auseinandersetzung, als eine Bastion quasi gegen die Oberflächlichkeit der Moderne, der Fernseher und der modernen Kommunikation. Das Erbe der 68er für die Studierenden von heute ist eine Hochschule, die noch verstaubter ist als diejenige, die den 68ern muffig erschien.

Zudem ist von der Ideologie der 68er verblieben, daß Leistung negativ bewertet wird. Lernen sollte ohne den Leistungs- und Bewertungsdruck vonstatten gehen. Aus falsch verstandener Chancengleichheit wurde der Grundsatz der 68er, alle gleich zu machen. Damit wurde auch im universitären Umfeld Leistung immer mehr verpönt, da sich hierbei schließlich erst die Unterschiede manifestieren. Im Gleichklang mit der Ideologie der 68er fordern auch heute noch vereinzelte linke Studierendengruppen, daß Leistungsbewertung ein Ausdruck der Unterdrückung der Schwachen sei und ein Weg zu ungezügeltem Sozialdarwinismus, der sich in der Ellenbogengesellschaft darstelle.

Die Hochschulen von 1998 unterscheiden sich schon von den Studienbedingungen her drastisch von den Hochschulen der 68er. Die Studierenden von 1968 sitzen heute in den Ministersesseln der

Kultus- und Wissenschaftsministerien und schwingen kräftig den Rotstift, wenn es um Bildung geht. Gleichzeitig beklagen sich die Revolutionäre von 1968 über die Orientierungslosigkeit der Jugend, über deren politisches Desinteresse und mangelndes Engagement, das sie mit ihrem offenen und wertfreien Bildungswesen, das nicht fordert, aber auch niemanden zum Lernen und zu besonderen Leistungen herausfordert, selbst bedingt haben.

Studierendenprotest 1998

Was der von den 68ern als unpolitisch beschimpfte Studierendenjahrgang 1998 in seinen Streiks und Demonstrationen forderte, mag einigen immer noch so klingen wie die Forderungen von vor dreißig Jahren. Sicherlich sind einige unerfüllte dabei, die es immer noch umzusetzen gilt. Doch die Motivation der Studierenden von 1998 ist eine vollkommen andere. Sie streiken für ihre besseren Bildungschancen, für den Ausbau der Hochschulen, und sie streiken, weil sie leistungsbereit sind und keine Möglichkeit sehen, ihren Leistungswillen in die Tat umzusetzen.

Die Studierenden fordern von den Politikern mehr Gelder für die Ausbildungsförderung, die nur noch auf wackligen Füßen steht. Auch die Diskussion um Studiengebühren wird von den Studierenden zu Recht als ein Angriff auf ihre Chancen gesehen. Doch im Gegensatz zu den Studierenden von 1968 sind die Politiker heute nicht bereit, mehr Gelder für die Bildung auszugeben oder eine Reform wirklich anzugehen. Unter den Politikern scheint im Gegensatz zu 1968 heute die Aufbruchstimmung zu fehlen, die die Studierendenunruhen vor dreißig Jahren in die gesamte Gesellschaft, aber auch in die Politik gebracht hatten.

Ebenfalls demonstrieren die Studierenden vieler Hochschulen 1997 und 1998 für mehr Mitbestimmung und demokratischere Hochschulen. Diese Forderungen sind schon vor dreißig Jahren erhoben worden, doch immer noch hat sich nichts bewegt. Im Gegenteil: Die Studierendenunruhen der siebziger Jahre haben dazu geführt, daß die bundesweite Verfaßte Studierendenschaft aufgelöst wurde, weil man dort den Hintergrund verfassungsfeindlicher Aktivitäten vermutete.

Die Studierenden von 1998 wollen keine gesellschaftliche Revolution, sondern eine Reform des Bildungssystems. Daher setzen sie sich auch heute wieder für eine Interessenvertretung ein, die auch im politischen Raum agieren kann. Es ist zu hoffen, daß die Alt68er, die heute mit über Bildungspolitik bestimmen, sich den Forderungen heutiger Studierender nicht verweigern.

Der Geist von 1968

Die Studierendenbewegungen der neunziger Jahre zeigen vor allem aber auch, daß die Studierenden der sogenannten «Generation X» nicht unpolitisch sind und zu Unrecht als desinteressiert beschimpft werden. Die Studierenden von 1998 interessieren sich für ihre Chancen in der Gesellschaft. Sie engagieren sich für ihre Hochschulen, die ihren Anforderungen nicht mehr gerecht werden.

Statt auf Technikfeindlichkeit setzen die Studierenden von 1998 auf Modernität. Mit der Nostalgie der Alt68er können sie nichts anfangen. Man könnte es aber auch so sehen: Die 68er selbst haben ihr (gutes) Ideal der gleichen Chancen für alle aufgegeben, die 98er greifen es wieder auf. Der «Geist der 68er» äußert sich nicht in Revolution, sondern in der Vollendung dessen, was die Revolutionäre vor dreißig Jahren gefordert haben, nämlich in der Mündigkeit der jungen Menschen, die für ihre Rechte zu kämpfen wissen. Die Studierenden von 1998 kämpfen für ihr Bürgerrecht auf Bildung, das in Gefahr ist, wenn sich nichts bewegt.

Es war schon bewegend, es war eine Wende, daß die Studierenden 1997 mit ihren Forderungen schließlich auf die Straße gegangen sind. Jahrelang hatte an den Hochschulen Grabesstille geherrscht. Ein kurzes Aufflackern der Studierendenproteste 1989 konnte kein Ersatz sein für eine hochpolitische Gruppe junger Menschen, die es sich zum Ziel gesetzt hatte, die Welt zu verändern. Politik schien nach einer Phase, in der nahezu jeder politisch war, nicht mehr «in» zu sein.

Als 1993 im Kanzleramt ein großer Bildungsgipfel stattfand, fanden sich keine Studierenden, die um ihre Belange zu demonstrieren bereit waren. Die Hochschulrektorenkonferenz konnte 1994 von studentischen Protesten nahezu ungestört über Studiengebühren beraten, denn dem bundesweiten Aufruf zu einer Protestkundgebung waren nur ca. 500 Studierende gefolgt. Auch als 1995 über die Verzinsung der ohnehin dürftigen Ausbildungsförderung (BAföG) diskutiert wurde und die Bundesregierung den BAföG-Empfängern somit die Last der Hochschulsanierung aufbürden wollte, erhoben sich ebenfalls kaum Proteste aus den Reihen der Studierenden.

Wo noch 1968 die Studierenden nicht nur Bildungspolitik, sondern Politik im allgemeinen von der Hochschule aus machen wollten, da sie die Hochschulen als Zentren des Vordenkens im raschen Wandel der Welt sahen, bestand sehr lange ein weitgehend politikfreier Raum. Erst 1997 wurde unerwartet und plötzlich eine Welle losgetreten, als zunächst die hessischen Hochschülerinnen und Hochschüler in Streik traten.

Aber die Streiks sind nicht mehr als ein Hoffnungsschimmer. Noch immer ist das Interesse der Studierenden an Politik relativ gering. Nur wenige Studierende lassen sich dazu bewegen, sich an den Wahlen zu den Studierendenparlamenten zu beteiligen. An den deutschen Hochschulen liegen die Wahlbeteiligungen für die studentischen Vertreter in den Gremien meist unter 20 Prozent. Es ist zu hoffen, daß sich das schnell ändert.

Von 1968 lernen?

Die Studierenden von 1998 sind nicht die Schüler der 68er. Sie sind nicht weniger engagiert, doch sie setzen andere Prioritäten. Die Generation von 1998 hat ein anderes Selbstbewußtsein als ihre Kommilitonen es vor dreißig Jahren hatten. Ihre Politisierung bezieht sich auf ihre eigenen Chancen, auf ihr persönliches Umfeld. Die Studierenden von 1998 sind, so könnte man es fast sagen, realistischer. Ihnen geht es nicht um Utopien wie dem Kommunismus, deren Niedergang sie gerade miterlebt haben, sondern um Reformen für bessere persönliche Chancen auf dem globalen Arbeitsmarkt. Das mag für Alt68er, die noch an Kommunen geglaubt haben und die Gemeinschaft immer über den Einzelnen gestellt hätten, egoistisch klingen, ist aber nach allen Studien zu der Einstellung der Jugend heute keinesfalls ein Desinteresse gegenüber den Mitmenschen und der Gesellschaft, sondern eine neue Anschauung, die sich in einem liberalen Staat entwickelt hat. Daher ist auch die Leistungsbezogenheit der Forderungen der streikenden Studierenden verständlich und natürlich. Anachronistisch die alten Forderungen wieder aufzuwärmen, wäre eine unangemessene Ideologisierung der pragmatischen Politik der Studierenden von 1998.

1998: Auf dem Weg in die Moderne

Die Hochschulen haben es dringend nötig, von dem Muff der 68er befreit zu werden und in die Moderne durchstarten zu können. Nostalgie hilft den Hochschulen nichts. Die Studierenden der neunziger Jahre haben andere Forderungen als die Studierenden der sechziger Jahre. Sie weisen auf die Defizite hin, die unser Bildungssystem in den vergangenen dreißig Jahren angesammelt hat.

1998 sollte ein Jahr sein, in dem endlich Bildungsreformen angefangen werden, so wie 1968 ein Jahr war, in dem Reformprojekte in der Bildungspolitik begonnen haben. Die Studierenden müssen auch heute noch die treibende Kraft der Gesellschaft sein, die vordenkt und auf Mißstände hinweist. Die Hochschulen sollten 1998 das Image vom politikfreien Raum ablegen. Sie sollten eine Stätte des Diskurses über Reformkraft und über die Sicherung eines wichtigen Rechtes für zukünftige Generationen sein: des Bürgerrechtes auf Bildung.

Manuela Rottmann

LASST UNS NICHT ALLEIN, ABER GEHT UNS NICHT AUF DIE NERVEN!

Über das schwere Erbe der Frauenbewegung

Es gibt Sätze, die versauen einem die Jugend, und man lernt deshalb beizeiten, sie von ganzem Herzen zu hassen. «Ihr wißt ja gar nicht, wie gut ihr es heute habt!» ist ein solcher Satz, bei dem sich die Sonne verdunkelt. Es handelt sich dabei nicht nur um die klassische Einleitung für Opas Anekdoten von der Ostfront. Auch wenn Protagonistinnen der Neuen Frauenbewegung von 1968 auf junge Frauen aus der Generation ihrer Töchter treffen, fällt nach wenigen Minuten dieser Seufzer der Enttäuschung. Gekämpft haben sie, die 68erinnen: für ein Recht auf Abtreibung, für eine andere Kindererziehung, für Perspektiven jenseits des bis dahin fast unentrinnbaren Hausfrauendaseins, für sich und ihre Töchter. Und was ist dabei herausgekommen? Konsumgeile Gören, Girlies, Technomäuse, die keine Ahnung davon haben, wie wenig selbstverständlich die Errungenschaften der Frauenbewegung sind und nicht mal wissen, wie man Hannah Arendt richtig schreibt. Die Kämpferinnen stöhnen, die so Gescholtenen blicken ratlos.

Jenseits von solchen seltenen Zusammenstößen herrscht zwischen den Feministinnen von damals und den jungen Frauen von heute allerdings weitgehend Funkstille. Ein Austausch findet praktisch nicht statt.

Ein Alptraum in lila

Betrachtet man das Verhältnis junger Frauen zu den 68erinnen, so ergibt sich ein paradoxes Bild: Die überwiegende Zahl junger Frauen hat sich die Errungenschaften der Frauenbewegung, etwa die deutlich verbesserten Ausbildungsmöglichkeiten für Frauen, das endlich weitgehend liberalisierte Abtreibungsrecht, sexuelle Freiheit oder neue Formen des Zusammenlebens jenseits der Ehe ebenso zu eigen gemacht wie die noch nicht umgesetzten Forderungen, zum Beispiel nach gleichen Berufschancen und gleichem Zugang zu sozialer Sicherung. Während etliche der Ideen, für die die Studenten 1968 auf die Straße gingen, aus heutiger Sicht ziemlich «durchgeknallt» daherkommen, ist der Kern dessen, wofür die Frauenbewegung eintrat, unter jungen Frauen unbestrittenes Allgemeingut. Ein Zurück zur Situation der Frauenrechte vor 68 steht für die meisten jungen Frauen über die politischen Lager hinweg nicht zur Diskussion.

Dagegen ist das Verhältnis junger Frauen zur Frauenbewegung als historischem Phänomen und zu deren Protagonistinnen gelinde gesagt ein distanziertes. Anders als die Studentenbewegung, die auch den später Geborenen noch als aufregendes, stürmisches Ereignis gilt, dessen legendärer Glanz den mittlerweile ergrauten Akteuren schmeichelt, hat sich über die Frauenbewegung die Patina des hoffnungslos Altmodischen gelegt. Die lila Latzhose ist nicht nur zum Synonym für diese von vielen mittlerweile eher als peinliche Entgleisung empfundene Bewegung geworden, sondern geradezu zum Inbegriff des Lächerlichen überhaupt. 68er zu sein ist eine Art Attest für ewige Jugendlichkeit, mit dem Titel der Emanze wird hingegen eine hysterische, männerfressende Zicke bedacht, eine Karikatur.

Spass oder Feminismus?

Was dazu geführt hat, daß die Frauenbewegung unter jungen Frauen eher als Lachnummer denn als ernstzunehmender politischer Faktor oder gar als Identifikationsmodell gilt, kann ich nur vermuten. Irgendwann in den 70ern scheint sich ein Großteil der Frauenbewegung in eine Art Frauensubkultur zurückgezogen zu haben, in der eher Fragen alternativer Lebensführung oder Esoterisches gepflegt wurden, also Themen, deren Anziehungskraft zum großen Teil zusammen mit dem Zeitgeist der 70er Jahre erloschen ist. Darüber hinaus hat das berechtigte Eintreten der Frauenbewegung etwa gegen das sexistische Frauenbild in Medien und Gesellschaft bei den Nachgeborenen den Eindruck hinterlassen, es handle sich dabei um eine lust- und spaßfeindliche, permanent moralisierende Angelegenheit: «Männer sind Schweine!» statt «Girls just wanna have fun!». Daß die Frauenbewegung auch vom Befreiungs- und Selbstverwirklichungsgedanken von 1968 bestimmt war, wurde im Laufe der Zeit offenbar sogar von den 68erinnen selbst vergessen. Die MTV-Generation jedenfalls wollte erstmal Spaß, und dafür schien ihr die Frauenbewegung nicht gerade die erste Adresse zu sein.

Die eigentlich politischen Fragestellungen, zu allererst die Forderung nach der Gleichstellung von Männern und Frauen bei der bezahlten und unbezahlten Arbeit, wurden von der Frauenbewegung dagegen weitgehend preisgegeben und delegiert an die Nischen der Frauenpolitik in den Parteien. In keiner Partei jedoch ist es den Frauen gelungen, Frauenpolitik zu einem «harten», von Männern wie Frauen gleichermaßen zu verantwortenden Politikfeld zu machen. Die Beschränkung der Zuständigkeit für Frauenpolitik auf die Frauengremien, z.B. den Arbeitskreis sozialdemokratischer Frauen bei der SPD oder den Bundesfrauenrat und die Bundesarbeitsgemeinschaft Frauen bei den Grünen, ist in vielen Fällen von den Frauen selbst gewählt und gewollt worden. Ursprünglich als Schutzräume gedacht, von denen die Eroberung der politischen Landschaft durch die Frauen ausgehen sollte, sind diese Gremien zu geschlossenen Zirkeln mit minimalem politischem Einfluß geschrumpft.

Mit der Frauenpolitik sind auch die Frauenpolitikerinnen in Schutzräume verschwunden. Zwar hat der Anteil von Frauen in den Parlamenten deutlich zugenommen. Dennoch sind diese Politikerinnen weitgehend unsichtbar geblieben. Landet eine von ihnen doch einmal in der ersten Reihe, so wird sie sich regelmäßig davor hüten, in die «frauenpolitische Ecke gestellt» zu werden. So fehlt es heute an für die nachfolgenden Generationen sichtbaren Beweisen dafür, daß die Frauenbewegung ein erfolgreiches Lebensmodell hervorgebracht hat. Auch aus diesem Grund hat diese Bewegung viel von ihrer Attraktivität eingebüßt. Frauenpolitik hat ein «loser-image», und Symbol dieses images ist für viele junge Frauen fatalerweise ausgerechnet die Quote. Kurz: Feminismus ist out, so out, daß selbst unter den politisch engagierten jungen Frauen das Feld der Frauenpolitik als wenig attraktives und zur Profilierung kaum geeignetes Gebiet gilt.

Die Gleichberechtigungs-Fata Morgana

Bei der Generation der zu Beginn der 70er Jahre geborenen Frauen, der ich selbst angehöre, wirkt sich diese Distanz zur Frauenbewegung und zu jeder feministischen Diskussion in einer gelegentlich haarsträubenden Naivität aus. Aufgrund der positiven Erfahrung einer wenigstens oberflächlich verwirklichten Chancengleichheit im Bildungssystem, dem zumindest der studierende Teil dieser Generation in der Mehrzahl noch angehört, sind viele junge Frauen der Ansicht, daß eine Gleichstellung der Geschlechter im wesentlichen bereits erreicht sei. Der scharfe Blick, den sich die Frauenbewegung seit 1968 besonders für die subtilen Formen der Benachteiligung von Frauen antrainiert hatte, ging der nachfolgenden Frauengeneration mit ihrer Distanzierung von der Frauenbewegung wieder verloren. Viele Erkenntnisse über ungerechte Strukturen im Verhältnis der Geschlechter, die sich nur schwer in politische Forderungen kleiden ließen, sind damit aus der gesellschaftlichen Diskussion wieder verschwunden und allenfalls noch Gegenstand privater Auseinandersetzungen.

So neigen junge Frauen heute wieder dazu, Mißerfolge allein auf vermeintliche individuelle Defizite zurückzuführen. Verweise auf die generell schlechteren Karrierechancen selbst optimal ausgebildeter, ungebundener Frauen gegenüber männlichen Mitbewerbern werden als lamentöse Ausrede von Versagerinnen betrachtet und als Begründung für das eigene Scheitern erst gar nicht zugelassen.

Die nächsten Jahre werden zeigen, wie diese gut, teilweise besser als ihre männlichen Altersgenossen ausgebildete Generation von Frauen auf die Diskriminierungen reagieren wird, die sie im Berufsleben erwarten. Der fehlende Dialog mit älteren Frauen erschwert es jungen Frauen, die Zusammenhänge zwischen eigenen Erfahrungen und der gesellschaftlichen Gesamtsituation der Frauen zu erkennen. Deshalb ist es nicht unwahrscheinlich, daß diese Frauengeneration ihre Energie im Einzelkampf an der Berufs- und Beziehungsfront verpulvert, sekundiert von den lachhaften Karrieretips der Frauenzeitschriften, ohne dadurch einen nennenswerten Fortschritt für sich selbst und die Interessen der Frauen insgesamt zu erzielen.

Möglicherweise schaffen die bevorstehenden Frustrationen aber auch die Voraussetzungen für eine Wiederaufnahme des Gesprächs zwischen den 68erinnen und ihren Töchtern. Doch die Kämpferinnen alter Schule können dem Lebensgefühl der späten 90er wenig abgewinnen, während ihre Töchter der traditionellen Frauenbewegung allenfalls mit Ignoranz begegnen. Daß sich die Frauenbewegung von 1968 mit jüngeren Akteurinnen in einem relevanten Umfang weiterführen läßt, halte ich deshalb für wenig wahrscheinlich. Dieses Erbe scheint derzeit kaum jemand antreten zu wollen.

Populärfeminismus statt Postfeminismus!

Die dritte Möglichkeit besteht schließlich darin, daß die Generation der nach 1970 geborenen Frauen sich selbst mühsam einen eigenen Feminismus erfindet. Dieser würde wohl einen anderen Namen tragen und in einigen Bereichen erst einmal hinter dem Bewußtseinsstand der 68erinnen zurückbleiben. Die Vorbilder dieses Feminismus wären vielleicht nicht mehr Simone de Beauvoir und Hannah Arendt, sondern die Heldinnen der Popkultur, die Detektivinnen der neuen Frauenkrimis, die Fußballnationalfrauen, die Susanne Fröhlichs, Queen Latifahs oder Donna Leons. Dieser Feminismus wäre ein zunächst geschichts- und theorieloser, aber dafür einer, den man nachleben kann, ohne an der Trägheit der Gesellschaft permanent zu verzweifeln. Es wäre ein Feminismus, der vielen 68erinnen vielleicht auf den ersten Blick wie ein Rückschritt vorkommen mag, dem aber gelingen könnte, woran die Frauenbewegung nach 68 gescheitert ist: einen offensiven Umgang mit der besonderen Situation von Frauen nicht nur phasenweise in akademischen Kreisen, sondern dauerhaft auch bei Helga Beimer, Liese Müller und in den Talkshows dieser Welt zu verankern.

Wenn sich die 68erinnen mit diesem neuen Feminismus verbünden könnten, ihm vielleicht ein bißchen die Naivität austreiben, ohne ständig als die Hüterinnen der reinen Lehre aufzutreten, bestünde die Chance darauf, nicht nur den frauenpolitischen roll-back aufzuhalten, sondern sogar gewaltige Fortschritte durchzusetzen. Andernfalls bleibt den 68erinnen vielleicht nur eine etwas skurile Nische in der Geschichte, oder – noch schlimmer – das Schicksal vieler großer Frauen: das Vergessenwerden.

Natalie Immel/Sue Hermenau

«IN BERLIN LERNT MAN TÜRKEN HASSEN!»

«In Berlin lernt man Türken hassen!» beschrieb kürzlich ein Freund von mir (Sue) die Situation in Berlin. Sein Gegenüber zuckte: War da nicht deutlich jene verhaßte Ausländerfeindlichkeit zu spüren, die es zu verteufeln gilt?

Kaum ein anderes Thema ist so facettenreich, vielschichtig und kompliziert wie das Thema Ausländer in Deutschland. Undifferenzierte Betrachtungsweisen verbieten sich hier von selbst. Zwei kurze Eindrücke: Wer einmal morgens um halb fünf mit der U-Bahn fährt, sieht fast nur ausländisch aussehende Menschen auf dem Weg zu ihren Arbeitsstätten. Offensichtlich machen Ausländer inzwischen eine Vielzahl der Arbeiten, die Deutschen zu anstrengend, schmutzig oder zu schlecht bezahlt sind.

Szenenwechsel: An vielen deutschen Schulen erpressen derzeit Banden ausländischer Schüler Schutzgelder von ihren Mitschülern. Der 17jährige Mirco warf sich am 31. Januar 1997 in Hamburg vor eine S-Bahn, weil er den monatelangen Terror einer türkischen Jugendbande nicht mehr aushielt.

Wöchentlich liest man in den Zeitungen von brennenden Asylantenwohnheimen, Überfällen auf ausländische Mitbürger oder deren Geschäfte und sonstigen Straftaten von nationalistisch eingestellten Deutschen. Auch in diversen Talkshows scheint Ausländerfeindlichkeit ein sehr beliebtes Thema zu sein. Ausländer, die von deutschen «Nazis» krankenhausreif geschlagen wurden, stehen Deutschen gegenüber, die von ausländischen Jugendgangs schon seit Jahren abgezogen werden.

Über Probleme mit Ausländern zu reden, fällt vielen 68ern schwer. Ist es gar ein Tabu, ein Sprechverbot, im Zuge der political correctness? Hier mag es Unterschiede zwischen West- und Ostdeutschland geben. Sue glaubt nicht, daß es in ihrer Heimat Ostdeutschland ein Tabu ist, während Natalie als Westdeutsche felsenfest davon überzeugt ist, daß die Multi-Kulti-Fraktion in den Medien und der Politik das Thema kleinkochen will. Wer etwas gegen Ausländer sagt, sei ein Rassist, der wohl klammheimlich mit den Rechtsradikalen sympathisiere und am Ende noch Freude über rechtsextreme Anschläge auf Ausländer empfinde. Es muß nicht gesagt werden, daß diese Behauptung eine Unverschämtheit ist, einer ehrlichen Diskussion unwürdig. Zu offensichtlich ist die Funktion einer solchen Unterstellung als Totschlagargument. Trotzdem ist es den 68ern gelungen, gewisse Diskussionen zu tabuisieren (Natalie). Nur scheinbar kennt unsere Gesellschaft keine Tabus mehr: In Wirklichkeit gibt es sie natürlich doch noch. Das nehmen viele der heute Jüngeren, der sogenannten 89er-Generation, nicht mehr hin: wir wollen einen ehrlichen Diskurs über alle Themen. Rede- oder Schreibtabus sind dabei eine Zumutung (Natalie).

Es kommt darauf an, wie man über ein Thema spricht

Einig sind wir Autorinnen uns aber darin, daß die entscheidende Frage ist, *wie* über die problematischen Aspekte eines hohen Ausländeranteils gesprochen wird.

Berliner Boulevardblätter wie der *Berliner Kurier*, die *BZ* oder natürlich überregionale Zeitungen wie die *Bild* vertreten das Weltbild des arbeitenden deutschen Mittelstandsbürgers, der seine Rechte und sein Geld durch Ausländer gefährdet sieht. Unterschwellig ausländerfeindliche Schlagzeilen («Polin knackte deutschen Jackpot») tragen dazu bei, die Distanz zwischen den Deutschen und ihren ausländischen Mitbürgern zu vergrößern.

Besonders für Ostdeutsche ist es neu und ungewohnt, sich mit fremden Kulturen auseinanderzusetzen. Perspektivlosigkeit, Orientierungslosigkeit nach der Wende, Jugendarbeitslosigkeit und mangelnde Mitbestimmungsrechte in der Politik sind allgegenwärtig. Dies mag den erheblich höheren Anteil ausländerfeindlicher Straftaten (trotz niedrigeren Ausländeranteils) in den fünf neuen Ländern vielleicht erklären, aber nicht entschuldigen. Wir sehen ein großes Problem darin, daß sich immer mehr Jugendliche im Osten nationalistisch gesinnten Organisationen zuwenden. In Berlin und anderen ostdeutschen Städten beherrschen Faschos oder Reenis (weibliche Faschos) inzwischen schon ganze Stadtviertel. Zum Sündenbock für Zukunftsängste und fehlende Berufschancen werden die Ausländer gemacht, eine absurde These. Die Intoleranz, Agressivität und ablehnende Einstellung vieler Gleichaltriger, die in Greueltaten wie Mölln oder Solingen gipfelten, beschämen uns zutiefst. Wir können nicht stolz darauf sein, daß wir Deutsche sind. Und das ist traurig.

Während die rechte Presse darauf hinweist, daß ein überpropotional hoher Anteil von Straftaten wie Drogenhandel, Mord oder Vergewaltigung von Ausländern begangen wird, stellt die Linke lange Listen rechtsradikaler Übergriffe auf ausländische Mitbürger auf. Natürlich haben beide Seiten recht.

Die Greueltaten von Mölln und Solingen, wo bei Brandanschlägen insgesamt 8 Türken starben, müssen von jedem moralisch denkenden Individuum als Anschlag auf die Menschlichkeit verurteilt werden. Die gebotenen politischen Konsequenzen sind klar: Solidarität mit dem friedlichen Teil der hier arbeitenden Ausländern demonstrieren, harte Bestrafung der jugendlichen Attentäter, Schutz der Gefährdeten vor weiteren Anschlägen, Vorsorge durch Aufklärungsarbeit in Schulen, Betrieben und Universitäten. Vor allem ist Zivilcourage gefordert: «Gewalt ist, wenn man weitergeht.»

Allerdings stellt sich die Frage, ob man im Gefolge der berechtigten Empörung über Ausländerfeindlichkeit die Probleme, die Ausländer in Deutschland verursachen, unter den Tisch fallen läßt. Bei allem Respekt vor den Leistungen, die Ausländer hierzulande erbringen, ihrem Anteil am BSP, ihrer Bereicherung für unsere Kultur – problemlos ist das Zusammenleben nicht.

«Deutsche Schlampen zum Üben»

In diesem Aufsatz wird ein heikles Thema angeschnitten: Die weitverbreitete sexuelle Belästigung deutscher Mädchen durch Türken.

Warum nur von Türken?, könnte man fragen. Werden Mädchen etwa von deutschen Männern weniger oft belästigt? Die Antwort lautet leider: Ja. Der Anteil sexueller Übergriffe von Türken und anderen islamischen Nationalitäten ist proportional höher als von Deutschen oder nicht-islamischen Ausländergruppen. Die Ursache dafür ist die unterschiedliche Sexualmoral von Deutschen und Türken, die wiederum auf unterschiedliche Religion und Kultur zurückgeführt werden kann.

Der persische Student Heidarpur-Ghazwini beschrieb die Gewissensnöte islamischer Heranwachsender in Deutschland in seiner vielbeachteten Dissertation «Kulturkonflikt und Sexualentwicklung» (eingereicht an der Johann-Wolfgang-Goethe-Universität Frankfurt). Die traditionelle islamische Moral geht davon aus, daß ein Mädchen jungfräulich in die Ehe geht. Daß diese Moralvorstellung unter ihren Eltern sehr weitverbreitet ist, haben mir auch meine türkischen Bekannten immer wieder bestätigt (Natalie). Unter der dritten Generation, den hier geborenen Türken im Alter bis 30 Jahre, vertreten schätzungsweise noch drei Viertel diese Aufassung. Ein Viertel lehnt sie als veraltet ab und hat sich statt dessen deutschen Moralvorstellungen angenähert.

Berliner Erfahrungen von Sue

Natürlich sind Ausländer keine «weißen Schafe», die nur Liebes und Nettes im Sinn haben. Besonders die Türken behandeln mich mit wenig Respekt. Da ich aus dem Ostteil stamme, konnte ich erst nach der Maueröffnung Erfahrungen sammeln. Deshalb ist es für mich bis heute nicht so normal und selbstverständlich, von einer türkischen Gang belästigt zu werden, wie für einige meiner Freundinnen aus dem Westteil.

Einmal wurde ich im Schwimmbad von mehreren türkischen Jungs festgehalten und angefaßt. Ein anderes Mal wurde ich in einem Bad fast vergewaltigt, als ich 15 war. Unsittliche und obszöne

Anmache gehört zu meinem Großstadt-Alltag. Inzwischen kann ich mich gut dagegen wehren. Aber ich möchte nicht damit leben. Ich empfinde es als beleidigend, wenn man mir auf offener Straße oder in der U-Bahn in den Schritt faßt. Ich möchte mich nicht ständig streiten müssen, weil ich einen Türken nicht küssen will oder seine Einladung zum Drink nicht annehme.

Die Angewohnheit vieler Türken – ich betone, daß ich mir der unzähligen, durchaus modern denkenden und toleranten türkischen Mitbürger bewußt bin und auch einige zu meinen Freunden zähle – deutsche Mädchen als «Schlampen zum Üben» zu behandeln, kränkt mich.

Meine Freunde werden von türkischen Cliquen angegriffen, deren Ziel es ist, Geld, Drogen oder Zigaretten «abzuziehen». Sich zu wehren, ist gefährlich oder von vorneherein aussichtslos.

Natürlich geht Gewalt nicht nur von Türken oder anderen Ausländern aus. Auch deutsche Jugendliche belästigen oder bedrohen mich manchmal. Das passiert aber deutlich seltener.

Natalies Erfahrungen

Rosa-Luxemburg-Gymnasium in einer hessischen Kleinstadt. Die sechzehnjährige Petra[1] hat den Vertrauenslehrer um eine Aussprache gebeten. Der Deutschlehrer Peter Boden, ein liebenswerter 68er, der stets ein offenes Ohr für die Nöte seiner Schüler hat, hebt die Brauen, als er erfährt, daß Petra sich über türkische Mitschüler beschweren will. Petra führt aus, daß bestimmte Türken sie jedesmal beschimpfen, wenn sie ihnen in der Schule oder in der Stadt begegnet.

> «Ich muß mir Sachen anhören, die sich Deutsche gegenüber einem Mädchen nie trauen würden. Sachen wie ‹Alte Schlampe›, ‹Geile Hure› oder noch schlimmeres. Wenn ein Deutscher mir so etwas sagen würde, würde ich ihm sofort eine reinschlagen, aber die Türken stehen immer in Gruppen da, außerdem haben die alle Messer.»

1 Die Namen der Beteiligten sind geändert. Richtige Namen und Anschriften sind der SRzG bekannt.

Herr Boden versucht Petra zu erklären, daß es sich um Einzelfälle handeln müsse. Nach seinem Verständnis können solche Anschuldigungen die Integrationsbemühungen, für die er sich auch selbst sehr stark gemacht hat, nur stören. Schließlich bricht Petra in Tränen aus. «Verdammt noch mal, ich bin gestern von diesen Leuten im Supermarkt angetatscht und belästigt worden, und sie reden hier nur dummes Zeug.» Der Vertrauenslehrer begreift, daß Petra mit den Nerven am Ende ist und daß sich das Problem nicht ganz so leicht lösen läßt, wie er gehofft hatte. Trotzdem hält er Petras schlechte Erfahrungen mit Ausländern für einen Einzelfall. Er bietet ihr aber an, morgen im Deutschkurs mit den anderen Schülern über die Einstellungen türkischer Mitschüler gegenüber deutschen Mädchen zu sprechen.

Damit hat Herr Boden eine Lawine losgetreten. Nachdem Petra über ihre Erlebnisse berichtet hat, haben fast alle deutschen Mädchen ähnliches zu berichten. Sexuelle Belästigung durch türkische und manche andere ausländische Mitschüler ist an der Tagesordnung, während sie durch deutsche Mitschüler kaum einmal vorkommt. In einer aufgeheizten, wenn auch nicht ausländerfeindlichen Atmosphäre reden viele Mädchen auf Herrn Boden ein, der ungläubig den Kopf schüttelt. Er wiederholt immer wieder, daß doch deutsche Mitschüler auch nicht besser seien. Schließlich meldet sich die einzige türkische Mitschülerin zu Wort (die Klasse hat keine männlichen türkischen Mitschüler):

> «Ihr müßt unsere Moral verstehen», sagt sie, «türkische Mädchen müssen bis zur Heirat Jungfrau bleiben. Für türkische Jungs sind alle Frauen, die vor der Ehe Geschlechtsverkehr haben, nichts anderes als Schlampen. Deshalb verhalten sie sich so gegenüber deutschen Mädchen. Sie werden nur zum Üben benutzt. Heiraten muß ein Türke dann ein jungfräuliches Mädchen aus der Türkei, das oft noch seine Eltern für ihn aussuchen.»

Verstehen der Unterschiede

Oft wird in der deutschen Ausländerpolitik die Frage gestellt, warum die Integration von Türken, der größten Ausländergruppe, so viel schwieriger ist als von Italienern, Griechen oder anderen Südländern. Einer der Hauptgründe ist sicherlich im Islam und der von ihm vorgeschriebenen Sexualmoral zu sehen. Vermittelt werden diese Werte den jungen Türken durch ihre Eltern oder die Religionsschulen, von denen es auch in Deutschland viele gibt. Fast jeder deutsche Junge kennt das zwiespältige Verhältnis von Türken zu Mädchen. Ihre eigenen Schwestern beschützen sie wie Juwelen, aber auf deutsche Mädchen wird Jagd gemacht. Wer sich als deutscher Junge einmal für eine Türkin interessierte, hat schnell Ärger mit dem Bruder. Die Eltern zwingen ihre Söhne geradezu, die Jungfräulichkeit ihrer Schwestern, an der der Ruf der Familie hängt, zu beschützen. Deutsche Mädchen, die entsprechend der deutschen Sexualmoral voreheliche Beziehungen haben, werden von den Eltern mit den übelsten Ausdrücken bedacht. Kein Wunder, daß viele Türken sie quasi als Freiwild ansehen.

Es soll hier gleich gesagt werden, daß es natürlich auch andere Türken gibt – solche, die nie auch nur auf den Gedanken kämen, irgendjemanden sexuell zu belästigen. Aber zu lange hat das Tabu bestanden, über die anderen zu reden.

Der sechundzwanzigjährige Ismail[2] galt als Prototyp eines gut integrierten Türken. Er hatte jahrelang eine deutsche Freundin, auch sein Freundeskreis besteht fast nur aus Deutschen. Seine Freunde sind sehr verblüfft, als Ismail ihnen verkündet, daß er ein türkisches Mädchen heiraten wird, das er noch nie gesehen hat.

> «Wißt ihr, Traditionen sind stark. Ich will mich nicht völlig mit meiner Familie überwerfen. Meine Mutter erlaubt nicht, daß ich ein Mädchen heirate, daß nicht mehr Jungfrau ist. Außerdem sind türkische Mädchen weniger aufmüpfig. Deshalb hat sie eine Braut aus der Türkei für mich ausgesucht.»

Viele junge Türken befinden sich in einem Generationskonflikt, den Deutsche kaum nachvollziehen können. Ihre Kultur, vor allem in moralischen Dingen, ist unserer diametral entgegengesetzt. Wenn türkische Mädchen nach der deutschen Sexualmoral leben wollen,

---

2 Siehe Fußnote 1 auf Seite 123.

droht der völlige Bruch mit dem Elternhaus, in Extremfällen sogar die Rache der Familie. Heidarpur-Ghazwini schildert in seiner bereits erwähnten Dissertation, daß junge Mädchen von ihren Vätern sogar mit dem Tod bedroht werden, wenn sie einen Freund haben wollen. Er berichtet von Fällen, in denen türkische Mädchen tatsächlich von ihren Brüdern umgebracht wurden, nachdem sie auf diese Weise «Schande auf die Familie bzw. die ganze Sippe gebracht hatten.»

Multikulturell darf nicht zu multikriminell werden

Viele Ausländer in Deutschland schätzen an Deutschland vor allem das aus ihrer Sicht «verweichlichte» Rechtssystem. Ein Bekannter von mir (Natalie) kam bei einer Messerstecherei mit zwei Türken ums Leben. Er hatte in betrunkenem Zustand zwei Fenster eingetreten, die auf dem Sperrmüll standen. Die Türken mischten sich ein, es kam zu einer Rangelei und am Ende blieb mein Bekannter tot zurück. Nach nur acht Monaten wurden die beiden Türken aus dem Gefängnis entlassen. So wenig ist ein Menschenleben heute in Deutschland wert (Natalie)! Es dürfte schwer sein, einen Mitschüler meiner Schule zu finden, der noch nicht von Türken und anderen Ausländern «abgezogen» wurde. Am schlimmsten ist, daß man sich nicht gegen Angriffe und Belästigungen von Ausländern wehren kann, weil man sonst deren ganze Clique am Hals hat und sich nicht mehr auf die Straße trauen kann (Natalie).

Unter unseren Mitschülern gibt es einen bezeichnenden Witz: Man zeigt die Zeigefinger der beiden Hände und sagt zu irgendjemanden: «Das sind zwei Türken. Schlag sie mal!» Schlägt nun einer die beiden Finger, öffnen sich blitzschnell die Hände – aus zwei Türken sind zehn geworden.

Ich mache den 68ern folgende Vorwürfe (Natalie):

- daß sie die kulturellen Konflikte zwischen jungen Türken und deutschen Mädchen leugnen oder totschweigen. Die sexuelle Belästigung deutscher Mädchen durch islamische Ausländer ist ein

Tabu in unserer Gesellschaft. Sie ist in ihrer Schwere und Systematik nicht zu vergleichen mit gelegentlich vorkommender sexueller Belästigung durch deutsche oder nicht-islamische ausländische Jungs.

- daß sie als Lehrer solche Fälle systematisch verharmlosen, den Opfern aus ausländerfreundlichen Gründen keinen Beistand leisten. «Gewalt ist, wenn man wegsieht!» lautet der Spruch einer Plakataktion gegen Gewalt. Viele Lehrer sollten sich diesen Spruch zu Herzen nehmen.
- daß sie bewußt die Probleme vertuschen, um ihre Version von der multikulturellen Gesellschaft nicht zu gefährden.

In einer Gesellschaft, in der frei und offen diskutiert und keine Facette der Wirklichkeit ausgelassen wird, lebt es sich sicherlich nicht einfach – aber ehrlich und mit gutem Gewissen. Über die von Ausländern ausgehende Gewalt muß gesprochen werden, allerdings ohne Diskriminierungen und ohne Hetze. Das ist, was wir sagen wollen.

Martin Viehöver

ABLÖSUNG ÜBERFÄLLIG! – JETZT SIND WIR AN DER REIHE

Dreißig Jahre nach der 68er Revolte haben die Rebellen von einst den Marsch durch die Institutionen geschafft. Sie sitzen in den Universitäten, den Schulen, den Verwaltungen, in verschiedenen Parlamenten und haben führende Positionen in der Wirtschaft inne. Über die Medien beeinflussen sie die öffentliche Meinung.

An der heutigen Jugend üben sie Kritik: «Ihr seid eine Heiapopeia-Jugend ... Eure Generation deprimiert mich ... Ihr seid langweilig und dröge», so Joschka Fischer über die Nachkommen der 68er, die sogenannten 89er. Die Diskussion über unsere Generation begann, als Douglas Coupland 1991 ein Buch über die «Generation X» publizierte. Das X steht für Beliebigkeit, für eine Generation ohne Gesicht, die ziellos in den Tag hinein lebt. Wir gelten als eine Generation ohne Visionen, ohne politische Ziele und ohne Zusammengehörigkeitsgefühl, sagen die einen. Die Generation X habe Ansprüche an die Gesellschaft, ohne etwas dafür leisten zu wollen und wolle Spaß, Spaß und nochmals Spaß, sagen die anderen.

Wo sind die Schuldigen?

Selbst wenn ein Großteil der Vorwürfe begründet ist, wieviel Schuld trifft hierbei die Jugend? Ist es nicht auch die Gesellschaft, die für das Verhalten der Jugendlichen mitverantwortlich ist? «Die gesellschaftliche Krise hat die Jugend erreicht», so das treffende Urteil der

12. Shell-Jugendstudie.[1] Die so stark kritisierte Teilnahmslosigkeit ist vorgelebt. «Es geht ja eh alles den Bach hinunter und wir können nichts daran ändern», bekommen wir von klein auf eingetrichtert. Steigende Arbeitslosigkeit, wachsende Umweltzerstörung und eine ausufernde Staatsverschuldung bekommen wir als «Bonbon» in unsere gesellschaftliche «Schultüte» gesteckt.

Nun, Probleme sind grundsätzlich nichts tragisches. Denn sie sind in der Regel lösbar und zwar am besten in einer Demokratie. Eine leistungsfähige Demokratie setzt allerdings eine demokratische Streitkultur voraus. Auf der Suche nach Vorbildern für uns könnte man auf unsere Vorgängergeneration, die 68er, kommen. Hier muß man allerdings fragen, ob sie eine demokratische Streitkultur gelebt haben, ob sie uns also überhaupt ein Vorbild sein könnten. Auf die damals noch vorhandenen autoritären Strukturen haben die Aufständler nämlich weitgehend mit einem Gesinnungsdruck reagiert. Durch das Schwarzweiß-Denken war jeder «böse», der die «guten» Ideologen kritiserte.

1968, das Jahr des Aufstandes

Das Jahr 1968 steht für den Kampf gegen ein «Establishment», das sich nicht ausreichend mit seiner Vergangenheit auseinandergesetzt hatte. In den Hochschulen, der Verwaltung und den Gerichten saßen noch immer alte Nazis. Es gab – wie heute – einen großen gesellschaftlichen Reformstau: Damals mußten Frauen bei ihren Männern um Erlaubnis bitten, wenn sie arbeiten wollten; eine gemeinsame Wohnung gab es nur mit Trauschein, und öffentliches Küssen war verpönt.

Eine Rebellion gegen die autoritären Strukturen war daher verständlich, jedoch wurde daraus schnell ein Aufstand gegen alles. Viele, die sich der Bewegung anschlossen, schwammen lediglich mit, teilten oder tolerierten diesen blinden Aktionismus. Das eigenständige kritische Denken, das Hinterfragen des eigenen Tuns wurde

1 Jugendwerk der Deutschen Shell (Hg.): *12. Shell Jugendstudie*, Leske & Budrich, Opladen 1997, S. 11

von manchen aufgegeben. Der Kampf für den Antiimperialismus und die «sozialistische Alternative» – gegen den «Scheißstaat» – schien zwangsläufig richtig. Statt zu differenzieren, wurde schwarzweiß gemalt. Idole wie Karl Marx, Herbert Marcuse, Ernst Bloch oder Wilhelm Reich wurden kritiklos glorifiziert. Den wenigen Führern der Bewegung, allen voran Rudi Dutschke, folgten die meisten bedingungslos. Dagegen, also gegen das Etablierte zu sein, war immer richtig.

Die Protestierenden verstanden sich als politische Elite, als Nabel der Welt. Mit moralischer Überheblichkeit unterteilten sie den Rest der Menschheit in «Freund» und «Feind»; dazwischen gab es nichts. So wurden von vielen 68ern die «Bullen» und die wirtschaftlichen sowie politischen Führungskräfte als die «Feinde» kategorisiert. Zu letzteren wurden auch viele Professoren gezählt. Natürlich gab es unter den Professoren Altnazis, aber deshalb mußte man ja nicht gleich alle Professoren, ohne zu differenzieren, diffamieren.

Feindbilder werden benötigt, um sich selber als «guten Menschen» abgrenzen zu können. Je mehr «böse Menschen» es gibt, desto besser geht es dem «guten Menschen», da er daraus seine politische Daseinsberechtigung bezieht! So versuchen manche 68er, die sich als «links» bezeichnen, bis heute erst gar nicht, Menschen, die politisch nach rechtsaußen abzurutschen drohen, argumentativ zu überzeugen, ihre politische Haltung zu überdenken. Sie mißbrauchen sie dazu, sich selber «gut» zu fühlen. Nichts fürchtet der moralinsaure 68er-Tugendwächter mehr, als daß seine politischen Gegner aussterben; denn dann wäre er selbst überflüssig.

Die Blindheit auf dem rechten Auge, die den Herrschenden vorgeworfen wurde, spiegelte sich wieder in einer Blindheit auf dem linken Auge der Rebellierenden. Die zehn Jahre später stattfindenden Attentate der RAF wurden von vielen Anhängern klammheimlich als eine legitime Reaktion auf die «Diktatur des Kapitals» befürwortet.

Ein anderes Beispiel für die Diskrepanz zwischen Anspruch und Wirklichkeit zeigte sich in der Forderung nach Selbstbestimmung. Der Spruch «Wer zweimal mit demselben pennt, gehört schon zum Establishment» wurde zu einer rigiden Norm. Wer monogam leben wollte und treu war, wurde dadurch ausgegrenzt. Aber auch politisch wurde, wie oben schon erwähnt, Druck ausgeübt, sich einer Gesinnung zuzuordnen. Die Idee der Selbstbestimmung wurde dadurch ad absurdum geführt, daß bestimmt wurde, wie selbstbestimmt man sein sollte bzw. sein durfte.

Die Folgen der Bewegung

Teile der 68er haben also nicht durch eine demokratische Streitkultur, sondern, wenn auch meist unbewußt, über Indoktrination und Gesinnungsdruck versucht, die Gesellschaft zu verändern. Die eigene Meinung und Gesinnung, damals die dem Kommunismus nahestehende, wurde den anderen aufoktroyiert und als Heilslehre verabsolutiert.

Heute sind an Hochschulen vielerorts noch ähnliche Formen der Auseinandersetzung zu finden. Dietrich Schwanitz beschreibt diese überspitzt aber recht anschaulich in dem erst kürzlich verfilmten Roman «Der Campus»:

> «Skandal an der Universität Hamburg: Kurz vor der Wahl zum Universitätspräsidenten wird dem Vorzeigeprofessor Hanno Hackmann vorgeworfen, eine Studentin vergewaltigt zu haben. Wenn das kein Fall für engagierten Feminismus, ‹political correctness› und die Demonstration der rechten Gesinnung ist ... Akademiker und Sensationspresse stürzen sich begeistert auf den Fall, und es wird zur öffentlichen Jagd geblasen. Die Frage nach Hackmanns tatsächlicher Schuld spielt dabei die kleinste Rolle ...»[2]

Die Geschichte dieses Professors zeigt, wie wenig es dem «politisch korrekten» Menschen um Realitäten und differenzierte Sachverhalte geht – allein die Erfüllung von vorgefertigten Klischees, ja Feindbildern ist von Bedeutung.

2 Dietrich Schwanitz: *Der Campus*, Goldmann Verlag 1998

Da ich mich, während ich in Kaiserslautern studierte, auch in der Hochschulpolitik betätigt hatte, habe ich selbst die Erfahrung gemacht, wie wenige politisch differenziert denkende Studierende in diesem Bereich anzutreffen sind. Worte hatten für diese Hochschüler keine Bedeutung, Floskeln ersetzten die inhaltliche und problemorientierte Auseinandersetzung, und sie wurden instrumentalisiert für den «Befreiungskampf». Begriffe wurden also benutzt, ohne sich über deren Bedeutung im klaren zu sein. Ein AStA-Vertreter[3], der sich der Tradition der 68er verpflichtet sieht, bestätigte sogar auf einer StuPa-Sitzung[4], daß für ihn «Worte keine Bedeutung» hätten! Als sich auf der Stimmenauszählung zur StuPa-Wahl Ende '97 ein Wechsel der Mehrheiten abzeichnete, kommentierte er dies mit: «Schade, daß Beton (die AStA-Räume) nicht brennt»! Diese traditionsbewußten «Kämpfer» waren sehr erfolgreich beim Vergraulen anderer Kommilitonen, die sich für die Studierendenschaft engagieren wollten und nicht die eigene Gesinnung teilten. So wurde jeder (fremde) AStA-Amts-Anwärter auf «Herz und Nieren» überprüft, ob er die eigene Gesinnung teilt. Falls dies nicht der Fall war, wurde ihm zu verstehen gegeben, daß er alles andere als erwünscht sei. Belange der Studierenden spielten dabei eine untergeordnete Rolle.

Auch 68er-Lehrer müssen die Frage zulassen, ob sie eine demokratische Streitkultur vorgelebt haben. Viele aus unserer Generation haben z.B. folgende Situation im Unterricht schon erlebt: Ein Lehrer aus besagtem Jahrgang verabsolutiert seine Meinung als alleinige Wahrheit und qualifiziert die gegenteilige Meinung als «böse». Wer von den anwesenden Schülern sollte in dieser Situation noch Lust verspüren, dem Lehrer zu widersprechen? Diese Situation habe ich als Gast in einer Frankfurter Berufsschule selbst erlebt: Mit einem deutlich abwertenden Ton, mahnend nach vorne gelehnt und ohne eine inhaltliche Diskussion, sagte der Lehrer: «Der Transrapid und der Eurofighter – das sind politische Entscheidungen!» Auch wenn diese beiden Entscheidungen begründbar strittig sind und ich sie für falsch halte, so sollte jeder darüber seine Meinung bilden und behal-

3 AStA: Allgemeiner Studierenden-Ausschuß.
4 StuPa: Studierendenparlament.

ten dürfen. Dieses Recht auf eine andere Meinung, das elementar ist für die pluralistische Gesellschaft, hat dieser Lehrer – allein durch seinen Diskussionsstil – nicht gewahrt: Er war also intolerant!

So werden Jugendliche oftmals besonders dort, wo sie Interesse für die Demokratie entwickeln sollten, mit einem Gesinnungdruck konfrontiert und entwickeln dabei die viel bejammerte Politikverdrossenheit. Um dem entgegenzuwirken, könnten beispielsweise an Schulen parteipolitische Veranstaltungen zu regionalen und überregionalen Themen mit Vertretern der Jugendorganisationen örtlicher Parteien – auch im Rahmen der Unterrichtszeit – durchgeführt werden. Auch eine verstärkte Information über demokratische Strukturen und Mitwirkungsrechte, besonders auf kommunaler Ebene, kann der Politikverdrossenheit entgegenwirken.

An der Politikverdrossenheit sind aber auch maßgeblich die großen etablierten Volksparteien mitschuldig, da oftmals auch in ihnen keine offenen demokratischen Debatten geführt werden, um nicht das Bild der «Harmoniesuppe» zu gefährden. Ein jüngstes Beispiel hierfür ist der Fall des ehemaligen JU-Vorsitzenden von Oberbayern, Klaus Kirchleitner, der wegen des politischen Stils der CSU den Parteiaustritt erklärte. Auf Parteitagen der CDU/CSU gehe es nur um drei Dinge: «Hinsetzen, klatschen, heimgehen»; die eigene Meinung zu sagen, sei nicht gefragt.[5]

Solange der Grundsatz «Ich will vorgefertigte Gedanken fördern» und nicht «Ich will das selbständige Denken fördern» gilt, solange werden weiterhin besonders junge Menschen von der Politik verprellt.

Alte Verkrustungen durch neue ersetzt

Von den 68ern wurden viele Freiheiten erkämpft und verkrustete Strukturen abgebaut, aber es kamen eben auch neue, meist ideologische Verkrustungen dazu. Letztere führen noch heute dazu, daß unsere Demokratie durch ideologische Grabenkämpfe nicht lei-

5 *Nürnberger Nachrichten*, 6./7.Januar 1998, S. 18

stungsfähig ist und sinnvolle Lösungen nicht zum Zuge kommen. Ein gutes Beispiel hierfür ist der Investivlohn, wie ihn schon Ludwig Erhard forderte. Bei dieser Lösung werden die Arbeitnehmer am Kapital des Unternehmens, z.B. in Form von Aktien, beteiligt, die klaren Grenzen zwischen Arbeitgebern und Belegschaft verschwinden, die Betriebe wachsen zu Teams zusammen. Er wurde bisher nicht verwirklicht, weil sich die traditionellen Lager unversöhnlich gegenüberstehen. Die Unternehmerverbände fürchten das Mitspracherecht der Beschäftigten, und die großen Gewerkschaften befürchten, daß sie weitgehend die Kontrolle verlieren.

Auch wenn die Öko-Bewegung ihre Hauptimpulse aus der 68er-Bewegung bekommen hat, so war und ist die oft ideologische Auseinandersetzung auch kontraproduktiv. So erlebe ich beispielsweise in vielen Diskussionen um eine ökologische Steuerreform, daß damit eine Steuererhöhung und «5 DM pro Liter Benzin» in Verbindung gebracht werden. Anscheinend wurde und wird hier «saubere Arbeit geleistet», um den marktwirtschaftlichen und arbeitsmarktpolitischen Ansatz einer aufkommensneutralen Ökologischen Steuerreform zu verwischen. Dadurch wurde es dem politischen Gegner leicht gemacht, dagegen zu argumentieren und zu polemisieren.

Aufarbeitung des Geschehenen nötig

Viele 68er wußten, welche grausamen Taten durch die Kommunisten in Rußland und China im Namen der «guten Sache» begangen wurden. Aber wollten sie es überhaupt wissen bzw. wahrhaben? Es ist meiner Meinung nach legitim, wenn wir heute – genauso wie die 68er damals von ihren Vätern eine bedingungslose Auseinandersetzung mit ihrer Vergangenheit einforderten – die Alt68er dazu auffordern, sich mit ihrer Vergangenheit, also der Verherrlichung totalitärer Diktaturen, Unterstützung oder Tolerierung terroristischer Gewalt usw., kritisch auseinanderzusetzen. Noch immer finden sich Anhänger der 68er, die gerne Rudi Dutschke oder Ché Guevara als «guten» Diktator oder «guten» ideologischen Führer gesehen hätten! Wie erstaunlich nah Teile der 68er ihren größten Feinden doch gekommen waren!

Das Resultat all dieser Entwicklungen erleben wir tagtäglich: Jeder der seine eigenständige Meinung abweichend vom jeweiligen mainstream öffentlich vertritt, eckt an und gerät leicht ins Abseits. Auch vor uns, der Jugend, macht diese Entwicklung nicht halt. Öffentlich politisch eine Position zu beziehen, sich also politisch für eine Partei zu engagieren, ist «out». Man läuft ansonsten Gefahr, eine nicht konforme Meinung zu haben, was als nicht besonders angenehm empfunden wird. Anders ist es beim Engagement für eine Sache, z.B. für Greenpeace oder Amnesty International; diese Organisationen sind zum größten Teil allgemein akzeptiert.

Fazit für die 68er-Generation: Diskussionsstil ändern

Bei der vielen berechtigten Kritik muß man ja nicht gleich eine komplette Revision sämtlicher Errungenschaften der 68er fordern, wie dies manche der «neuen Rechten» tun. Eine kritische Reflexion des eigenen Verhaltens, ein klares Bekenntnis zu demokratischen Werten, wie Tolerieren der anderen Position, Relativierung der eigenen Meinung sowie eine Abkehr von dem «Gut-» und «Böse-» Denken, sollten die Grundlage sein.

Jungsein heute ist anders

Wer in der heutigen Gesellschaft als Jugendlicher überleben will, muß ein Lebenskünstler sein und kein Rebell. Ideologische Grabenkämpfe machen keinen Spaß! Demokratische Diskussionen, in denen auch die Meinungen von Querdenkern zu Wort kommen und sachlich diskutiert werden, ohne daß sie gleich als eine Gefahr für das öffentliche Bild der jeweiligen Partei gesehen werden, können jedoch begeistern. Nur wenn die Parteien in den Augen der Jugendlichen nicht mehr als sture Meinungsblöcke, sondern als ein Pool frei denkender Köpfe mit gemeinsamen Grundsätzen gesehen werden, besteht die Chance, Jugendliche für die Demokratie zu begeistern.

Fazit für die 89er: Es geht um unsere Zukunft

Dreißig Jahre nach der Revolte ist es Zeit für einen Generationenwechsel. Die Kritik von Joschka Fischer trifft mit Sicherheit für viele aus unserer Generation zu, wenn auch ein Großteil der Erwachsenengeneration an diesem Verhalten mitschuldig ist. So können wir uns nicht ein Leben lang darauf berufen, daß wir «Opfer» unserer Elterngeneration seien. Genaugenommen sind wir schon ab dem Zeitpunkt mitschuldig, ab dem wir erkennen, daß unsere Elterngeneration, ohne es zu wollen, zu unserer Ohnmacht beigetragen hat.

Wir sind heute eine skeptische Jugend, auch wenn dies nicht gleich den Anschein hat. Einfache Lösungen sind uns suspekt. Aber vielleicht sind wir auch zu skeptisch, zu kritisch, wenn wir glauben, eh nichts bewegen zu können – oder sind wir nicht (selbst-)kritisch genug um zu erkennen, daß sich vielleicht etwas bewegen würde, wenn wir uns demokratisch engagierten?

Müssen wir uns nicht fragen, ob es nicht auch unsere Zukunft ist, auf die in den politischen Entscheidungen keine Rücksicht genommen wird? Ist es denn wirklich so «uncool», sich über unsere Zukunft Gedanken zu machen und diese dann untereinander öffentlich auszutauschen? Ist der große Reformstau, den wir gerade erleben, denn «cool»? Demokratie lebt vom Mitmachen, heißt es, und bei steigenden Problemen und sinkendem Engagement werden die Verkrustungen eher noch zunehmen. Es liegt in unserem Interesse, uns von der fiktiven Fessel des «Ich-kann-doch-eh-nichts-bewegen» loszureißen. Jeder der glaubt, daß politisches Engagement keinen Spaß macht, hat entweder keine Erfahrung oder war in der falschen Partei.

Ich fordere hier keinen Generationenkrieg, sondern eine demokratische Zusammenarbeit der Generationen. Dies erfordert jedoch einerseits ein Zugehen der Älteren auf die Jugend und andererseits eine Bereitschaft der Jugend, darauf einzugehen.

Die von Coupland beschriebene Generation X ist noch nicht zukunftsfähig, ihr fehlt das Element der Nachhaltigkeit, das Spaß und Vernunft und Verantwortung verbindet, schlicht ein «Ö», das für die Verbindung von Ökonomie und Ökologie steht. Der Schritt von der Generation X zur Generation ÖX ist nicht groß, aber wir sind diejenigen, die ihn gehen müssen.

Eins ist sicher: Wenn wir uns nicht vermehrt für unser Recht auf eine Zukunft einsetzen, werden wir in der Tagespolitik weiterhin übergangen. Die einzige Chance, die wir haben, Frieden und Lebensqualität für uns und zukünftige Generationen zu sichern, liegt im demokratischen Engagement.

Benjamin Kiesewetter

DIE 68ER UND IHRE KINDER

Ein Plädoyer gegen antiautoritäre und jede andere Erziehung

«Rudi, Rudi, ich bin ganz einverstanden, daß die Ideen von Freiheit, Gleichheit und Brüderlichkeit, die Ideen eines Marx und Christus etc. in die Herzen der Kinder gepflanzt werden müssen.»[1]

Gretchen Dutschke
(in einem Brief an ihren späteren Mann Rudi Dutschke)

Es waren zwei Dinge, die mich reizten, einen Beitrag für dieses Buch zu schreiben, der den Umgang von 68er-Eltern mit ihren Kindern zum Thema haben sollte. Auf der einen Seite sind es ganz persönliche Erfahrungen: Mein Vater war zur Zeit der Studentenbewegung politisch aktiv und fühlt sich der 68er-Generation zugehörig. So geht es auch den meisten meiner Freunde. Ein Großteil von ihnen kommt aus alternativen Elternhäusern (wir waren fast alle Kinderladenkinder), und auch wenn unsere Eltern vielleicht nicht genau 1968 im SDS[2] mitgemischt haben, so gehören sie doch ganz klar zu denen, die man heute «68er» nennt. Genauso geht es uns mit den Lehrern: Bei den freundlicheren, lockereren, da weiß man dann schon, daß das 68er-Typen sind. Sie haben bestimmt nicht alle in der Kommune 1 gelebt, trotzdem aber sprechen sie in der Wir-Form,

1 Die Zahlen in Klammern beziehen sich auf die oben gemachten Literaturangaben. Dutschke 1996 (7), Seite 57.
2 SDS: Sozialistischer Deutscher Studentenbund

wenn es um die Aufstände der späten 60er Jahre geht oder berichten mit nostalgischem Blick von ihrem Erlebnis, einmal mit Rudi Dutschke einen Joint geraucht zu haben. Sie unterscheiden sich von den anderen dadurch, daß sie den Wertewandel mitgemacht haben, daß sie halt irgendwie anders drauf sind, wie wir vielleicht sagen würden, daß sie diese spießigen Allüren anderer Erwachsener nicht haben. Von unseren Eltern bekamen wir nicht zu hören «Aus dir soll mal was werden!» und auch nicht «Was sollen denn die Nachbarn von uns denken?».[3] Jedenfalls nicht so oft, wie sie es von ihren Eltern zu hören bekamen.

Zum anderen interessierte mich am Thema eine gesellschaftliche Modeerscheinung, die seit einigen Jahren immer wieder zum Vorschein kommt: Das Meckern über das Laissez-faire, das einfache «Machenlassen», das die 68er aus Überzeugung mit ihren Kindern betrieben hätten. Der Tenor der Kritik lautet: Der Mangel an Werteerziehung sei ein wesentlicher Faktor für die jetzt immer häufiger auftretende Jugendgewalt, zumindest aber für die resignative und verantwortungslose Haltung vieler Jugendlicher. Es heißt: Die antiautoritäre Erziehung ist schuld! Die Konsequenz dieser Kritik geht in die Richtung, wieder eine strenge und autoritäre (im üblichen Jargon: «konsequente» oder «mutige») Moralerziehung einzufordern. Eine Tendenz, die einem, der für die Gleichberechtigung der Generationen eintritt, nicht gefallen kann.

Es ist heutzutage sicher schwieriger als vor dreißig Jahren, sich ein Bild davon zu machen, wie Eltern-Kind-Beziehungen in der Praxis aussehen. Während sich die Erziehungsideale vor der 68er-Revolte in den meisten Familien glichen, kann davon heute keine Rede mehr sein. Es gibt keinen allgemeingültigen Konsens mehr, wie Kinder erzogen werden sollten. Die antiautoritäre Erziehung hat sich scheinbar als eine Variante der Erziehung etabliert. Es bleibt aller-

3 Einem Bericht des Rolling Stone entnehme ich die folgende Schilderung: «Die Erziehungsideale der 60er Jahre lassen sich in zwei Lehrsätze zusammenfassen: In gutbürgerlichen Haushalten soll aus dem Kind ‹mal was werden›, in den Arbeiterhaushalten ‹mal was besseres werden›. Sobald mit den Kindern etwas in die Hose geht, lautet die analoge Behauptung beider: ‹Aus dir wird nie etwas›, doch über allem steht die Frage: ‹Was sollen die Nachbarn von uns denken?›», Ebermann/Trampert 1997 (8), Seite 40.

dings unklar, ob es je Eltern gegeben hat, die ihr Kind tatsächlich konsequent antiautoritär erzogen haben. Ich kenne solche Eltern und Kinder nicht. Einem gelegentlich antiautoritären Erziehungsstil begegnet man hingegen schon öfter.

Viele Erwachsene glauben heute, daß die Idee von einem freieren Umgang mit Kindern «leider» gescheitert sei.[4] Der Versuch, Kinder ohne Verbote und Strafen aufwachsen zu lassen, habe desorientierte oder sogar egoistische, unsoziale Menschen hervorgebracht, die mit ihrem Leben nicht klarkommen. Und vor allem in der Praxis des Zusammenlebens von Eltern und Kindern habe sich gezeigt, daß man ohne erzieherische Autorität nicht auskommen könne.

Ich bin der Meinung, hier einen Denkfehler entdeckt zu haben: Eine Hauptthese meines Beitrages ist, daß die antiautoritäre Erziehung nicht wegen des antiautoritären Verhaltens gegenüber Kindern gescheitert ist, sondern wegen des Aufrechterhaltens der Idee, daß man Kinder weiterhin erziehen müsse. So kenne ich einige Familien, in denen Eltern und Kinder von vornherein gleichberechtigt zusammengelebt haben. Das bedeutet, daß die Eltern grundsätzlich keinen Erziehungsanspruch hatten, weder einen autoritären noch einen antiautoritären. Kinder, deren Eltern antiautoritäre Erziehung praktizieren wollten, schimpfen im Nachhinein oft, sie hätten sich etwas mehr Orientierung und Autorität in der Kindheit gewünscht. Im Gegensatz dazu berichten alle gleichberechtigt aufgewachsenen Kinder, daß sie Gleichberechtigung als die beste Umgangsform ansehen und es für sie gar nicht in Frage käme, ihre eigenen Kindern zu erziehen.[5]

Es geht mir in diesem Text um den Gedanken, den Ekkehard von Braunmühl in seinem Buch «Antipädagogik» folgendermaßen auf den Punkt gebracht hat:

---

4 Beispiele aus aktueller Erziehungsliteratur können hier en masse angeführt werden, für diesen Zweck reicht ein Zitat der Psychotherapeutin Eva Zeltner. In ihrem Buch schreibt sie über diejenigen Eltern, die es mit «progressiveren» Erziehungsmethoden ausprobiert haben: «Ihr Ideal einer straf- und aggressionsfreien Pädagogik auf kameradschaftlicher Basis erweist sich infolge der menschlichen Natur, der kindlichen wie der erwachsenen, leider als Illusion.» Zeltner 1993 (28), Seite 46.

«Der Anspruch, andere Menschen zu verbessern, zu ändern, kann durch keinen Trick der Welt mit den Ideen von Toleranz, Respekt, Vertrauen, in Übereinstimmung gebracht werden. Von Demokratie gar nicht zu reden.» [6]

Diese Kritik richtet sich gegen traditionelle oder autoritäre Erziehung genauso wie gegen jeden anderen Versuch, Menschen zu erziehen – also auch gegen antiautoritäre Erziehung. Anfangs sollte dieser Beitrag «Ein Plädoyer gegen antiautoritäre Erziehung» heißen. Ich wurde mir dann aber der Dreistigkeit dieses Titels bewußt, hört es sich doch so an, als würde ich auf den Zug derer aufspringen, die aufgrund des Scheiterns alternativer Erziehung wieder eine konsequentere Erziehung fordern. Ich werde hier aber grundsätzlich gegen Erziehung argumentieren und einen anderen Vorschlag machen, der antiautoritäre, traditionelle und jede irgendwo dazwischenliegende Erziehung gleichermaßen ablehnt und ein Zusammenleben von Eltern und Kindern auf der Basis von Gleichberechtigung und Generationengerechtigkeit möglich macht.

Die 68er haben sicherlich viel für menschenfreundlichere Beziehungen zwischen Eltern und Kindern getan. Auch wenn heute davon gesprochen wird, daß die antiautoritäre Erziehung gescheitert sei, so finden sich doch viele der damaligen Ideen überall wieder und sind praktisch übernommen worden. Antiautoritäre Erziehung ist also nicht als Ganzes gescheitert. Die Idee der antiautoritären Erziehung ist aber in sich widersprüchlich. Als eine Folge davon bestehen viele heutige Eltern-Kind-Beziehungen aus einem Durcheinander an partnerschaftlicher Haltung, subtilen Erziehungsversuchen und offensichtlichen Machtkämpfen, bei dem sich weder Kinder noch El-

---

5 Annette Böhm und Ekkehard von Braunmühl haben vierzehn gleichberechtigt aufgewachsene Kinder in Interviews befragt und resümieren: «Die jungen Leute erklärten übereinstimmend, daß sie mit der ‹Beziehungsform Gleichberechtigung› ... hundertprozentig zufrieden waren und sind. Sie alle sind vollkommen davon überzeugt, daß dies nicht nur eine gute und zufriedenstellende, sondern die einzig richtige Basis für das Verhältnis zwischen den Generationen ist ... Sie erklären ausnahmslos und ohne Einschränkung, daß sie selbst, falls sie Eltern werden, mit ihren Kindern von Anfang an ebenfalls gleichberechtigt leben wollen...», Böhm und von Braunmühl 1994 (2), Seite 19f.

6 Von Braunmühl 1975 (4), Seite 80

tern wohlfühlen. Wie in so vielen Bereichen hatten die 68er ganz andere Vorstellungen, wie sie mit Kindern umgehen wollten als sie es dann tatsächlich taten und tun. Der Grund für dieses Scheitern liegt nicht darin, daß die 68er ihre Ideale verraten haben. Es war auch nicht die plötzliche Einsichtsfähigkeit in die Tatsache, daß man ohne Verbote und Strafen mit Kindern nicht umgehen kann, die das Projekt scheitern ließ. Es war der Widerspruch zwischen antiautoritärem und gleichzeitig erzieherischem Verhalten, ein gedankliches Mißverständnis, das bis heute in der Öffentlichkeit nicht richtig aufgeklärt worden ist.

Das Scheitern antiautoritärer Erziehung hatte nicht zur Folge, daß die 68er-Eltern zu der autoritären Erziehung zurückgegangen sind, die sie selbst noch in ihrem Elternhaus aushalten mußten. Die meisten 68er-Eltern haben eine sehr inkonsequente erzieherische Einstellung. Es besteht zwar der feste Glaube, daß man Kinder erziehen muß, daß antiautoritäre Erziehung ein gescheitertes Projekt ist und daß wir wieder pädagogische Grenzen brauchen. Aber wie erzogen werden soll, weiß keiner genau. Oft geht es ungewollt: mal so, mal so. Das kritisieren wiederum die Konservativen, die nicht davor zurückschrecken, immer wieder zu behaupten: Konsequenz ist das Wichtigste in der Erziehung – auch wenn diese Konsequenz Gewalt bedeutet.

Ich bin nach einigem Nachforschen, -lesen und -denken inzwischen der Meinung, daß *jede Art von Erziehung* nicht nur überflüssig und ineffektiv, sondern auch intolerant und undemokratisch ist. Korrekterweise heißt dieser Beitrag jetzt also «Ein Plädoyer gegen antiautoritäre und jede andere Erziehung». Es gibt nämlich ein fatales Mißverständnis, dem ich gerade mit diesem Beitrag entgegentreten möchte: Viele Menschen glauben tatsächlich, es sei gar nicht möglich, nicht zu erziehen. Deswegen setzen sie «Antipädagogik» mit «antiautoritärer Erziehung» gleich. Für sie ist Antipädagogik eine Alternativpädagogik. Als ob man einen Antifaschisten als Alternativfaschisten bezeichnen würde![7]

---

7 Mit diesem Vergleich soll nicht auf Parallelen zwischen Faschismus und Pädagogik hingewiesen werden, es geht lediglich um die Gegensätzlichkeit der beiden Vorsilben «alternativ-» und «anti-».

Es ist – um Mißverständnissen vorzubeugen – sicherlich sinnvoll, den Begriff der Erziehung erstmal zu klären.

Was ist Erziehung?

> «Erziehung: Erzwungene Einweisung des zu Erziehenden in die falsche, aber vom Erzieher gewollte Richtung. Ein gesundes und starkes Naturell geht unaufhaltsam in die entgegengesetzte Richtung. Die ist dann auch falsch.
>
> Sollte der Erziehende den zu Erziehenden gütig und klug einmal in die richtige Richtung zu lenken versuchen, erreicht er damit, daß der zu Erziehende mit Sicherheit die entgegengesetzte Richtung einschlagen wird. Diese ist dann folgerichtig auch wieder falsch.» (Janosch: «Wörterbuch der Lebenskunst»)[8]

Auch wenn es einige Komplikationen ergeben kann, finde ich es wichtig, Erziehung zu definieren, bevor es in diesem Beitrag vornehmlich um Erziehung gehen soll. Ein Blick in das Bertelsmann Lexikon verrät:

> «Erziehung, planmäßige Tätigkeit zur Formung junger Menschen ...»

Und da damit sicherlich nicht die Formung der Körper gemeint ist, wird ein Erziehungswissenschaftler konkretisieren. Dilthey definiert Erziehung in dem Text «Was ist Pädagogik?» folgendermaßen:

> «Unter Erziehung verstehen wir die planmäßige Tätigkeit, durch welche die Erwachsenen das Seelenleben von Heranwachsenden bilden».[9]

Wichtig sind hier vor allem zwei Dinge:

---

8 Janosch 1995 (19), Seite 28f.

9 W. Dilthey: *Was ist Pädagogik?* Zitiert nach Hinte: «Antipädagogik – Kontakte ohne List», in: Hinte 1995 (18), Seite 19

1. Erziehung ist «planmäßig». Das heißt, sie ist gezielte, absichtliche (intentionale) Beeinflussung. Unsinnig ist die Gegenbehauptung, Erziehung finde immer statt, z.B. durch Fernsehen, gleichaltrige Cliquen oder andere Freizeitveranstaltungen. Hier wird Erziehung einfach mit Beeinflussung verwechselt. Beeinflussung ist tatsächlich ein immer stattfindender – also auch unabsichtlicher – Prozeß. Wenn Erziehung auch unabsichtlich stattfinden würde, z.B. unter Freunden und Gleichberechtigten, dann wäre das Wort «Erziehung» einfach überflüssig. Erziehung bedeutet, daß der Erzieher dem Zögling ein Ziel setzt, zu dem der Zögling gelangen (notfalls «gezogen» werden) soll. Das ist Machtausübung von oben nach unten: Es gibt immer ein Subjekt und ein Objekt der Erziehung – einen Erzieher und einen Zögling.

2. Erziehung ist absichtliche Beeinflussung des «Seelenlebens». Erziehung richtet sich also (im Gegensatz zum Begriff «Lernen») hauptsächlich nicht an den Verstand des Menschen, sondern sie soll seinen Charakter formen, seinen Willen, sein Gefühl, seine Psyche. Schließlich können zwei Menschen eine sachliche verstandesmäßige Diskussion führen, in der beide beabsichtigt beeinflussen, weil sie beide wollen, daß der Andere seine Position versteht und die eigene nochmals überdenkt. Diese absichtliche Beeinflussung des Verstandes findet man oft in Diskussionen – sie hat aber nichts mit Erziehung zu tun. Nur wenn einer den anderen plötzlich zum Guten und Richtigen bekehren will, wenn der Andere sich ändern (und nicht seine Meinung überdenken) soll, wenn Ideen «in die Herzen der Kinder gepflanzt» werden sollen (wie es sich Frau Dutschke im Eingangszitat wünscht), dann kann man von Erziehung sprechen.

Erziehung bedeutet für den Zögling meistens auch Zwang, weil das Kind etwas tun oder werden soll, selbst wenn es das nicht will. Oftmals wird es mit Verführung oder mit körperlicher und vor allem psychischer Gewalt dazu gebracht. Erziehung bedeutet auch dann Zwang für den Zögling, wenn alles freiwillig und fröhlich zu sein scheint, weil das Kind im Hintergrund genau die Drohung kennt, was passiert, wenn es nicht mitmacht. Im Grunde genommen heißt

Erziehung, das Kind in seinem So-Sein nicht zu akzeptieren, zu respektieren oder zu tolerieren, sondern es ändern (oder «verbessern») zu wollen.

Menschen, die die erziehungsideologische Brille noch aufhaben, können meist mit dieser Kritik nichts anfangen. Ihnen gefallen die Wörter «So-Sein des Kindes» oder «Willen des Kindes» nicht. Sie sagen, Kinder hätten noch gar keinen Willen, den man ändern könne. Die Persönlichkeit eines Menschen müsse sich erst mit dem Alter herausbilden, von einem «So-Sein» könne man deswegen gar nicht sprechen. Sie behaupten, wie Kant, daß der Mensch erst durch die Erziehung zum Menschen werde.

Das ist kein Wunder, denn nach der Erziehungsideologie darf man die Subjekthaftigkeit des Erziehungsobjekts nicht anerkennen. In diesem Punkt sind aber immer mehr Erzieher bereit, ihre Brille kurzzeitig abzusetzen, zu offensichtlich ist der Gegenbeweis: Die einfache Tatsache, daß der Mensch als Individuum (Subjekt) geboren wird, wird heutzutage nur noch selten geleugnet. Menschen werden deswegen nicht als «fertige Persönlichkeiten» mit vorhandener Meinung geboren, sondern entwickeln sich weiter. Sie können ihren Willen nicht so äußern, wie sie es als Erwachsene tun, aber trotzdem haben sie einen Willen: Säuglinge schreien, wenn ihnen etwas nicht paßt.

Aus all dem ergibt sich, daß Erziehung ein intoleranter und vor allem undemokratischer Vorgang ist. Zur Demokratie gehören unweigerlich auch die Grundrechte auf Selbst- und Mitbestimmung. Diese Grundrechte werden durch Erziehung außer Kraft gesetzt. Dies versucht die Erziehungswissenschaft mit allen Mitteln zu verbergen,[10] deshalb ist antipädagogische Aufklärung notwendig.

Bemerkung zum Gebrauch des Wortes «Erziehung»: Definitionen mißt man meistens nicht daran, ob sie «richtig» oder «falsch» sind, sondern ob sie sinnvoll oder wenig sinnvoll sind. Ich halte die oben genannte Definition für sinnvoll, aber es geht hier nicht darum, das Wort Erziehung zu bekämpfen, sondern gewisse Ideologien und Umgangsformen.

---

10 Siehe auch Kiesewetter 1997 (20), Seite 20f.

Trotzdem können Wörter gefährlich sein, weil sie unser Bewußtsein beeinflussen. So sind viele Menschen der Meinung, das Wort Erziehung sei heute ganz anders besetzt, z.B. schlicht als «Umgang mit Kindern». Es mag zwar sein, daß Erziehung heute nicht mehr so wie früher impliziert, daß der Mensch erst durch Erziehung zum Menschen wird. Trotzdem steckt eine gewisse Machbarkeitsvorstellung dahinter, wenn Eltern behaupten, sie hätten ihre Kinder «großgezogen», obwohl sie doch in Wirklichkeit ganz allein gewachsen sind. Genauso spricht man davon, daß Kinder «gestillt werden», obwohl die Säuglingsforschung längst bewiesen hat, daß die Babys in Wirklichkeit aktiv saugen. «Falsche Sprache macht falsches Denken», sagt der Sprachwissenschaftler Wolfgang Schenk in einem Interview der *Frankfurter Rundschau*:

> «Die meisten Aussagen machen wir unbewußt. Wir bedienen uns der Sprachmuster, die uns eingeübt wurden. Unsere Sprache ist ja nie die eines einzelnen, sondern die unserer Sprachgemeinschaft und damit die unserer Vergangenheit. Redensarten haben uns dabei ganz bestimmte Werturteile eingeprägt – und leider nicht immer die besten.» [11]

Immer wenn von Erziehung die Rede ist, schließt das ein Erziehungssubjekt ein, das über dem Erziehungsobjekt steht. Wer dies nicht will, der sollte – so wie viele inzwischen auf den verharmlosenden (oder sogar beschönigenden) Begriff der «Reichskristallnacht» verzichten – auch auf den Begriff der Erziehung verzichten.

Zu allem kommt, daß das Wort Erziehung auch ganz konkret und praktisch Gewalttaten verschleiert. Jugendrichter begründen beispielsweise das Einsperren von Jugendlichen in Gefängnissen damit, es diene der Erziehung und sei nicht als Strafe gemeint. Vor kurzem konnte man folgende *dpa*-Meldung in der Zeitung lesen:

> «Wegen Streitereien im Auto hat ein Ehepaar aus dem Landkreis Augsburg seine beiden zwölf und neun Jahre alten Söhne an einer Tankstelle ausgesetzt. Der Vater sagte später der Polizei, es habe sich um ‹eine erzieherische Maßnahme› gehandelt ...» [12]

11 Schenk in einem Interview von Fehlinger 1988 (9)

Dies ist nur ein extremes Einzelbeispiel, aber rechtlich dürfen im Namen von Erziehung Grundrechte wie z.B. die körperliche Unversehrtheit von Kindern eingeschränkt werden (»elterliches Züchtigungsrecht»), wenn sie «im Rahmen des durch den Erziehungszweck gebotenen Maßes» bleiben. Experten gehen davon aus, daß in Deutschland jedes Jahr 1000 Kinder von ihren Eltern totgeschlagen werden.[13] Zwar ist dies gesetzlich natürlich nicht erlaubt, diese Eltern haben aber den Erziehungsanspruch, der weiterhin grundsätzlich anerkannt wird, nur übertrieben. Die Autoren des Buches «Gleichberechtigung im Kinderzimmer» Annette Böhm und Ekkehard von Braunmühl sagen in ihrem Kapitel «Die Saat der Gewalt – ‹Erziehung› ist nicht nur ein Wort», man könne deshalb von jährlich 1000 toterzogenen Kindern in Deutschland sprechen:

> «Was unter Erwachsenen zweifelsfrei als Vergewaltigung, Erpressung, Folter oder auch Gehirnwäsche gelten würde, kann gegenüber Kindern unter dem Deckmantel des Begriffs ‹Erziehung› als Wohltat ausgegeben werden. Über Jahrhunderte ist es den Machtmenschen gelungen, die absurdesten Verhaltensweisen und Maßnahmen unter ganz normalen Eltern zu verbreiten, indem sie den hochabstrakten Begriff ‹Erziehung› als Symbol für alles etablierten, ‹was für Kinder gut› ist. Alles, was ‹der Erziehung dient›, gilt definitionsgemäß nicht als selbstsüchtig, egoistisch, womöglich kinderfeindlich, sondern als fremdnützig, notwendig, oft sogar als schwere Last und moralische Pflicht. Wenn sich herausstellt, daß gerade die ‹wohlerzogensten› Menschen – wie etwa in Deutschland unter Hitler – zu den unglaublichsten Verbrechen fähig und bereit sind, wird dies nicht der Erziehung als solcher angelastet, also der Tatsache, daß Erwachsene sich zu ‹Erziehern› aufwerten und Kinder zu ‹Zöglingen› degradieren, sondern die Ursache wird in ‹falscher› Erziehung gesehen, beispielsweise in der ‹autoritären› Erziehung, so daß dann als Abhilfe logischerweise eine ‹antiautoritäre› Erziehung propagiert wird.»[14]

12 *Frankfurter Rundschau*, 9.7.1997, Nr. 156
13 So ein Dossier in der *Zeit*, 10.12.93

Heute wird der gleiche Fehler gemacht: Heute ist die «falsche Erziehung» bloß inzwischen die «antiautoritäre», weshalb wir logischerweise wieder eine autoritärere Erziehung brauchen. Und so drehen wir uns im Kreis, alle erziehen angeblich falsch und nur sehr wenigen fällt auf, daß der erzieherische Ansatz grundsätzlich falsch ist. Es muß tatsächlich eine Art Magie aus dem Wort Erziehung hervorgehen, die verschleiert, worum es eigentlich geht, «nämlich um Macht, Herrschaft, Unterwerfung, Gehorsam.»[15]

Angesichts dieser Tatsachen halte ich es für sinnvoll, sich von dem Erziehungsbegriff an sich zu trennen. Schon deshalb, weil es gute begriffliche Alternativen gibt. Ein kürzlich erschienenes Buch über das Zusammenleben von Menschen mit und ohne geistiger Behinderung heißt «Vom Betreuer zum Begleiter – Eine Neuorientierung unter dem Paradigma der Selbstbestimmung».[16] In der Einleitung wird Meyers Enzyklopädisches Lexikon zitiert, das den Begriff Begleitung folgendermaßen definiert:

> «Begleitung (Akkompagnement, frz. accompagnement) in der Musik das unterstützende und harmonisch ergänzende Mitgehen eines Tasteninstrumentes oder einer Instrumentalgruppe mit einer solistischen Vokal- und Instrumentalstimme. Das mit dem Aufkommen der Monodie um 1600 verbundene Hervortreten einer melodietragenden Einzelstimme machte eine rangmäßig nachgeordnete B. notwendig ...»

Dazu schreiben die Autoren:

> «Hier finden wir uns wieder: Aus dem Objekt der Pädagogik ist das Subjekt ‹melodietragende Einzelstimme› geworden, welches Unterstützung erhält in Form von ‹rangmäßig nachgeordneter Begleitung›.» [17]

Genauso könnte man zur Eltern-Kind-Beziehung formulieren: «Vom Erzieher zum Begleiter – Eine Neuorientierung unter dem Pa-

14 Böhm und von Braunmühl 1994 (2), Seite 88
15 Ebd., Seite 85
16 Hähner, Niehoff, Sack und Walther 1997 (15)
17 Hähner, Niehoff, Sack und Walther 1997 (15), Seite 9

radigma der Selbstbestimmung». Dies als Angebot für diejenigen, die den Begriff Erziehung noch deshalb verwenden, weil ihnen keine Alternative bewußt war.

Was hier für den Begriff der Erziehung geltend gemacht wurde, gilt ebenso für den Begriff der Pädagogik. Laut Lexikon ist Pädagogik die «Lehre von der Erziehung, auch die Erziehung selbst»,[18] die Begriffe sind also nahezu gleichzusetzen. Auch der Wortstamm von «Pädagogik» läßt nichts Gutes vermuten: Wörtlich übersetzt wäre Pädagogik die Führung der Gedanken von Knaben.[19] Wenn diese Manipulation («Gedankenführung») nicht nur auf Knaben (also im heutigen Sinne Kinder) beschränkt ist, sondern für das gesamte Volk gemeint ist, dann heißt Pädagogik plötzlich Demagogik und klingt in unseren Ohren gar nicht mehr so freundlich. Konsequenterweise müßte man aber jede «-agogik» gleich abwertend aussprechen, egal ob sie nur den Kindern («päd-») oder dem ganzen Volk («dem-») gilt.

Jedenfalls wird in diesem Aufsatz zwischen erzieherischer und pädagogischer Einstellung nicht unterschieden.

Pädagogik, Reformpädagogik und Antipädagogik

Ich habe in der obigen Definition von Erziehung absichtlich keinerlei Rücksicht auf den Unterschied zwischen antiautoritärer und traditioneller Erziehung genommen. In diesem Teil wird es um drei konkrete Aspekte von Pädagogik gehen und eben darum, wie damit antiautoritär oder autoritär erzieherisch umgegangen wurde (und wird) und wie man damit umgehen kann, wenn man die Wahnidee aufgibt, andere Menschen zu erziehen.

1. Grenzen für Kinder

«Kinder brauchen Grenzen» hieß eine – wenn nicht sogar die entscheidende – Losung der Pädagogik in den 90er Jahren. Sie war na-

18 Siehe auch Bertelsmann Lexikon.

19 Gerhard Kern: «Entwicklung einer Antipädagogik», in: Grüneklee und Kern ohne Jahresangabe (13), Seite 11

türlich auch als Reaktion auf die 68er-Zeit zu verstehen, in der es hieß, daß sich Kinder dann am besten entwickeln könnten, wenn man ihnen gar keine Grenzen setzt. Die Losung ist aber auch typisch für eine Zeit nach der Revolte und dem Wertewandel um 1968. Davor wäre es nicht vordergründig darum gegangen, ob Kinder Grenzen brauchen, sondern vielmehr darum, ob die Gesellschaft Menschen gebrauchen könne, denen als Kinder keine Grenzen aufgezwungen wurden.

Nun wird diese pädagogische Debatte um Grenzsetzungen (ein Euphemismus übrigens für «Verbote», es hört sich nur schöner an) auf einem sehr platten und undifferenziertem Niveau geführt. Es gibt nämlich durchaus solche und solche Grenzen oder besser: Arten von Grenzen. Damit soll das Mißverständnis vermieden werden, Grenzen unterschieden sich nur quantitativ von anderen Grenzen (»Um elf bist du zu Hause» oder «Um eins bist du zu Hause»). Meine Unterscheidung ist qualitativ: Es gibt aggressive und defensive Grenzen. Es gibt Grenzen, die man (aggressiv) anderen setzt, und es gibt eben Grenzen, die man (defensiv) zu seinem eigenen Schutz zieht. Zur letzteren Grenzsetzung gehört der Satz: «Sei bitte leise, wenn du spät nach Hause kommst, damit du mich nicht aufweckst.» Oder auch: «Laß mich alleine / Gehe bitte aus meinem Zimmer.» Diese Grenzsetzungen gehören zum einfachen Notwehrrecht jedes Menschen, sie sind damit demokratisch legitimiert: Jeder Mensch hat das Recht, sich in der Not zur Wehr zu setzen. Niemand hat jedoch das demokratisch legitimierte Recht, anderen Menschen aggressive Grenzen zu setzen.

Nun sind interessanterweise alle pädagogischen Grenzen gleichzeitig aggressive Grenzen, denn keine pädagogische Grenze wird mit dem Notwehrrecht begründet. Ganz im Gegenteil sind solche Grenzen dazu da, andere Menschen «vor sich selbst zu schützen», sie zu ihrem eigenen Glück zu zwingen. Der Grenzsetzer tut in diesem Fall so, als wüßte er besser über des anderen Menschen Glück Bescheid. Konsequenterweise wird er seine Macht dazu benutzen, seine Meinung gerade gegen den Willen derjenigen Person, für deren Glück er kämpft, durchzusetzen. Dieser Vorgang, bei dem Kinder wunderbar lernen können, wie gut sich Gewalt als Mittel zur Durchsetzung von

Interessen eignet, ist fast überall dort Realität, wo Menschen in der Annahme leben, sie müßten andere Menschen erziehen.

Die Frage, mit der sich ein pädagogisch eingestellter Mensch befaßt, lautet: Wie muß ich auf das Kind einwirken, daß es so wird, wie ich es mir vorstelle? Es gibt also Erziehungsziele und Erziehungsmittel, die erheblich voneinander abweichen. Im Zuge des Wertewandels Ende der 60er Jahre änderte sich das Erziehungsziel, es wurde geradezu in sein Gegenteil umgekehrt. Hieß es zuvor noch, Kinder müßten brav, angepaßt und gehorsam werden, so sprach man nun von der «Erziehung zum kritischen Denken»; Ziel war der «mündige Bürger», der selbstbestimmt, unverklemmt und solidarisch sein sollte. Im Zuge dieser Veränderung sollte es auch nicht bei den herkömmlichen Erziehungsmitteln bleiben. Wurden Kinder zuvor fast automatisch belohnt, wenn sie sich wie gewünscht verhielten und bestraft wenn nicht, so wurde jetzt in den Familien der Intellektuellen aus (reform-)pädagogischen Gründen zunehmend auf das Prinzip Belohnung/ Bestrafung verzichtet.

Grundsätzlich veränderte sich gar nichts. Weiterhin war Erziehung qualitativ durch ein oben-unten-Denken gekennzeichnet: Die Erzieher setzten ihren Zöglingen (jetzt: antiautoritäre) Ziele, zu denen sie mit (jetzt: antiautoritären) Erziehungsmitteln hin «gezogen» wurden. Erziehung bleibt aber Erziehung.

Im Hinblick auf die Grenzen bedeutete das folgendes: Da es nicht vordergründig darum ging, mit Kindern gleichberechtigte Beziehungen (mit demokratischen Regeln) zu führen, sondern darum, die genannten (neuen) Ziele an den Kindern zu verwirklichen, verzichtete man nicht nur auf die pädagogischen Grenzen, sondern auch auf die Notwehrgrenzen. Damit die Kinder so würden, wie sie werden sollten, galt das Erziehungsprinzip der Grenzenlosigkeit. Dies war der Fehler.

Sobald nämlich dieses Prinzip scheiterte, griff man wieder auf die pädagogischen Grenzen zurück. Die Alternative, Kinder als gleichwertige Mitmenschen zu akzeptieren, bei denen man nur dann Grenzen setzt, wenn man sich selbst eingeschränkt fühlt und von denen man sich gleichermaßen Grenzen setzen läßt, wurde nicht gesehen. Statt dessen wunderte man sich darüber, daß so viele «antiautorität» aufgewachsene Kinder Schwierigkeiten damit bekamen, Schutzgrenzen von anderen Menschen zu akzeptieren.

2. *Der Teufelskreis der Erziehung*

Spätestens mit Alice Millers Erkenntnissen um 1980, besonders mit ihrem Buch «Am Anfang war Erziehung», gibt es eine sehr überzeugende psychologische Analyse, die aufzeigt, daß es sich bei Erziehung um eine Art Teufelskreis handelt (auch wenn man mit dem Begriff des «Wiederholungszwangs» nach der Kritik, die die Psychoanalyse inzwischen erfahren hat, heute wahrscheinlich vorsichtiger wäre). Auf eine allgemeine Formel gebracht, bedeuten ihre Erkenntnisse: Die Kinder müssen die Gemeinheiten ihrer Eltern so lange ertragen, bis sie sie mit ihren eigenen Kindern wiederholen. Dies geschieht laut Miller, weil die Kinder diese Gemeinheiten von denen erfahren, die sie am meisten lieben und von denen sie abhängig sind. Daß Kindern beispielsweise durchweg eingeredet wird, die Strafe Liebesentzug würde nur aus Liebe zum Kind eingesetzt, hat oft seelisches Durcheinander zur Folge. Die Kinder schieben in der Folge alle Schuld auf sich und sind der Meinung, es sei richtig gewesen, was die Eltern ihnen angetan hätten. Ein weiteres Buch von Miller heißt «Du darfst nicht merken». Damit war die unterschwellige Botschaft jedes Erziehungsaktes gemeint: Du darfst nicht merken, was deine Eltern dir eigentlich antun, du mußt es für richtig halten und es schließlich genauso tun, wenn du Kinder hast. Der allgemeine Glaube, daß man Kinder erziehen muß, pflanzt sich so durch die Anwendung von Erziehung von Generation zu Generation fort.

In den letzten Jahrzehnten gelingt es dem «Du darfst nicht merken» immer seltener, sich bedingungslos durchzusetzen. Es schlagen schließlich nicht alle geschlagenen Kinder ihre eigenen Kinder. Zumindest parallel dazu gibt es inzwischen ein «Ich will es einmal besser machen». Der genannte Teufelskreis ist glücklicherweise nicht unüberwindbar.

Und so war es eins der zentralen Ziele der 68er-Pädagogik, aus diesem Teufelskreis auszubrechen. Nun ist es aber ein gewaltiger Denkfehler zu glauben, mit dem «Ich will es einmal besser machen» sei schon alles getan. An den 68er-Eltern von heute kann man unschwer erkennen, daß es nicht gelungen ist, aus dem Teufelskreis auszubrechen. Vielmehr läßt sich das beobachten, was vorher auch schon der Fall war: Auch die 68er-Eltern wiederholen die Fehler, die schon ihre eigenen Eltern gemacht haben.

Dies gilt wiederum nur qualitativ: Sicherlich gibt es wenige 68er-Eltern, die ihre Kinder schlagen, obwohl viele von ihnen in ihrer Kindheit Schläge bekommen haben. Trotzdem stecken die allermeisten 68er in Denkmustern des Verbietens (und damit: Erlaubens), Bestrafens (und damit: Belohnens) drin. Und das ist kein Wunder.

Die 68er haben nicht erkannt, daß Pädagogik und Erziehung – besser vielleicht: pädagogischer und erzieherischer Umgang mit Kindern – nicht verbessert oder reformiert, sondern abgeschafft werden müssen. Es bedarf keiner Reformpädagogik, sondern einer Negation der Pädagogik. Die Argumentation einer solchen Negation war 1968 zwar schon in Vorbereitung, wurde aber erst 1975 veröffentlicht: Ekkehard von Braunmühls Studien zur Abschaffung der Erziehung, genannt: «Antipädagogik».

Mit der antiautoritären Erziehung hat man sich von den Voraussetzungen der Erziehung nicht verabschiedet. Wenn Rudi Dutschke beispielsweise sagte, «daß der moderne Mensch nicht zum richtigen Gebrauch der Macht erzogen wurde»,[20] so geht er grundsätzlich davon aus, daß man Menschen erziehen, formen, «verbessern» kann. Weiterhin setzt er voraus, daß es (moralisch) okay ist, sich Menschen so zurechtzuerziehen, wie man sie gerne haben möchte (z.B. so, daß sie von Macht «richtigen Gebrauch» machen). Dies ist eine ganz bestimmte Denkweise – nämlich die pädagogische oder erzieherische.

Die 68er-Pädagogen haben sich von dieser Denkweise nicht konsequent verabschiedet. Mittel und Ziele der Erziehung sollten sich ändern, das oben-unten-Denken aber, allein die Tatsache, daß es bei Erziehung immer ein Subjekt und ein Objekt der Erziehung geben muß (Erzieher und Zögling), blieb bestehen.

Nun ist die antiautoritäre Erziehung als alternative Umgangsform mit Kindern gescheitert. Dieses Projekt als Reform zu bezeich-

20 Dutschke 1996 (7), S. 31

nen, hat der Erziehungsideologie nur einen weiteren Bärendienst erwiesen. Eine Re-form bedeutet ja, etwas in eine andere Form zu bringen. Damit wird der Gegenstand der Reform nicht nur grundsätzlich akzeptiert, sondern auch gestützt: Er muß es immerhin wert sein, reformiert zu werden, muß also ursprünglich einen akzeptablen Sinn gehabt haben, der sich erst mit der Zeit in seiner Form als veraltet herausgestellt hat. Nun läßt sich schwerlich behaupten, Erziehung habe ursprünglich einen emanzipatorischen – oder anderen guten – Sinn gehabt: In Katharina Rutschkys Forschungen «Schwarze Pädagogik»[21] ist eindrucksvoll dokumentiert, welche menschenverachtenden Ursprünge Erziehung und Pädagogik haben. Durch eine ausführliche Quellenanalyse kommt Rutschky zu dem Ergebnis, daß Erziehung den Zweck hatte, Sadismus zu rationalisieren, daß sie als «totale Institution» gedacht war, daß die «Phantasien» von der «pädagogischen Produktion des Kindes» zur «pädagogischen Synthetisierung des Menschen» reichten. Von solchen Wurzeln sollte man sich trennen.

Weil dies nicht konsequent getan wurde, hatte das Scheitern antiautoritärer Erziehung zur Folge, daß viele 68er-Eltern wieder auf die traditionelle Erziehung zurückgegriffen haben. Axel Hacke bringt in seiner Satire «Der kleine Erziehungsberater» die Einstellung der meisten 68er-Eltern gut auf den Punkt: «Es gab Elterngenerationen, die wußten genau, worin Erziehung zu bestehen habe. Die hatten Konzepte – ich weiß bloß nicht, ob es die richtigen waren. Wir hingegen sind nicht autoritär. Wir sind auch nicht anti-autoritär. Wir wurschteln uns so durch.»[22]

3. *Machbarkeitswahn und Menschenverbesserei*

Zurück in die Gegenwart: Kommt die Gesellschaft mit irgend etwas nicht klar, müssen es nicht selten die Kinder ausbaden. Gibt es ein Problem, so haben die Experten schon eine neue Bindestrichpädagogik erfunden, die dem Abhilfe verschaffen soll. Die Menschen essen zu wenig Vitamine und bewegen sich zu wenig, schon kommt der

21 Rutschky 1976 (27)
22 Hacke (14)

Ruf nach Ernährungs- und Gesundheitserziehung. Die Leute halten sich immer seltener an die Vekehrsregeln, also brauchen wir Verkehrserziehung. AIDS? Kein Problem, es gibt ja Sexualerziehung. Nicht zu vergessen sind weiterhin Konsumerziehung, Friedenserziehung, Medienerziehung, Umwelterziehung – um nur einige dieser «Erziehungen» zu nennen, die in wenigen Jahren aus dem Boden gesprossen sind. Es werden zukunftsweisende Ziele proklamiert (Frieden, Umweltschutz, Gesundheit, etc.), die allesamt für sich sprechen. Anstatt nun konkrete politische Schritte zur Durchsetzung dieser Ziele zu unternehmen, sollen sie den Kindern durch Erziehung aufgedrängt werden. Erziehung gerät zum Ersatz für die eigentlich notwendige Politik.

Nicht nur, daß dies kontraproduktiv ist: Einen Allgemeinplatz darf man heute die Tatsache nennen, daß es mißtrauisch macht, wenn man Menschen auf Ziele zwangsverpflichten will, und daß ein solches Aufdrängen für diese Ziele höchst abträglich ist, gerade wenn sie wirklich für sich selbst sprechen. Abgesehen davon ist es zutiefst undemokratisch, andere Menschen mit pädagogischen Tricks zu manipulieren. In seinen extremen Variationen zeugt dies von der Vorstellung, daß man Menschen machen, zumindest aber von der Vorstellung, daß man sie verbessern kann. Und dies ist laut unserer freiheitlich-demokratischen Grundordnung nicht möglich, deren Prinzip die Gleichwertigkeit aller Menschen ist. Wenn alle Menschen gleichwertig sind, dann gibt es (objektiv) keine besseren Menschen, dann kann man Menschen auch nicht besser machen. Dies bedeutet natürlich nicht, daß es keine Menschen gibt, die manches besser wissen oder besser können als andere. Von der Gleichwertigkeit von Wissen hat (hier) niemand gesprochen.

Hartmut von Hentig, den ich zwar nicht generationsgemäß, aber doch als Protagonisten der «68er» nennen möchte, hat in einem Text zur Zurückweisung des Arguments «Die 68er sind schuld» zu unserem Thema folgendes zu sagen:

> «... Die Erfahrungen der 60er Jahre haben mich darin bestärkt und zugleich bedächtiger gemacht. Als Lehrer hatte ich vor allem

Erzieher zu sein, meinen Unterricht in den Dienst des Sokratischen Auftrags zu stellen: die Menschen ... besser zu machen.»[23]

Auch diese Grundprämisse der Erziehungsideologie: den Machbarkeitswahn oder die Menschenverbesserei, haben die 68er-Pädagogen übernommen. Und nicht nur dies: Sie sahen darin ihre Chance zu einer Veränderung der ganzen Gesellschaft. Viele sprachen von der «Erziehung des neuen Menschen».

Früher war der Sinn von Erziehung, eine den Machtmenschen zugute kommende, hierarchische Gesellschaftsstruktur den Menschen schon in der Kindheit einzubleuen. Ein zentrales Motiv der Jugendrevolte Ende der 60er Jahre war bekanntlich, daß sich die Deutschen nach dem Untergang des NS-Regimes mit ihrer Vergangenheit nicht richtig auseinandergesetzt hatten. Dies ist auch Thema des Hentig-Textes: «‹Nie wieder›, habe auch ich gesagt, als ich Lehrer wurde: Ziel einer Pädagogik nach 1945 müsse es sein, ein zweites 1933 zu verhindern.» Nun ist dieses Ziel aus heutiger Sicht ein sehr richtiges, hohes, ein wichtiges Ziel. Dies gilt für die meisten Ideen und Ziele der 68er, für die meisten Motive ihrer Handlungen. Es war aber sozusagen eine Übertreibung, dieses Ziel mit Erziehung erreichen zu wollen. Erziehung ist dann ein Akt des Mißtrauens, ein «Überfall» auf einen jungen Menschen, den man gleich «besser ... machen» (Hentig) will.

Die Alternative wäre einfach gewesen, junge Menschen ohne jeglichen Übereifer in einer antifaschistischen (demokratischen, friedlichen) Atmosphäre aufwachsen zu lassen, ihnen bei Bedarf zu helfen, Unterstützung anzubieten, sie zu begleiten. Aber alles unter dem Vorzeichen der Gleichberechtigung und nicht der Erziehung. Den Wert einer solchen Atmosphäre wäre den Kindern dann nicht aufgedrängt worden, sondern sie hätten ihn selbst erlebt.

---

23 Von Hentig 1993 (17), S. 104

> «Moral hingegen, verstanden als Ergebnis pädagogischer Intervention und Konstruktion, ist immer Zwangsmoral.»[24]
> Michael Dobstadt

> «Wir erziehen nicht zur Demokratie. Unsere Schule versucht, eine Demokratie zu sein.»[25]
> David Gribble,
> Sands School England

Gegen Ende dieses Beitrags möchte ich mich zu der anfangs erwähnten Debatte äußern, in der immer intensiver und öfter nach traditioneller Erziehung mit Autorität und Strenge gerufen wird. Diese Forderungen werden sowohl von denen erhoben, an denen der Wertewandel der hier behandelten Zeit anscheinend vorbei gegangen ist,[26] als auch von 68ern, die sich infolge des Scheiterns antiautoritärer Erziehung nun wieder zu den alten Werten der Autorität hingezogen fühlen.[27] Dabei ändern sich gar nicht die Werte, die in die Kinder hineinerzogen werden sollen, diese sind meistens weiterhin durchaus demokratisch. Nur die Art der Erziehung soll strenger werden. Wenn man aber erkannt hat, daß Erziehung der Demokratie widerspricht, verbietet sich «demokratische Werteerziehung» nicht nur von selbst, es bietet sich automatisch eine viel bessere Alternative an, die Gegenstand dieses Abschnitts sein wird.

Als ich in der zehnten Klasse meinen ersten «blauen Brief» bekam, war dieser vom Amt meines Stadtbezirkes mit einem Stempel versehen worden: «Schöneberg für Toleranz und gegen Gewalt». Das sind Werte, die die Ämter offiziell und vernünftigerweise für wichtig halten und deshalb im Namen der Bevölkerung für sie werben: Gewaltlosigkeit und Toleranz. Nach dem Lesen des Briefes war

24 Dobstadt 1997 (6), Seite 16
25 Zitiert in von Hentig 1993 (17), Seite 225
26 Ein – auch satirisch – interessantes Beispiel dafür ist Frech-Becker 1995 (11)
27 Z.B. die «Werteinitiative '93», die z.B. von Cohn-Bendit mitgetragen wurde, zitiert in Böhm und von Braunmühl 1994 (2), Seite 119ff.

ich um diese Werte, die ich selbst für extrem wichtig halte, sehr besorgt, denn ich hatte gerade etwas absolut Intolerantes und geradezu Brutales erfahren.

Das Auswendiglernen von Chemieformeln habe ich für mich noch nie für etwas Sinnvolles gehalten, und zumal mir das Begreifen chemischer Zusammenhänge ebenfalls nicht sehr nahe lag, vermied ich es ab dem zweiten Halbjahr der zehnten Klasse, den Chemieunterricht zu besuchen. Dafür hatte man mir eine Sechs eingetragen. Mein Desinteresse an Französisch lag u.a. auch daran, daß es mir bei Spanisch in die Quere kam, das ich nachmittags – weit weg von der Schule – lernte, weil mir eine Reise nach Nicaragua bevorstand. Resümee: Vier minus.

Die Schule hatte mir ihre Macht gezeigt. Die Noten dienten nicht der Information, sie waren Gewaltmittel. Die Schule machte mir deutlich: Wenn Du unser Spiel nicht mitspielst, werden wir Deine Schulzeit wohl noch um ein Jahr verlängern müssen ... ganz im Sinne der Toleranz und Gewaltlosigkeit.

Jeden Tag erleben Schüler, wie ihnen mit undemokratischen Mitteln (z.B. Gewalt, Noten, Zwang, Erziehung) demokratische Werte gepredigt werden. Das gleiche geschieht in den meisten Elternhäusern. Das ist nicht nur widersprüchlich, sondern es hat leider auch tragische Folgen für eben genau diese demokratischen Werte und für die Kinder.

Demokratie und Gleichberechtigung sind künstliche Erfindungen der Menschheit, damit es allen besser geht. Wir haben es also gut, daß unsere Vorfahren sich diese Dinge ausgedacht haben – auch wenn sie dafür eine Menge Zeit gebraucht haben. Wenn jemand eine gute Idee hatte, z.B. eine nützliche Erfindung gemacht hat, dann muß er sich darum kümmern, daß diese Erfindung nicht abgeguckt wird: Der Erfinder geht zum Patentamt. Menschen, die Gesellschaftssysteme «erfinden», gehen nicht zum Patentamt – ihr Ziel ist es gerade, daß alle diese Idee abgucken. Erfinder von ungerechten (oder hierarchischen) Gesellschaftssystemen, in denen beispielsweise ausgerechnet sie – die Erfinder – enorm bevorteilt sind, müssen dafür sorgen, daß die breite Masse zu dieser Idee überredet wird: Die Erfinder versuchen natürlich nicht, die Bevölkerung zu überzeugen, mit ihnen zu argumentieren. Denn sie wissen: Die Argumente sind nicht auf ihrer Seite. Keiner der Benachteiligten würde aufgrund der Logik und der besseren Argumente dem ungerechten Gesellschaftssystem zustimmen. Die hinterhältigen Erfinder zielen von vornherein gar nicht darauf ab, den Verstand der Menschen anzusprechen – sie wissen um die Unmöglichkeit ihrer Chancen. Sie zielen vielmehr auf die Seele der breiten Masse ab, sie sorgen dafür, daß die Menschen einfach nur glauben und nicht nachdenken. Genauso handeln auch Sekten: Ihre Lehren kann man nicht verstehen, man muß daran glauben.

Diejenigen Menschen, die aber nicht einfach glauben, die müssen bekehrt werden, sie müssen zum Besseren gebracht und gemacht werden, Unwillige müssen erzogen werden. Ihr Wille wird gebrochen oder überlistet, damit sie an eine Ideologie einfach glauben.

Nebenbei bemerkt sprechen Diktatoren nicht ausschließlich die Gefühle der Menschen an, sondern nur schwerpunktmäßig. Sollten sie tatsächlich den Verstand ganz weglassen, ginge ihre Strategie nur dann auf, wenn die Bevölkerung auch tatsächlich keinen Verstand hätte. Die Verstandesregungen werden in ungerechten Systemen meistens mit Lügen befriedigt. Also: Erste Wahl der Diktatoren sind die Gefühle des beherrschten Volkes. Es kommt aber wahrscheinlich niemand darum herum, auch zu argumentieren und mit schlau verpackten Lügen kritische Gedanken der Bevölkerung auszuschalten.

Menschen, die sich gerechtere Gesellschaftssysteme ausgedacht haben, in denen alle gleichberechtigt sind, in denen Toleranz eine wichtige Rolle spielt und Gewalt nur eingesetzt werden darf, wenn die Freiheit des anderen eingeschränkt wird, haben dieses Problem nicht. Sie sind sich sicher: Ihr System haben sie sich nicht ausgedacht, damit sie in der Hierarchie ganz vorne stehen. Sie sind zu der Erkenntnis gekommen, daß sie dann zufrieden sind, wenn die anderen auch zufrieden, wenn also alle Menschen gleichberechtigt sind. Dieses System schließt es nicht nur aus, es macht es sogar gänzlich überflüssig, andere dazu zu überreden, zu bekehren oder zu erziehen: Selbstverständlich sind sich die Erfinder dieses Systems einig, daß sie aufgrund der besseren Argumente handeln – und daß auch alle anderen davon überzeugt werden können, eben durch Argumentation, verstandes-mäßige Auseinandersetzung. Oder auch, weil sie die Vorzüge dieses Systems durch Erfahrung kennenlernen, weil mit ihnen gleichberechtigt / tolerant umgegangen wird.

Wenn nach langer Zeit die besseren Argumente gesiegt haben und das System der Gleichberechtigung durchgesetzt worden ist, dann haben die von der Idee Überzeugten Vertrauen – gerade gegenüber den jungen Menschen. Sie wissen: Es gibt keinen Grund für einen jungen Menschen, dieses System nicht anzunehmen, wenn es tatsächlich so gut ist. Und so sorgen die Menschen dafür, daß gerade jeder junge Mensch die Vorzüge dieses Systems genießen darf: Völlig klar, daß man die jungen Menschen so akzeptiert und toleriert, wie sie sind. Keine Frage, daß sie gleichberechtigt sind wie jeder andere auch.

Erziehen tun nur diejenigen, die kein Vertrauen darin haben, daß ihre Idee überzeugt. Jede Idee, alle «Werte und Normen», die den Kindern anerzogen werden sollen, werden von den Erziehern selbst mißtrauisch betrachtet. An einem Wert, der nur nach der Erziehung «überzeugt», muß irgend etwas falsch sein.

Das ist aber nur die eine Seite der Medaille. Es gibt viele Diktatoren, die selbst an ihre Lügen glauben. Und viele Erzieher sind von der Richtigkeit ihrer Werte überzeugt – nicht nur vorgeblich, sondern auch «tief drinnen». Wenn die – für richtig gehaltenen – Ideen nicht überzeugen, kommen die Betroffenen oft zu der Erkenntnis: Dann muß am Menschen etwas falsch sein! Erzieher mißtrauen also entweder ihren eigenen Werten oder sie sind der menschlichen Seele mißtrauisch gegenüber eingestellt, sie halten den Menschen für von Natur aus egoistisch (oder sogar böse).

Man kann also einfach feststellen, wann ein Wert es wert ist, von allen gelebt zu werden: Wenn der Erfinder oder Vermittler dieses Wertes nicht versucht, zu überreden, zu bekehren oder zu erziehen, sondern wenn seine Argumente überzeugen. Ganz problematisch wird es aber jetzt, wenn Menschen pädagogisch-paradox handeln, wenn sie tatsächlich versuchen, wertvolle Werte, demokratische Werte, anzuerziehen.

Ein Zitat aus der «Darstellung des pädagogischen Konzepts der Grundschule Bonfeld»,[28] das hier natürlich nur als Beispiel von vielen gelten kann:

Ziele ...

Erziehung zu:

Selbständigkeit	*Demokratie*	*Kritikfähigkeit*
Teamfähigkeit	*Aktiver Lernhaltung*	*Mündigkeit*
Selbstbestimmung	*Offenheit*	*Toleranz*
Mitmenschlichkeit	*Solidarität*	*Hilfsbereitschaft*

Alle «Werte», die in diesem Kasten stehen, halte ich für wichtig, für geradezu überzeugend. Es ist schwer zu verstehen, warum für diese Werte (hinter denen gewiß keine Bevorteilung der Erfinder steckt, und die ganz sicher zu einer friedlicheren Welt beitrügen, wenn sie gelebt würden) Erziehung angewendet werden soll. Und auf den ersten Blick scheint es sogar verwunderlich, warum diese überzeugenden Werte nicht längst schon überall verwirklicht sind.

Wenn die Erziehungsziele zum Beispiel Gehorsam und Unmündigkeit sind, dann ist erzieherisches Handeln durchaus angebracht. Und dann kommt wahrscheinlich auch das heraus, was gewünscht ist: Ein gehorsamer, unmündiger Mensch. Ist das Ziel jedoch ein demokratisches, widersprechen sich das Setzen des Ziels und der Inhalt des Ziels (siehe oben), dann klappt Erziehung nicht. Und es klappt ja auch nicht: Es wird von einem «Werteverfall» gesprochen, von intoleranten Jugendlichen, von Gewalttätigkeit und Hem-

28 Darstellung des pädagogischen Konzepts der Grundschule Bonfeld, Stand: November 1995, zu beziehen bei der Grundschule Bonfeld, Biberacherstr. 6, 74906 Bonfeld.

mungslosigkeit der Jugend ist die Rede. Die gefährliche Konsequenz der Erziehungswissenschaftler: noch mehr Werteerziehung! Der Erziehungswissenschaftler Flitner sagt:

> «Erlaubt ist die Fremdbestimmung, weil sie zur Freiheit führt.»[29]

An Flitners These sind zwei Dinge falsch: Erstens ist Fremdbestimmung nicht erlaubt – egal wohin sie führt. Genau das macht nämlich die Demokratie aus; daß jeder selbst darüber urteilen darf, was er als Glück oder Freiheit empfindet. Andersherum wäre jede Alleinherrschaft von Kaisern oder Kolonialherren legitimiert, denn die haben stets behauptet und vielleicht auch geglaubt, sie handelten im Interesse der Beherrschten (oder sogar im Interesse deren Freiheit).

Zweitens führt Fremdbestimmung eben gerade nicht zur Freiheit. Dazu müssen wir uns fragen: Was erleben die Jugendlichen, wenn sie zu x erzogen werden sollen? Sie erleben Erziehung. Das heißt exakt – sie erleben Fremdbestimmung, Intoleranz, Mißtrauen. Sie erleben nicht, daß sie so akzeptiert werden wie sie sind; sie erleben nicht Demokratie, sondern sie erleben genau das Gegenteil. Und das bedeutet wiederum, daß sie – genau wie eigentlich auch die Erzieher (die ebenfalls erzogen wurden) – kein Vertrauen in die Demokratie haben, weil sie sie nicht erleben durften. Erlebt haben sie eine Antidemokratie, in der sie den Status eines Objekts haben, eines Erziehungsobjekts, in der sie lernen müssen, was andere bestimmen und so fort.[30]

Durch Erziehung erreicht man nicht, daß Menschen demokratische Werte annehmen und wichtig finden. Falls es ein Erzogener trotzdem tut, so liegt es nicht an der Erziehung, sondern an den Erfahrungen, die der Mensch außerhalb der Erziehung gemacht hat. Durch Erziehung erreicht man eher das Gegenteil: Denn die Sympathie gegenüber Werten verringert sich schon dann beträchtlich, wenn man sie ständig gepredigt bekommt und jemand versucht, sie anzuerziehen. Kindern und Jugendlichen werden immer die Mittel

29 Flitner 1979 (10)
30 Zur Antidemokratie, die Kinder erleben, Hartwig-Hellstern 1997 (16) und Kiesewetter 1997 (21)

der Erziehung im Blut bleiben – und die können nun mal nicht demokratisch sein. Damit Erziehung funktioniert, muß also das Ziel den gleichen Inhalt haben wie das Mittel (es muß undemokratisch sein).

Wer demokratische Ziele hat, muß auch demokratische Mittel finden, sie durchzusetzen. Er muß sich von der Erziehung verabschieden.

Was wird die Erziehung in der Praxis ersetzen?

> «Wenn Sie Zahnschmerzen haben und gehen zum Zahnarzt, und der sagt Ihnen: ‹Sie haben ein Zahngeschwür› und sticht es Ihnen auf, und die Schmerzen sind dann fort, – sagen Sie dann auch unwillig zum Zahnarzt: ‹Und was geben Sie mir jetzt für mein aufgestochenes Zahngeschwür?› oder sind Sie nicht froh, daß Sie es los sind?»[31]
> Walther Borgius

Das, wofür ich hier sehr theoretisch argumentiert habe, ist nur dann von Nutzen, wenn es sich auch in der Praxis bewährt. Ich weiß, daß Begleitung oder Gleichberechtigung in der Familie funktioniert. Ich wurde selbst, nachdem ich als 13jähriger meine Mutter von Antipädagogik überzeugt hatte, nicht mehr erzogen.[32] Außerdem kenne ich einige andere Familien, die Gleichberechtigung zwischen Eltern und Kindern – auch ganz von Anfang an – verwirklichen. Damit kann ich aber nicht argumentieren, denn meine Erfahrung kann man entweder glauben oder nicht.

Auf der einen Seite möchte ich hier nicht nur eine begriffliche Alternative zu Erziehung anbieten (»Begleitung»), sondern natürlich auch eine inhaltliche. Auf der anderen Seite bringt dies bestimmte Schwierigkeiten mit sich: Eine Anleitung, wie man in Zukunft mit

31 Borgius 1930 (3), Seite 171
32 Siehe auch Kiesewetter 1997 (22)

Kindern umgehen sollte (so wie es die erzieherische Fachliteratur tut), kann ich natürlich nicht liefern, denn ich hätte Antipädagogik dann zu einer Alternativpädagogik gemacht. Antipädagogik existiert aber nur als Gegentheorie zur Erziehungsideologie. Sobald es Erziehung nicht mehr gibt (das Zahngeschwür aufgestochen ist), gibt es auch keine Antipädagogik mehr. Sie tritt nicht an die Stelle der alten Erziehung (wie es die Alternativpädagogik tut). Im Grunde genommen geht es schlicht und einfach darum, den erzieherischen Anspruch aufzugeben, um dann mit Kindern wieder ganz normal – wie mit anderen Menschen (zum Beispiel Freunden oder Gästen) – umgehen zu können (ohne sie erziehen zu wollen).

Dies ändert wiederum nichts an der Tatsache, daß Kinder sich in erhöhtem Maße in einem Entwicklungsstadium befinden. Daß Kinder offensichtlich schwächer als ihre Eltern sind, darf in Zukunft aber nicht mehr zur Folge haben, daß man ihnen Rechte (Selbst- und Mitbestimmung) vorenthält, sondern daß man ihre Rechte in besonderem Maße stärkt. Eltern haben also die Aufgabe, ihre Kinder zu unterstützen, ihnen Lernmöglichkeiten zur Verfügung zu stellen und für die bestmöglichen Umweltbedingungen zu sorgen.

Das erziehungsfreie Zusammenleben heißt nicht, daß es überhaupt keine Regeln gibt. Regeln werden bloß nicht einfach von den Eltern festgesetzt, sondern gemeinsam besprochen und bestimmt. In Konfliktfällen können Eltern und Kinder um sich herum (defensiv) Grenzen setzen.

Sicherlich werden diese Veränderungen in der Familie Auswirkungen darauf haben, wie mit Kindern auch in anderen Bereichen umgegangen wird. So wird sich Gleichberechtigung auch in der Institution Schule durchsetzen müssen. Außerdem wird sich die Gesellschaft insgesamt verändern, denn wie mit den Menschen ganz zu Anfang ihres Lebens umgegangen wird, hat Auswirkungen auch auf ihre Handlungen, wenn sie Erwachsene sind. Das primäre Ziel meiner Forderung ist aber nicht eine andere Gesellschaft, sondern ein faires und friedliches Miteinander in der Gegenwart. Dieses Miteinander wird zusätzlich zur Folge haben, daß auch die zukünftigen Erwachsenen konfliktfähiger, toleranter, fairer miteinander umgehen. Dies war jedenfalls eine der Schlußfolgerungen, die aus den ausführlichen Forschungen zur Geschichte der Kindheit in den letzten Jahrzehnten gezogen wurde. Morton Schatzman sagt über das bekannte Buch des Psychohistorikers DeMause «Hört ihr die Kinder weinen»:

> «Die Implikationen dieses Werkes sind revolutionär. Ich glaube, ein Großteil der Brutalität in der großen Politik, der Brutalität von Herrschern gegenüber ihren Untertanen und den Völkern, die sie unterworfen haben, läßt sich auf die Brutalität zurückführen, die sie selbst als Kinder erfahren haben.»[33]

Positive gesellschaftliche Veränderungen werden automatisch stattfinden, wenn sich die Gleichberechtigung von Kindern in den Familien durchsetzt. Trotzdem bedeutet die Forderung, Erziehung abzuschaffen, eigentlich nichts weiter als die Grundrechte, die für alle Erwachsenen gelten, auch für Kinder gelten zu lassen.

Die 68er-Pädagogik – Warum wir Jungen sie nicht mehr brauchen

Titel dieses Buches ist «Die 68er – Warum wir Jungen sie nicht mehr brauchen», und mein Beitrag hatte die Pädagogik der 68er zum Thema. Aufgrund dieser beiden Tatsachen blieb mir gar nichts anderes übrig, als hier zu begründen, warum wir auch die 68er-Pädagogik nicht mehr brauchen.

Ich hoffe, in diesem Beitrag folgendes deutlich gemacht zu haben:

- Erziehung ist im Kern eine zutiefst undemokratische und manipulative Angelegenheit. Dies gilt für antiautoritäre Erziehung genauso wie für jeden autoritäreren Erziehungsansatz. Die Alternative im Sinne der Generationengerechtigkeit ist nicht eine andere Erziehung, sondern die Gleichberechtigung zwischen Eltern und Kindern. Das heißt: die Abschaffung von Erziehung.

33 Morton Schatzman auf dem Umschlag von DeMause 1974 (22)

- Auch das Wort «Erziehung» sollte nicht neu besetzt und im Sinne der Gleichberechtigung verwendet werden, weil es bisher erfolgreich dazu diente, elterlichen (aber auch z.B. schulischen) Machtmißbrauch gegenüber Kindern zu verschleiern. Es ist sinnvoll, dies aufzudecken und nicht weiterhin dafür zu sorgen, daß Erziehung als Synonym dafür steht, «was für Kinder gut ist». «Begleitung» bietet sich als sprachliche Alternative an.

- Die meisten 68er-Eltern erziehen heute weder konsequent antiautoritär noch konsequent autoritär. Die Kinder und Jugendlichen haben in vielen Fällen das Gefühl, ihre Eltern würden ihnen keine Grenzen setzen, dann erleben sie aber wieder Erziehungsakte.

- Durch das Steckenbleiben in der Grundhaltung «Erziehung» haben die emanzipatorischen Ansätze der 68er nicht gefruchtet. Der innere Widerspruch zwischen antiautoritärem und gleichzeitig erzieherischem Verhalten konnte nicht aufgehen.

- Aus dem Scheitern der antiautoritären Erziehung sind die falschen Schlüsse gezogen worden. Heute wird wieder eine konsequentere und autoritärere Erziehung gefordert, weil die Alternative nicht gesehen wird, mit der Erziehung ganz aufzuhören und mit jungen Menschen gleichberechtigte Beziehungen zu führen.

- Dabei wird gerade in der Werteerziehungs-Debatte viel gedanklicher Unsinn produziert. So versucht man, mit undemokratischen Mitteln (Erziehung), demokratische Werte zu vermitteln, ungeachtet der Tatsache, daß auch dieser Versuch an seinem inneren Widerspruch zum Scheitern verurteilt ist. Dabei ist es so einfach: Demokratische Werte, die gelebt werden, brauchen nicht gepredigt oder gar anerzogen zu werden.

So wie sich die 68er-Generation von der repressiven Erziehung befreien wollte, ist es jetzt soweit, daß unsere Generation Erziehung grundsätzlich in Frage stellen muß. Dafür brauchen wir weder die Ideen von antiautoritärer Erziehung noch die Ratschläge derer, die die antiautoritäre Erziehung für einen gescheiterten Versuch ansehen und deshalb wieder strengere Erziehung fordern. Alle diejenigen, die Veränderungen innerhalb des Bereiches Erziehung durchsetzen wollten, und das sind zweifellos auch die 68er, haben nicht zu Ende gedacht.

Weiterführende Literatur

Über diese Gedanken hinaus gibt es eine Reihe von Literatur, die mit vielen praktischen Tips deutlich macht, wie man ohne Erziehung mit Kindern leben kann.

- Im Buch «Gleichberechtigung im Kinderzimmer» wird Gleichberechtigung als Weiterentwicklung der Beziehungsformen der Sozialisation/Erziehung und des von DeMause vorgeschlagenen Unterstützungsverhältnisses vorgestellt.[34]
- Das Buch «Liebe ohne Hiebe» zeigt den «Weg zu harmonischen Familienbeziehungen». Dieses Buch der Lebenskunst arbeitet auch mit Ergebnissen der Gehirnforschung.[35]
- Ekkehard von Braunmühls Bestseller «Zeit für Kinder» ist voll von nützlichen Hinweisen, wie man verzwickte Situationen antipädagogisch lösen kann.[36]
- Außerdem gibt es einen Rundbrief von antipädagogisch interessierten und erfahrenen Menschen: Antipädagogischer Rundbrief, c/o Andrea Germund, Vondelstraße 9, 50677 Köln (3 DM Rückporto).

Die Entstehung dieses Aufsatzes habe ich auch den kritischen Anmerkungen folgender Personen zu verdanken: Angelika Kostro, Cornelis Hähnel, Dagmar Kiesewetter, Ekkehard von Braunmühl, Hans Zwemke, Helmut Dressler, Jörg Tremmel, Julia Franz, Julia Glasewald, Katharina Wietler, Martin Wilke, Max Gonsior, Mike

34 Böhm und von Braunmühl 1994 (2)
35 Böhm und von Braunmühl 1993 (1)
36 Von Braunmühl 1978 (5)

Weimann, Patrick Schimpke, Rolf Robischon, Sue Hermenau, Sylke Berlin. Vielen Dank.

Zitierte Literatur

(1) Böhm, Annette und Ekkehard von Braunmühl (1993): *Liebe ohne Hiebe – Der Weg zu harmonischen Familienbeziehungen*, Düsseldorf (Patmos Verlag), 1. Auflage. Nur noch zu bestellen bei: Annette Böhm, Hülchrather Str. 3, 50670 Köln

(2) Böhm, Annette und Ekkehard von Braunmühl (1994): *Gleichberechtigung im Kinderzimmer – Der vergessene Schritt zum Frieden*, Düsseldorf (Patmos Verlag), 1. Auflage. Nur noch zu bestellen bei: Annette Böhm, Hülchrather Str. 3, 50670 Köln

(3) Borgius, Walther (1930): *Die Schule – Ein Frevel an der Jugend*, Freiburg (Verlag der Mackay Gesellschaft), unveränderter Reprint der Erstausgabe 1981

(4) Braunmühl, Ekkehard von (1975): *Antipädagogik – Studien zur Abschaffung der Erziehung*, Weinheim und Basel (Beltz Verlag), 8. Auflage

(5) Braunmühl, Ekkehard von (1978): *Zeit für Kinder – Theorie und Praxis von Kinderfeindlichkeit Kinderfreundlichkeit Kinderschutz – Zur Beseitigung der Unsicherheit im Umgang mit Kindern – Ein Lernbuch*, Frankfurt am Main (Fischer Taschenbuch Verlag), 78.-79.Tausend: November 1994

(6) Dobstadt, Michael (1997): «Pädagogik ohne Ethik – Anmerkungen zu Pädagogik und Ethik». In KinderInformationsDienst 2/97, Bonn (Kid Verlag)

(7) Dutschke, Gretchen (1996): *Wir hatten ein barbarisches, schönes Leben – Rudi Dutschke, Eine Biographie*, Köln (Verlag Kiepenheuer & Witsch), 3. Auflage 1996

(8) Ebermann/ Trampert (1997): «Vor 30 Jahren begann 1968 – We 're gonna have a revolution». In: *Rolling Stone* Juli 1997

(9) Fehlinger, Margit (1988): *Warum die Wahl unserer Worte verräterisch ist ... –* FR-Gespräch mit dem Theologen und Sprachwissenschaftler Wolfgang Schenk, in *Frankfurter Rundschau* vom 1.11.1988, Nr. 255, Seite 2

(10) Flitner, W. (1979): «Ist Erziehung sittlich erlaubt?» In: *Zeitschrift für Pädagogik* 4/ 1979

(11) Frech-Becker, Cornelia (1995): *Fördern heißt Fordern – Die heimliche Sehnsucht der Schüler nach Drill*, Frankfurt am Main (Eichborn Verlag), Originalausgabe

(12) Gesellschaft für die Rechte zukünftiger Generationen, Hg. (1997): *Ihr habt dieses Land nur von uns geborgt*, Hamburg (Rasch und Röhring Verlag), Originalausgabe

(13) Grüneklee, Gerald und Gerhard Kern, Hg. (ohne Jahresangabe): *Lernen in Freiheit – Wider die totale Institution – anti-pädagogische Thesen und Pamphlete!*, Münster (unrast Verlag)

(14) Hacke, Axel (1995): *Der kleine Erziehungsberater*, Hörspiel im Deutschlandradio, München 1997 (DerHörVerlag GmbH)

(15) Hähner, Ulrich, Ulrich Niehoff, Rudi Sack und Helmut Walther (1997): *Vom Betreuer zum Begleiter – Eine Neuorientierung unter dem Paradigma der Selbst-*

bestimmung, hrsg. von der Bundesvereinigung Lebenshilfe für Menschen mit Geistiger Behinderung e.V., Marburg (Lebenshilfe-Verlag), 1. Auflage

(16) Hartwig-Hellstern, Frercks (1997): *Kinderbürger – Über die politische Beteiligung von Kindern*, Bonn (Kid-Verlag), 2. unveränderte Auflage März 1997

(17) Hentig, Hartmut von (1993): *Die Schule neu denken – Eine Übung in praktischer Vernunft*, München und Wien (Carl Hanser Verlag)

(18) Hinte, Wolfgang, Hg. (1995): *Vertrauen überwindet Angst – Beiträge zur Entlastung vom Erziehungsanspruch*, Frankfurt am Main (dipa Verlag), Originalausgabe

(19) Janosch (1995): Das *Wörterbuch der Lebenskunst*, München (Wilhelm Goldmann Verlag), 3. Auflage

(20) Kiesewetter, Benjamin (1997): «Schädeldecke auf – Wissen rein, Deckel wieder zu». In: *KinderInformationsDienst* 3/97, Bonn (Kid Verlag)

(21) Kiesewetter, Benjamin (1997): «Die Gleichberechtigung der jungen Generation – Kindern und Jugendlichen dürfen die Grundrechte wie das Wahlrecht nicht weiter vorenthalten werden». In: Gesellschaft für die Rechte zukünftiger Generationen (Hg.): *Ihr habt dieses Land nur von uns geborgt,* 1997.

(22) Kiesewetter, Dagmar (1997): *Gleichberechtigung in der Familie – Erfahrungen, Überlegungen und Schwierigkeiten beim Verzicht auf Erziehung, in der «KinderRächtsZeitung Regenbogen»*, Nr. 21 (2/97), zu bestellen: Langenscheidtstraße 12, 10827 Berlin

(23) DeMause, Lloyd, Hg. (1974): *Hört ihr die Kinder weinen – Eine psychogenetische Geschichte der Kindheit*, Frankfurt am Main (Suhrkamp Taschenbuch Wissenschaft), 9. Auflage 1997

(24) Miller, Alice (1979): *Das Drama des begabten Kindes – und die Suche nach dem wahren Selbst*, Frankfurt am Main (Suhrkamp Verlag)

(25) Miller, Alice (1980): *Am Anfang war Erziehung*, Frankfurt am Main (Suhrkamp Verlag)

(26) Miller, Alice (1981): *Du darfst nicht merken – Variationen über das Paradies-Thema*, Frankfurt am Main (Suhrkamp Verlag)

(27) Rutschky, Katharina, Hg. (1977): *Schwarze Pädagogik – Quellen zur Naturgeschichte der bürgerlichen Erziehung*, Frankfurt am Main / Berlin (Ullstein Verlag), 6. Auflage Mai 1993

(28) Zeltner, Eva (1993): *Kinder schlagen zurück – Jugendgewalt und ihre Ursachen*, Bern, Neuauflage München 1996 (dtv)

Arne Weiß/Julia Junger

DIE ZEIT IST WIEDER REIF!

30 Jahre nach 1968 ist ein Protest nötiger denn je

18.12.1997: Zum Marsch auf Bonn kommen über 40.000 Studenten aus dem gesamten Bundesgebiet in die Rheinmetropole, um für bessere Studienbedingungen und gegen Studiengebühren zu protestieren. Dabei versuchen ungefähr 300 Autonome, die Bonner Bannmeile zu durchbrechen. Studenten dringen in die Sendezentrale des Nachrichtensenders n-tv ein, um diesen zur Verlesung ihrer Forderungen zu zwingen. In Niedersachsen besetzen sie örtliche Parteibüros von CDU und SPD. Sind diese Demonstrationen der Anfang einer Protestbewegung, die mit der 68er Revolte zu vergleichen ist?

Auch damals war die Hochschule Ausgangspunkt der Proteste, als 1965 etwa 500 Studenten der FU Berlin gegen die Entscheidung der Hochschulleitung protestierten, die Teilnahme Erich Kubys an einer Podiumsdiskussion durch Hausverbot zu verhindern. Die daraufhin stattfindenden Demonstrationen, die zunächst hochschulinternen Charakter hatten, schwappten nach und nach auf das gesamte Bundesgebiet über. Die Forderungen waren bald schon nicht mehr auf Abschaffung der unzeitgemäßen autoritären Universitätsstrukturen und Mitbestimmung der Studenten beschränkt, sondern nahmen radikalere Züge an. Leidenschaftlich lehnten die Studenten die bestehende Gesellschaftsordnung ab. Somit war die Situation an den Hochschulen lediglich Auslöser der beginnenden Proteste. Die tieferen Gründe hierfür lagen in einer tiefsitzenden Unzufriedenheit der damals jungen Generation mit den bestehenden Verhältnissen.[1]

Ein Vergleich der gesellschaftlichen und politischen Situation 1968 und 1998 soll klären, ob es heute ähnliche Beweggründe für einen Protest gibt, der mit den Studentenunruhen der 60er Jahre vergleichbar wäre.[2]

Politik in der Krise

Damals wie heute steckte die Politik in einer schweren Vertrauens- und Glaubwürdigkeitskrise. Die Bildung der Großen Koalition 1966 schuf eine Regierungskonstellation, in der wenig Raum für eine wirksame Opposition im Parlament blieb. Die Regierung verfügte über ungefähr 90 Prozent der Bundestagsmandate. Damit war ein Grundelement der Demokratie, die Gewaltenteilung, schwer beeinträchtigt, denn die Legislative und Exekutive waren weitgehend identisch. Das Parlament als demokratische Instanz vermochte so keine politische Alternative zur Regierungspolitik mehr darzustellen. Dies führte bei vielen Menschen zu Befürchtungen einer unkontrollierten Machtentfaltung der Regierung. Gleichzeitig waren vor allem linksorientierte Teile der Bevölkerung von der SPD enttäuscht. Sie bot ihnen durch das Regierungsbündnis mit der CDU keine Alternative mehr. Viele Bürger fühlten sich durch die Parteien nicht mehr im Parlament vertreten. Darüber hinaus führte die Große Koalition teilweise zu einer Lähmung der Politik, denn Themen, zu denen kein grundsätzlicher Konsens vorhanden war, wurden in der öffentlichen Debatte vermieden. Als Beispiel für die Vertrauenskrise der Politik sei das Ergebnis einer Meinungsumfrage herangezogen, in der 1968/69 fast zwei Drittel der Oberschüler und Studenten im Alter von 17 bis 25 Jahren dem Parteiensystem in gewisser Weise mit Mißtrauen gegenüberstanden und von ihm unbefriedigt waren.[3]

---

1 Informationen entnommen aus: Gerd Langguth, *Protestbewegung, Entwicklung – Niedergang – Renaissance*, Köln 1983

2 Der gesellschaftliche Vergleich basiert im wesentlichen auf Informationen aus: Langguth 1983; Rene Ahlberg, *Ursachen der Revolte*, Stuttgart/Mainz 1972; Uwe Reimer, *Die Sechziger Jahre*, Frankfurt am Main 1993; Informationen zur politischen Bildung Nr. 191, *Die Bundesrepublik Deutschland 1966-1974*; 12. Shell Jugendstudie, *Jugend '97*, Opladen 1997

Heute lesen sich Meinungsumfragen ganz ähnlich: Laut einer Umfrage der *Zeit* sind drei von vier Bundesbürgern mit der Politik der Bundesregierung weniger oder gar nicht zufrieden; 34 Prozent der Westdeutschen und 54 Prozent der Ostdeutschen sind sogar mit der Demokratie in Deutschland weniger oder gar nicht zufrieden.[4] Die 12. Shell Jugendstudie zeichnet das Bild einer sich von Parteien abwendenden jungen Generation, die das Vertrauen in die Politik verloren hat.[5] Auch heute wird ein «Reformstau» in Bonn bemängelt, welcher bezeichnenderweise zum Wort des Jahres 1997 gewählt worden ist. Er ist zwar nicht das Ergebnis einer Großen Regierungskoalition, sondern offenbart sich vielen als eine «Große Koalition des Stillstands» und «der gegenseitigen Blockade». So gelang es bisher nicht, grundlegende und nachhaltige Reformen im Steuer-, Renten- und Bildungssystem auf den Weg zu bringen sowie dringende Probleme wie Massenarbeitslosigkeit, Umweltverschmutzung und ausufernde Staatsverschuldung anzugehen. Nach 15 Jahren konservativer Bundesregierung und einigen Jahren sozialdemokratischer Bundesratsmehrheit lassen sich keine nennenswerten Unterschiede in den Lösungskompetenzen der Parteien erkennen. Sie wirken austauschbar.

Die Wertekrise 1968 und heute

Als eine andere Ursache des Protestes 1968 wird die mangelnde Fähigkeit der damaligen Elterngeneration angesehen, der Jugend glaubhaft die grundlegenden Werte der demokratischen Gesellschaft vermittelt zu haben. Fragen nach diesen Grundlagen blieben weitgehend unbeantwortet, eine positive und zugleich realistische Einstellung zu Demokratie und Marktwirtschaft fehlte. Das herrschende System wurde hauptsächlich negativ, das heißt in der Abwehr des

3 Emnid Bielefeld, «Junge Intelligenzschicht 1968/69», Bielefeld 1969, zitiert nach: Langguth 1983, S. 17

4 Infratest Burke, Berlin, «Wie prägt Arbeitslosigkeit den Alltag, wie das Denken der Deutschen?» abgedruckt in *ZEITPunkte* 1/97, Hamburg, S.58/59

5 12. Shell Jugendstudie 1997

Kommunismus legitimert. Jede – auch konstruktive – Kritik an der Gesellschaftsordnung wurde als Kommunismushörigkeit verteufelt. Mit dieser verbissenen Abwehr des «Ostens» ging in den westlichen Demokratien die Überzeugung einher, den sozialistischen Staaten wirtschaftlich, technisch und politisch überlegen zu sein. Sputnik-Start und die im Laufe der 60er Jahre einsetzenden wirtschaftlichen Erfolge des Ostblocks, die die kommunistischen Systeme konkurrenzfähig erschienen ließen, stellten dieses Überlegenheitsgefühl immer mehr in Frage.

Die Schulbildung idealisierte die Demokratie hingegen so stark, daß theoretischer Anspruch und praktische Wirklichkeit weit auseinanderklafften. Eine der idealisierenden Begründungen für die Demokratie war die vermeintliche Garantie, Gewalt und Krieg zu verhindern. Der Vietnam-Krieg mit seiner grausamen Kriegsführung eines demokratischen Staates gegen die Zivilbevölkerung zerstörte diesen Glauben bei vielen Menschen jedoch, so daß diese Legitimation der Demokratie in den Augen vieler Menschen ad absurdum geführt wurde. Verstärkend kam hinzu, daß die westdeutsche Bundesregierung das Vietnamengagement der USA voll unterstützte.

Glaubwürdigkeitsverlust und Wertedefizit der demokratischen Gesellschaft führten zu Orientierungslosigkeit, welche die Studenten aber nicht sofort veranlaßte, die Demokratie an sich abzulehnen. Die Protestierenden versuchten hingegen, für eine – ihrer Meinung nach – demokratischere Gesellschaft einzutreten. Der Mangel an demokratischer Bildung und Tradition in manchen 68er-Kreisen führte dabei zu einer vagen und unrealistischen Vorstellung einer Rätedemokratie. Die Elterngeneration dagegen beschäftigte sich nicht mit solchen grundlegenden politischen Fragen, sie hatte sich zunächst auf den Wiederaufbau Westdeutschlands konzentriert. Die für ein Überleben in den schwierigen Nachkriegsjahren und den wirtschaftlichen Erfolg der darauffolgenden Jahre notwendigen Tugenden, wie Leistungsbereitschaft, Pflichtgefühl und Einordnung, waren auch in den späten 60er Jahren noch das Credo der «Flakhelfergeneration». Angesichts des rasch steigenden Lebensstandards konnten dies die 68er, welche die Leiden des Krieges gar nicht oder noch nicht bewußt wahrgenommen hatte, nicht nachvollziehen. Der jungen Generation war das Streben nach noch mehr materiellem Wohlstand zu wenig. Sie wollte sich nicht dem gleichen Leistungszwang unterwerfen wie ihre Eltern, sie wollte «anders leben» – wie es ein 68er in einem Fernsehinterview zum 2. Juni 1967 feststellte.[6] So setzte die junge Generation den materialistischen Werten der Eltern postmaterialistische entgegen.

Die protestierende Jugend wehrte sich zudem gegen das Aufzwingen der für sie ohnehin obsoleten Tugenden durch eine Elterngeneration, die durch ihre nationalsozialistische Vergangenheit moralisch kompromittiert war. Nicht nur die Elterngeneration, sondern auch deren Werte an sich waren für die Studenten und ihre Altersgenossen unglaubwürdig. Sie verdächtigten ihre Eltern, sich gerade deshalb so sehr auf das Erreichen materieller Ziele zu versteifen und dahingehende Tugenden hochzuhalten, um sich nicht mit der nationalsozialistischen Vergangenheit befassen zu müssen. Diese Verdrängung des Nationalsozialismus mochten die Studenten nicht annehmen. Sie konfrontierten die Elterngeneration mit der Schuldfrage und brachen dabei ein Tabu.

Lehnten sich die Studenten in den späten 60er Jahren also gegen – ihrer Meinung nach – überholte Moralvorstellungen einer Generation auf, die in ihren Augen am Nationalsozialismus kollektiv schuldig war, so bemängelt die heutige Jugend das generelle Fehlen von «echten» Werten und menschlichen Tugenden. Aus dem qualitativen Teil der Shell-Studie geht hervor, daß nach Meinung eines Großteils der befragten Jugendlichen nur

> «falsche», das heißt «materialistische» Werte vorherrschen, «so daß Menschen aus Egoismus und Gewinnsucht gegeneinander arbeiten: Menschlichkeit dagegen, offenes Aufeinanderzugehen statt gegeneinander zu kämpfen, Sinn für Gemeinschaft, Verantwortung für die Welt, würden nicht wirklich wertgeschätzt und seien dadurch unterrepräsentiert.»[7]

---

6 Peter Schneider in einem Fernsehinterview des NDR zum 2. Juni 1967, 1982, zitiert nach: Uwe Reimer 1993, S.147

7 12. Shell Jugendstudie1997, S.65

Eine Umfrage des Instituts für Marktforschung in Leipzig bestätigt dieses Empfinden. Die Frage, ob sich moralisches Verhalten auszahle, verneinten im Westen 88 Prozent und im Osten sogar 99 Prozent der befragten Jugendlichen. Paradoxerweise ist auch die überwiegende Mehrheit der Erwachsenen, die für diesen Zustand die Verantwortung tragen, der Meinung, daß Geld eine zu große Rolle spiele.[8] In einer für die *Zeit* erstellten Umfrage stimmten dieser Ansicht im Westen 93 Prozent und im Osten 95 Prozent der Befragten zu.[9]

Anpassungsschwierigkeiten an die wirtschaftliche Entwicklung

Im studentischen Protest der 60er Jahre spiegeln sich auch Anpassungsschwierigkeiten an die wissenschaftlich-technische Entwicklung der modernen Industriegesellschaft wider. Helmut Schelsky nimmt an, daß das Sekuritätsbedürfnis der Menschen der hohen Mobilität und Dynamik der Gesellschaft nicht gewachsen gewesen sei.[10] Die damit verbundenen Frustrationen in einer Gesellschaft, die die Menschen permanent mit Unsicherheiten belaste, könnten nach René Ahlbergs Meinung Ursache eines rigiden Widerstandes werden.[11] Die Studenten wehrten sich dagegen, daß die Studienbedingungen zu stark den Interessen der Wirtschaft angepaßt würden. Außerdem kritisierten sie die Einstellung, den Menschen hauptsächlich an seiner wirtschaftlichen Leistungsfähigkeit zu messen, welche im Laufe der Konzentration auf den Wiederaufbau und den wirtschaftlichen Aufschwung entstanden war.

Wann – so ist zu fragen – waren die Unsicherheiten und die Anpassungsschwierigkeiten an die sich wandelnde Wirtschaftswelt in der Nachkriegsgeschichte besonders für die junge Generation grö-

8 Zitiert nach: Warnfried Dettling, «Die moralische Generation», *Die Zeit* Nr. 8/1997, S.3
9 Infratest Burke 1997, S. 64
10 Helmut Schelsky, *Auf der Suche nach der Wirklichkeit. Gesammelte Aufsätze*, Düsseldorf, Köln 1965, S.412, zitiert nach: Rene Ahlberg 1972, S. 39
11 Ebd.

ßer als heute, im Zeichen von Massenarbeitslosigkeit und Ausbildungsplatzmangel. Jeden Tag wird der Jugend gepredigt, wie sehr sie sich anstrengen müsse, um überhaupt noch eine Chance zu haben. Auch bei größtem Einsatz gibt es noch keine Garantie, daß damit die Zukunft der jungen Generation gesichert wäre.

Nicht ohne Grund halten Jugendliche laut der Shell-Jugendstudie deshalb die Arbeitslosigkeit für ihr größtes Problem, dessen Lösung sie der Politik nicht mehr zutrauen. Eine Perspektivlosigkeit verbunden mit Frustration macht sich breit, die wesentlich mit Anpassungsschwierigkeiten an die globalisierte Wirtschaftsentwicklung zu tun hat. Diese Einstellung wird auch von vielen Erwachsenen geteilt: So bezeichnete sich in der für die *Zeit* erstellten Umfrage im Westen wie im Osten eine Mehrheit der Bevölkerung als weniger oder gar nicht zufrieden mit unserem Wirtschaftssystem. Im Westen sagten dies 56 Prozent und im Osten 63 Prozent. 67 Prozentim Westen und 75 Prozent im Osten waren dabei der Meinung, daß das Wirtschaftssystem in Deutschland grundlegend geändert werden müsse.[12]

Dieses Mißtrauen und diese Unzufriedenheit rühren aus dem Unwillen her, die wirtschaftliche Entwicklung der letzten Jahre mit ihren Begleiterscheinungen wie Arbeitslosigkeit, sozialer Ungerechtigkeit und verschärftem Arbeitsklima zu akzeptieren. Die Verkaufszahlen von Bestsellern wie «Die Globalisierungsfalle» von Harald Schumann und Hans-Peter Martin, «Der Terror der Ökonomie» von Viviane Forrester und «Zivilisiert den Kapitalimus» von Marion Gräfin Dönhoff, die alle eine mehr oder weniger stark ausgeprägte Kritik am ungebändigten Kapitalismus zum Ausdruck bringen, bestätigen, daß sich in der Bevölkerung ein breites Mißtrauen, wenn nicht eine Widerstandsstimmung gegen die Wirtschaftsentwicklung der letzten Jahre gebildet hat.

Auch wenn noch zu klären ist, ob die Studentenproteste diesem Mißtrauen schon Ausdruck verleihen, so zeigen folgende Beispiele doch, daß eine Proteststimmung vorhanden ist, die sich gegen eine auf Wirtschaftlichkeit verengte Sichtweise des Menschen wendet. So

---

12 Infratest Burke 1997, S.60

ist auf den Internetseiten einiger Hochschulen wie der Fachhochschule Magdeburg zu lesen, daß sich die Studenten auch gegen eine Politik des Sozialabbaus wehren, die von den Politikern mit dem Verweis auf den internationalen Druck der Globalisierung begründet wird. Studentische Wortführer sehen in den Protesten einen Widerstand gegen einen Zeitgeist, in dem die Menschen auf ihre wirtschaftliche Leistungsfähigkeit reduziert werden. So schreibt der Bonner AStA-Vorsitzende Oliver Schilling in einem Artikel für die *Zeit*:

> «Es gilt, die Degradierung des Menschen zum reinen Objekt zu bekämpfen. Die Studierenden wehren sich gegen eine Reduktion von Menschen auf Produktion und Leistung, gegen die Aufkündigung jeglicher humanistischer Ideale und gegen ein rein funktionales Verständnis von Bildung. Das ist eine Fundamentalkritik am Menschenbild der Politik der vergangenen zwanzig Jahre, doch kaum jemand nimmt das so richtig wahr.»[13]

Während diese Kritik in Frankreich schon vor längerer Zeit zum Inhalt von Protestaktionen geworden ist, bleibt der Ruf nach einer «anderen Politik» hierzulande noch sehr verhalten. Doch wer will ausschließen, daß sich nicht auch in Deutschland ein breiter Widerstand gegen eine Wirtschaftsentwicklung bilden wird, deren Auswirkungen die Menschen nicht begreifen können und nicht akzeptieren wollen?

Damals: Kampf um Freiheiten – heute: Suche nach Orientierung

Trotz einiger Parallelen in den Gesellschaften der 60er und 90er Jahre bleibt der Hauptunterschied, daß sich in den 60er Jahren die Jugend radikal abgrenzte und das bestehende Gesellschaftssystem ablehnte. Der Protest war sicherlich eine jugendliche Gegenkultur; die in allen Bereichen überholt und verlogen wirkenden Moralvorstel-

13 Oliver Schilling: «Diese Studenten sind anders», *Die Zeit* Nr. 51/1997, S. 5

lungen forderten zum Widerspruch geradezu heraus. Es ging den Studenten um eine ihren Bedürfnissen – besonders dem nach freierer Lebensentfaltung – besser entsprechende Welt, für die sie Vorbilder fern der bürgerlichen Welt suchten.

Man meinte, die theoretischen Leitbilder in den Schriften des jungen Marx und deren praktische Verwirklicher je nach Standpunkt in Mao, Ho-Chi-Minh, Che Guevara, Trotzki, Tito oder sogar Stalin gefunden zu haben. Erst durch das Streben nach diesen Vorbildern kam die politische Dimension in den bis dahin vorpolitischen, kulturellen Protest. Marxistische Deutungstheorien der Gesellschaft der 60er Jahre wurden dankbar aufgenommen, weil es die persönliche Kritik der Studenten an ihrer Lebenssituation und den Werten der Gesellschaft «wissenschaftlich» rechtfertigte. Der Glaube vieler Studenten, daß die Bundesrepublik die Arbeiter und Studenten unterdrücke und ein latent gewalttätiges System sei, wurde durch die zum Teil überzogenen staatlichen Antworten von seiten der Polizei sehr anschaulich und erfahrbar. Nicht erst seit dem brutalen Vorgehen der Einsatzkräfte gegen die Demonstranten anläßlich des Schah-Besuchs am 2. Juni 1967, das im Tod Benno Ohnesorgs gipfelte, fühlten sich die protestierenden Studenten in ihrer Einstellung zum Staat bestätigt. «Wer einmal von dem eiskalten Wasserstrahl eines Wasserwerfers getroffen wurde, wußte, daß dieser Staat gewalttätig ist», erinnert sich ein Alt68er. Damit trugen die Sicherheitskräfte dazu bei, dem Protest neue Nahrung und Anhänger besonders in den Reihen derjenigen Jugendlichen zuzuführen, die sich allein von abstrakten marxistischen Theorien nicht mobilisieren ließen.

Heute kann es einer Protestbewegung nicht mehr um eine jugendliche Gegenkultur gehen, weil der Bedarf angesichts einer Gesellschaft, die jeden nach seiner Fasson glücklich werden läßt, schlicht nicht da ist. Zudem bemühen sich schon die Älteren in einem Ausmaß um Jugendlichkeit, «welche es den echten Jugendlichen immer schwerer macht, sich mit ihrer eigenen Jugendlichkeit trennscharf abzusetzen» – wie es in der Jugendshellstudie treffend bemerkt wird.[14] Gegen welche kulturelle Barriere soll und kann die heutige Jugend also ankämpfen? Anders als in den 60er Jahren wird heute fast alles akzeptiert, man kann sich fast alle Freiheiten nehmen. «Erlaubt ist, was Spaß macht», scheint die Devise der 90er zu sein. Ein Kampf um persönliche Freiheiten ist also kaum mehr nötig. Auch das Protestieren selbst hat im Gegensatz zu 1968 keine abgrenzende Wirkung mehr, nachdem Demonstrationen üblich geworden sind. Die gesellschaftlichen Gegensätze zwischen einer Generation, die den Krieg in ihrer Jugend noch erlebt hat, und einer im relativen Wohlstand aufgewachsenen Generation sind heute nicht mehr da. So haben wir heute keine Gesellschaft mehr, die der Jugend Freiheiten vorenthält und ihr unglaubwürdige Werte aufzwängt. Im Gegenteil: Die Jugend vermißt sogar die einigende Richtschnur eines in der Gesellschaft allgemein akzeptierten Wertekodexes.

Misstrauen gegenüber Politik und Wirtschaft als Ursachen des heutigen Protestpotentials

Aus dem Vergleich der 60er und 90er Jahre ziehen wir zwei Schlüsse:

1. Auch ohne die «kulturelle Frage» ist heute ein Protestpotential in der Bundesrepublik der späten 90er Jahre festzustellen. Dieses wird sehr viel mehr von einem Widerstand gegen die wirtschaftliche Entwicklung genährt, als das in den 60er Jahren der Fall war. Schon allein die starke Unzufriedenheit und das Mißtrauen gegenüber Politik und Wirtschaft bergen den Keim des Protestes in sich. Die Kritik einer großen Mehrheit der Bevölkerung an einem System, dessen höchster Wert offenbar das Geld darstellt, könnte sich bei weiterer Verschärfung von Arbeitslosigkeit und sozialer Ungleichheit in einem Protest entladen. Denn die Sehnsucht der Jugend nach Moral beinhaltet nach Meinung des *Zeit*-Redakteurs Warnfried Dettling auch die Möglichkeit eines Protestes: «So könnte es sein, daß die ruhige Generation der neunziger Jahre die Gewittervögel für den aufziehenden Sturm bloß für eine Weile verscheucht hat.»[15]

14 12. Shell Jugendstudie 1997, S.85

Ein Vergleich der Jugend von damals und heute läßt zudem das Desinteresse der heutigen Jugend an der Politik in einem anderen Licht erscheinen. Auch in den Jahren vor Ausbruch der 68er-Proteste stand die Jugend der Politik ablehnend gegenüber und war kaum gewillt, sich politisch zu engagieren. So ergab eine Umfrage des Allensbacher Instituts für Demoskopie unter Studenten im Juli 1960, daß 60 Prozent jedes politische Engagement ablehnten und 12 Prozent das Fehlen politischer Ideale beklagten.[16] Man deutete die ablehnende Einstellung entweder als Unvermögen, sich für die Umgestaltung der Gesellschaft zu begeistern, oder als einen Pragmatismus, der allem Ideologischen abgeneigt war.[17] Selbst führende Soziologen hielten die Jugend noch Mitte der 60er Jahre für überaus ruhig. Dementsprechend kam der Protest für sie – wie auch für die Gesellschaft – absolut überraschend. Nur wenige erkannten, daß in der Abneigung des Politischen der Keim des Protestes steckte. So schrieb Ludwig von Friedeburg noch 1965:

«Überall scheint die Welt ohne Alternativen, paßt man sich den jeweiligen Gegebenheiten an, ohne sich zu engagieren, und sucht sein persönliches Glück in Familienleben und Berufskarriere. In der modernen Gesellschaft bilden Studenten kaum mehr ein Ferment produktiver Unruhe. Es geht nicht mehr darum, sein Leben oder gar die Welt zu verändern, sondern Angebote bereitwillig aufzunehmen und sich in ihr, so wie sie nun einmal ist, angemessen und distanziert einzurichten.»[18]

Auch Helmut Schelsky meinte 1963 zum selben Thema: «Aber was sich auch ereignen mag, diese Jugend wird nie revolutionär, in flammender kollektiver Leidenschaft auf die Dinge reagieren.»[19] Die heutige Jugend wird ganz ähnlich gesehen: unpolitisch, angepaßt und auf sich selbst bezogen.

15 Warnfried Dettling 1997
16 Zitiert nach: Rene Ahlberg 1972, S.37
17 Ebd.
18 Ludwig von Friedeburg: *Jugend in der modernen Gesellschaft*, Köln/Berlin 1965, S.18, zitiert nach: Langguth 1983, S.19
19 Helmut Schelsky: *Die skeptische Generation*, Düsseldorf/Köln 1963, zitiert nach: Rene Ahlberg 1972, S.38

Angesichts der parallelen Einschätzungen der Jugend in den Gesellschaften der 60er und 90er Jahre ist deshalb zu fragen, ob sich nicht auch heute in der ablehnenden Haltung und dem Desinteresse der Jugend gegenüber der Politik schon eine latente Proteststimmung offenbart.

2. Ein Protest ist heute wieder erforderlich, nur mit einer anderen Zielsetzung als in den 60er Jahren. Die Probleme, die insbesondere die junge Generation betreffen, und die Unfähigkeit von Politik und Gesellschaft, diese wirksam anzugehen, machen ein Aufbegehren notwendig. So ist die Jugend die erste Nachkriegsgeneration, deren Großteil nicht bessere Lebensbedingungen als der vorherigen Generation versprochen werden. Die Hypotheken, die auf ihr lasten werden, sind allseits bekannt: immense Staatsverschuldung, hohe Arbeitslosigkeit ohne erkennbare Aussicht auf Besserung, die Folgen großer und noch steigender Umweltverschmutzungen und ein gesellschaftlicher Moralverfall, der das soziale Klima und damit die Lebensqualität beträchtlich verschlechtert. Schon heute beträgt die Staatsverschuldung über zwei Billionen DM, der Posten «Bundesschuld» nimmt schon fast 20 Prozent des Bundeshaushaltes ein.[20] Unter dem zunehmenden Druck dieser Schulden muß versucht werden, auf die Herausforderung des 21. Jahrhunderts zu reagieren, die da lautet: Verwirklichung einer gerechten und nachhaltigen Gesellschaft, in der die Interessen heutiger und zukünftiger Generationen gleichermaßen berücksichtigt werden.
   Da besonders die Jugendlichen ein ureigenes Interesse daran haben, müssen sie die Hauptdarsteller des politischen und gesellschaftlichen Kampfes für die Nachhaltigkeit sein. Nur auf die Selbstlosigkeit derer zu setzen, die die Folgen ihrer Entscheidungen gar nicht mehr erleben werden, ist illusorisch. Denn von der Erwachsenengeneration sind keine wirklichen Lösungskonzepte zu erwarten, was schon die Hilflosigkeit der Politik zeigt, Antworten auf brennende Fragen wie die der Arbeitslosigkeit zu finden. Die Politiker der älteren Generationen erweisen sich mit

---

20 *Der Fischer Weltalmanach*, Frankfurt am Main 1997, S.239

Denkstrukturen, die gemessen an den neuen Herausforderungen veraltet sind, als ungeeignet, diesen zu begegnen. So verharren die Alt-68er resigniert in einem Zynismus, der versucht, alle Lösungsansätze von vornherein zu zerstören. Auch das schlechte Gewissen und die Unzufriedenheit, sich der bürgerlichen Gesellschaft zu stark angepaßt zu haben, tragen zu dieser Resignation bei. Und die Konservativen dieser Generation können nicht einsehen, daß jemand, der für mehr Gerechtigkeit und Ökologie streitet, auch Marktwirtschaftler sein kann. So scheitert das im Bundestag wohl mehrheitsfähige Modell einer ökologischen Steuerreform an der erstarrten Programmatik der Altvorderen. Auch der mit Mitte 30 noch recht junge niedersächsische CDU-Landesvorsitzende Christian Wulff bemerkte, daß «es wahrscheinlich einer neuen Generation von Politikern» bedürfe, um die hinter diesem Steuerkonzept stehenden Ziele zu erreichen.[21]

Recht hat er! Nur pragmatisches und ideologiefernes Denken einer jungen Generation hilft bei der Lösung von Problemen. Aber es reicht nicht, auf die Übernahme der Verantwortung durch diese Politikergeneration zu warten. Man muß ihr auf die Sprünge helfen und durch einen Protest einer grundsätzlichen und pragmatischen Auseinandersetzung mit den Mißständen in der Gesellschaft den Weg ebnen. Denn auch der jungen Politikergeneration fehlen trotz guter Ansätze noch die Konzepte und das Durchsetzungsvermögen, Zukunftsprobleme zu lösen.

Ohne einen neuen Jugendprotest wird es also keine Veränderung in diesem Land geben, die sich an den langfristigen Bedürfnissen der Jugendlichen und späterer Generationen orientiert.

---

21 Christian Wulff in der ARD-Sendung «Klimaschutz schafft Arbeitsplätze» am 29.12.1997, zitiert aus: *Hannoversche Allgemeine Zeitung* Nr. 304/1997, S.1/5

Die Studentenproteste – Indikatoren einer breiten Proteststimmung

Zweifelhaft ist, ob die Studentenproteste des Jahres 1997 schon den gewünschten breiten Protest darstellen. Der gemeinsame Tenor, den man als Unbeteiligter Presse und «Streikseiten» entnimmt, ist bisher die Forderung nach besseren Studienbedingungen. Das bedeutet für die Protestierenden eine bessere Ausstattung der Bibliotheken, vermehrte Einstellungen von Professoren und Dozenten, den Bau zusätzlicher Gebäude, die den herrschenden Zustand überfüllter Hörsäle beenden sollen, ein generelles Verbot von Studiengebühren sowie die finanzielle Besserstellung der Studenten durch eine breitere BAföG-Förderung.

Es mehren sich jedoch die Stimmen, die den Studentenprotest hinter dem zentralen Thema «Hochschule» auch als einen Widerstand gegen die Politik der letzten Jahre sehen – wie auf den Internetseiten einiger Hochschulen und dem Artikel Oliver Schillings in der *Zeit* (siehe oben) zu lesen ist.[22] Auch die *Woche* titelte am 5. Dezember 1997 mit der These, daß die studentische Protestwelle eine Rebellion gegen die Mißachtung der Jugend durch die Politik sei. Der Autor des Artikels, Hans-Ulrich Jörges, schreibt:

> «Hier artikuliert sich ein grundsätzlicher Widerstand gegen eine Politik, die das steuerliche Fundament des Staates zu Gunsten privater Bereicherung verrotten läßt; die Lebenschancen junger Menschen – nicht nur in der Bildungspolitik, auch in der Rentendebatte und anderswo – zugunsten der Besitzstände Älterer verspielt ... So gesehen haben wir es nicht mit einer freundlichen Studentenrebellion zu tun, sondern mit dem Streik einer jungen Generation gegen ‹alte› Politik, die Gestaltung und Vorsorge verweigert.»[23]

Er untermauert die These damit, daß der Protest schon auf die Schulen überzugreifen beginne.

22 Oliver Schilling, 1997
23 Hans Ulrich Jörges: «Eine Generation streikt», *Die Woche* Nr. 50/1997, S.1

Gegen die Ansicht, daß sich in dem Protest schon ein allgemeiner Widerstand gegen die herrschende Politik zeige, spricht, daß bislang nur an wenigen ostdeutschen Hochschulen gestreikt wird und wenn, dann meistens aus Solidarität mit den westlichen Universitäten. Gerade hier müßte aber der Widerstand gegen eine Politik des Sozialabbaus größer sein, weil Ostdeutschland von der Kehrseite des marktwirtschaftlichen Systems viel stärker betroffen ist. In den neuen Bundesländern sind Arbeitslosigkeit und Ausbildungsplatzmangel größer und der Lebensstandard ist noch weit vom vorschnell versprochenen westlichen Niveau entfernt. Zudem dürfte man die sozialen Mißstände sensibler als in den alten Bundesländern aufnehmen, weil zumindest der ältere Teil der Jugend noch bewußt in der Vor- und Rundumversorgung eines sozialistischen Landes aufgewachsen ist, und die Unsicherheitsbelastungen einer dynamischen, kapitalistischen Gesellschaft sowie die soziale Ungleichheit neu sind.

Bisher sind die Studentenproteste auch nur auf wenige Schulen in Hessen, dem Ausgangspunkt der Protestwelle, übergesprungen. Einiges spricht also dafür, daß es sich bei den heutigen Studentenprotesten «nur» um Hochschulproteste handelt. Ihnen liegt aber sicher das oben beschriebene, in der Bevölkerung vorhandene Protestpotential zugrunde, das sich bislang nur an den miserablen Studienbedingungen westdeutscher Universitäten entzündet hat.

So interpretieren wir die Studentenproteste eher als eine Art Vorboten eines kommenden, breiteren Protestes oder zumindest als ein Zeichen, daß immerhin Teile der Jugend nicht bereit sind, «alles zu schlucken». Der Studentenstreik ist auch nur bedingt mit den Anfängen der 68er Revolte zu vergleichen, weil es den Beteiligten nicht um einen Kampf gegen das Bestehende – vor allem die vorherrschenden moralischen Leitbilder der Elterngeneration – geht. Das langsame Abebben der Protestwelle zum Jahreswechsel zeugt außerdem davon, daß sich unter deutschen Studenten das Protestpotential noch nicht in die Proteststimmung gewandelt hat, die zu einem entschlossenen, langanhaltenden Studentenstreik nötig ist, wie es 1968 der Fall war.

Es stellt sich die Frage, wieso es trotz der aufgezeigten Unzufriedenheit über die heutige Politik und des Protestpotentials, das aus dem gesellschaftlichen Vergleich erkennbar wird, noch zu keinem umfassenden Protest gekommen ist. Zunächst ist festzustellen, daß es nicht an der Erkenntnis über die Existenz und Komplexität der Probleme mangelt. Gerade das Wissen darum scheint Grund für die anhaltende Resignation in der Gesellschaft zu sein. Man erwartet nicht, daß die Probleme von der Politik überhaupt gelöst werden können angesichts des Reformstaus und der Ratlosigkeit von Experten. So macht sich nicht die Stimmung eines Herzogschen «Rucks» breit, von dem man sich eine Linderung der gesellschaftlichen Schwierigkeiten erhoffen könnte. Besonders ein Großteil der Jugend empfindet sich selbst als einflußlos gegenüber der Größe der Probleme und der empfundenen Inkompetenz der politischen Klasse. Viele erwarten weder, etwas zur inhaltlichen Problemlösung beitragen zu können, noch zur Umsetzung möglicher eigener Ideen in der praktischen Politik in der Lage zu sein.

Weder ein auf die «Große Politik» gerichtetes Engagement noch die bloße tiefere Beschäftigung mit den Problemen unserer Zeit erscheint bei dieser Ausweglosigkeit lohnenswert. Um sich angesichts der schlechten Berufsaussichten ein Mindestmaß an Chancen zu sichern, konzentrieren sich viele lieber auf Ausbildung oder Studium, als Zeit und Energie in eine tiefere Beschäftigung mit den Gesellschaftsproblemen zu investieren und ihrem Unmut Ausdruck zu verleihen. Der häufige Vorwurf an die Jugend, unpolitisch und nicht engagiert zu sein, mag so zwar in gewissem Sinne berechtigt sein. Doch der Grund für diese Haltung ist keineswegs die Interessenlosigkeit der Jugend selbst, sondern es sind die schlechten Zukunftschancen, die viele dazu zwingen, zunächst «egoistisch» zu denken und zu handeln. Denn entgegen üblicher Behauptungen ist die junge Generation nicht unengagiert. So ist stets da die Einsatzbereitschaft Jugendlicher groß, wo man sich vom eigenen Engagement auch Erfolge verspricht. Dies erhoffen sich Jugendliche in der Regel nur noch von einem Einsatz in der eigenen Umgebung, in einem überschaubaren Rahmen.[24]

Ein wichtiger Grund für die Einschätzung vieler Jugendlicher, daß wesentliche politische Veränderungen nicht möglich seien, liegt an der Darstellung und der Argumentation der Politiker und Funktionäre. Politiker begründen viele unpopuläre Entscheidungen mit «Sachzwängen», denen man sich fügen müsse. So entsteht der nicht unberechtigte Eindruck, daß Politiker selbst gar keine Entscheidungsspielräume haben. Warum sollten Jugendliche Interesse für eine Politik zeigen, die von sich selbst behauptet, nicht frei und gestalterisch handeln zu können? Politiker führen zur Legitimation der Sozialkürzungen bei gleichzeitiger Senkung der Steuern und Abgaben für Unternehmen und wohlhabende Privatleute (Abschaffung der Vermögenssteuer) den internationalen Druck der Globalisierung an, der eine Anpassung in dieser Form dringend erfordere. Angesichts dieser Argumentationsweise scheint die nach der Shell-Jugendstudie in den jugendlichen Teilen der Bevölkerung vorhandene Meinung, daß Politiker nur Erfüllungsgehilfen der Wirtschaft seien, nicht besonders verwunderlich.[25] So flüchten sich viele Jugendliche in dem Gefühl, der scheinbaren Ohnmacht der Politiker in nichts nachzustehen, in die Verlockungen und Ablenkungen der Spaßgesellschaft. Fernsehen, Kino, Computer, Disko und nicht zuletzt das große Angebot an Drogen sind in einem noch nie dagewesenen Ausmaß erreichbar und bieten für viele eine Möglichkeit, in einer Scheinwelt die Probleme und Schwierigkeiten der Realität zu verdrängen.

Die Alt68er haben resigniert

Ein anderer Grund für die Resignation vieler Jugendlicher ist auch der Werdegang der 68er. Nachdem die großen Erwartungen der Neuen Linken auf eine grundsätzliche Reformierbarkeit der Gesellschaft enttäuscht wurden – die Reformen der späteren sozial-libera-

---

24 12. Shell-Jugendstudie 1997, S. 70
25 Ebd., S. 49

len Koalition erschienen ihnen keinesfalls als ausreichend – erschlich nicht wenige 68er das Gefühl, daß diese auch nicht möglich sei.

Auch der «Marsch durch die Institutionen», mit dem sie die Gesellschaft von innen heraus in ihrem Sinne verändern wollten, hatte keinen durchschlagenden Erfolg. Im Gegenteil: Er führte viel stärker zu einer Angleichung der ehemals Protestierenden an die Gesellschaft als umgekehrt. Diese Entwicklung läßt sich gut anhand der Grünen aufzeigen: 1980 von überwiegend ehemaligen 68ern gegründet, schrieb sich die Partei zunächst die feministische, ökologische und gewaltfreie Fundamentalopposition auf ihre Fahnen. Weder strebten die Grünen selbst aufgrund dieser Einstellung eine Regierungsbeteiligung an, noch hielten die etablierten Parteien und weite Teile der Bevölkerung diese für möglich. Die Gegensätze waren schlicht zu groß. Daß die Grünen heute zu den etablierten Parteien zählen, in einigen Landesregierungen vertreten sind, die Beteiligung an der Bundesregierung zum Ziel haben und das auch nicht mehr utopisch erscheint, hat seinen Grund in der gegenseitigen Anpassung von Gesellschaft und Grünen. Dies konnte nicht erfolgen, ohne daß sie ihre politischen Forderungen entradikalisierten und sich damit den anderen Parteien anglichen. So kann die Entwicklung der Grünen exemplarisch für die Etablierung und die damit verbundene Anpassung der 68er an die Gesellschaft stehen.

Die neue Erscheinung der Bürgerbewegungen sowie die Gründung der grünen Partei sind zwar eindeutig den Folgen der 68er Bewegung zuzurechnen, doch vom einstigen Elan und Tatendrang ist nicht viel übriggeblieben. Jetzt haben viele Alt68er einflußreiche Positionen inne, haben sich etabliert und hätten so die lang ersehnte Möglichkeit, die Gesellschaft zu verändern. Doch angesichts des heutigen Stillstandes stellt sich die Frage, inwiefern die 68er nicht durch die in ihrer Vergangenheit gemachte Erfahrung, daß grundlegende Reformen kaum durchzusetzen seien, die heutige Resignation geprägt und vorgelebt haben.

Demonstrierter Konsens verhindert grundlegende Diskussion

Neben der Resignation wird das Protestpotential auch dadurch gemildert, daß sich viele Menschen von den Problemen nicht unmittelbar betroffen fühlen. So ist zwar der ständig anwachsende Schuldenberg des Staates eine Zeitbombe, die irgendwann böse Auswirkungen haben wird, doch solange diese kaum zu spüren sind, formiert sich noch kein Widerstand. Auch die Rentenproblematik wirft ihre Schatten voraus, welche aber offensichtlich noch nicht groß genug für einen Ausbruch des Protestes sind. Denn die heute Berufstätigen werden in dreißig Jahren, wenn das Rentenproblem akut sein wird, entweder nicht mehr leben oder zu den Rentnern gehören und damit die Renten nicht mehr finanzieren müssen. Und für die heutige Jugend ist das Problem nicht unmittelbar und greifbar genug, weil die Auswirkungen für den Einzelnen noch nicht zu spüren sind.

Auch die Steuerungerechtigkeit ist zwar im öffentlichen Bewußtsein, erregt aber noch nicht den Sturm der Entrüstung, den sie eigentlich verdient hätte, da die meisten materiell und finanziell noch relativ gut gestellt sind. Solange die Mehrheit der Deutschen von jener Ungerechtigkeit noch nicht unmittelbar betroffen ist und die Auswirkungen persönlich so stark zu spüren bekommt, daß sie an der heutigen Konsum- und Wohlstandsgesellschaft nicht mehr teilnehmen kann, verzögert der relative Wohlstand den Ausbruch eines Protestes.

Die grundsätzlich positiv einzuschätzenden offenen Strukturen, die zum Teil auf die 68er Bewegung zurückgehen, haben eine ähnliche Wirkung. Durch die Einbindung der Jugend in politische Prozesse wie zum Beispiel durch die Herabsenkung des Wahlalters auf zunächst 18 und dann z.T. sogar auf 16 Jahre, die Einrichtung von Jugendparlamenten und den Ausbau anderer Institutionen wie den Schülervertretungen, sind den Jugendlichen Mitbestimmungsmöglichkeiten gegeben worden, die sie in diesem Ausmaß noch nie hatten. Die Einbindung macht einen Protest jedoch schwieriger, weil die Jugendlichen dadurch vom «Establishment» – um einen von den 68ern geprägten Begriff zu verwenden – umarmt werden, ohne aber die Möglichkeit zu haben, tiefgreifende Veränderungen durchzusetzen. Diese Entwicklung der Nivellierung und Verschleierung der gesellschaftlichen und kulturellen Gegensätze behindert das Aufflammen eines Protestes. Es fehlt heute eine Polarisierung der Gesellschaft, die in den 60er Jahren mobilisierend auf das Protestpotential wirkte. Nun wollen wir an dieser Stelle nicht in eine Nostalgie der starren Fronten von damals verfallen. Doch angesichts der Studentenproteste 1997, bei denen sich nicht wenige Politiker an die Spitze der Bewegung stellten und keine Partei sich von den Vorwürfen direkt angegriffen fühlte, stellt sich die Frage, inwiefern der allgemeine Konsens, auf den man bei der Benennung der Probleme stößt, einer durch einen Protest forcierten grundlegenden Diskussion über die Mißstände nicht eher hinderlich ist. So verpuffen heute kritische Bemerkungen, die bei einer ernstgemeinten Aufnahme zur Problemlösung beitragen könnten, häufig in allgemeiner Zustimmung.

Diese Destruktivität des demonstrierten Konsenses muß endlich aufhören. Sie muß dem konstruktiven Dissens weichen, den nur ein grundlegender Protest hervorrufen kann. Nennen wir diese Protestbewegung: die 98er.

Die Gesellschaft braucht eine realistische Vision

Das Paradoxe an der heutigen Situation ist: Offensichtliche Mißstände, die einen Protest dringend nötig erscheinen lassen, behindern diesen. So gilt es, aus dem Teufelskreis aus scheinbar unlösbaren Problemen, Resignation, Reformstau und schließlich einer weiteren Verschärfung der Probleme auszubrechen.

Die Gesellschaft und besonders die Jugend brauchen eine glaubwürdige Vision, von deren Verwirklichung sie sich eine Milderung der gesellschaftlichen und damit auch ihrer persönlichen Probleme versprechen können. Dann würde sich der Teufelskreis zu einem System positiver Rückkopplung umkehren.

Die Vision müßte den Jugendlichen zugleich das bieten, was sie in der Gesellschaft am stärksten vermissen: moralische Orientierung. Sie sollte das Bild einer gerechten und damit moralischen Gesellschaft zeichnen, in der auch die Interessen zukünftiger Generationen berücksichtigt werden. Dabei muß sie vor allem auf Solidarität und Nachhaltigkeit setzen. Denn es gilt, Ökologie und Ökonomie zu versöhnen. Die Vision muß zugleich eine Perspektive bieten, wie man diesem Ziel Schritt für Schritt näher kommen kann. Sie muß verdeutlichen, daß in dem Einsatz für eine gerechte Gesellschaft auch die Lösung der wirtschaftlichen Mißstände steckt.

Gerade in der Formulierung einer konkreten, realistischen Vision, die zu Reformen auffordert, müssen sich die 98er von den 68ern unterscheiden. Deren Hauptfehler war es – so erinnert sich eine Alt-68erin – in erster Linie gegen und nicht für etwas zu kämpfen. Außer vagen, romantisierenden und utopischen Vorstellungen, die zudem innerhalb der Bewegung umstritten waren, haben die Neuen Linken nichts Programmatisches artikuliert. Ihre Basis war es, das Bestehende abzulehnen. Die wenigen gemeinsamen Ziele beschränkten sich darauf, den Springer-Konzern zu zerschlagen, die USA zu einem Rückzug aus Vietnam zu zwingen und die kapitalistische durch eine sozialistische Gesellschaft zu ersetzen.

Damit waren sie politisch kaum handlungsfähig. Sie hatten keine Reformen anzubieten, die eine Chance gehabt hätten, auf demokratischem Wege verwirklicht zu werden. Sie konnten keine konkreten Forderungen an die Politik richten und waren nicht imstande, in ihre Richtung gehende Reformen der sozial-liberalen Koalition für sich nutzbar zu machen. Zu groß war der Widerspruch zwischen den Maximalforderungen und radikalen Ansichten marxistischer Theorie auf der einen und der gesellschaftlichen Realität sowie den vergleichsweise geringen Spielräumen demokratischer Entscheidungsprozesse auf der anderen Seite.

Die 68er waren blind dafür, die Gesellschaft der 60er Jahre wirklichkeitsnah wahrzunehmen, indem sie sich zu sehr auf marxistische Deutungstheorien der damaligen Gesellschaft verließen. Bei aller berechtigten Kritik an einer prüden, moralisch-leeren und vielleicht sogar bigotten Gesellschaft versäumten sie, positiv anzuerkennen, welchen Wohlstand der verteufelte Kapitalismus den Menschen gebracht hatte. Gerade deshalb wirkten die Ideen der 68er auf die «unterdrückten» Arbeiter so hohl und wenig mobilisierend. Die Neuen

Linken wollten eine humanere, eine lebenswertere Gesellschaft und schossen dabei weit über das Ziel hinaus. Statt Reformen mit dem Ziel, die Gesellschaft Schritt für Schritt unter Beibehaltung der positiven Seiten des Kapitalismus zu vermenschlichen, forderten sie dessen völlige Ersetzung. Darin waren sie dogmatisch und ideologisch.

Das darf den 98ern nicht passieren! Sie dürfen nicht den romantischen Träumereien von einer – leider – utopischen Welt mit einem ebenfalls utopischen Menschenbild verfallen. Denn gerade in der differenzierten Wahrnehmung der wirtschaftlichen und gesellschaftlichen Verhältnisse liegt die Chance der 98er gegenüber den 68ern.

Dies ist heute zum großen Teil schon der Fall. So hat die Bevölkerung erkannt, daß es Wettbewerb und soziale Ungleichheit als wesentlichen Motor gesellschaftlichen Fortschritts geben muß. Vorbei sind die Zeiten, in denen Jungsozialisten eine Einkommensgrenze von DM 5000 forderten. Und wenn heute Studenten auf die Straße gehen, dann nicht mehr, um die kapitalistische Gesellschaft abzuschaffen, sondern «nur», um bessere Studienbedingungen zu erreichen.

Wettbewerb und Solidarität als Partner

Diese Erkenntnis gilt es mit den Vorstellungen einer moralischen und gerechten Welt zu vereinbaren, in der die menschliche und solidarische Seite nicht fehlen darf. Die Vision muß also das Bild einer Gesellschaft zeichnen, die beides hat: gerechten Wettbewerb und Solidarität zwischen Gewinnern und Verlierern.

Gerechter Wettbewerb soll heißen, daß der marktwirtschaftliche Prozeß das am höchsten entlohnt, was sich für die Gesellschaft heute und morgen am meisten auszahlt. Dabei muß es ein Abwägen und eine Bewertung von Nutzen und Schaden geben. In einer marktwirtschaftlichen Gesellschaft muß dies unter anderem über die Preise geschehen. In der Besteuerung muß auch enthalten sein, welche Belastungen ein Produkt der jetzigen und den zukünftigen Generationen aufbürdet. Dazu gehört in erster Linie der Verbrauch nichtregenerativer Ressourcen. Möglichst wenig sollte dabei der Einsatz menschlicher Ressourcen, also der Faktor Arbeit, besteuert werden. Genau das sehen die meisten Konzepte einer ökologischen Steuerreform vor. Dabei geht es nicht darum, Preise so zu gestalten, daß sie exakt die ökologische und soziale Wahrheit ausdrücken, sondern dem Markt eine Richtschnur vorzugeben. Damit würden Konsum- und Produktionsweisen zugunsten der Nachhaltigkeit gelenkt.

Eine solche Preisgestaltung könnte auch das Verursacherprinzip stärker als bislang in den Vordergrund stellen, wenn Produzenten wie Konsumenten zumindest teilweise für die Folgekosten eines gesamten Produktlebens, also zum Beispiel auch für gesundheitliche Schädigungen des Tabakkonsums, aufkämen. Das würde die Allgemeinheit entlasten und das Bewußtsein für Eigenverantwortung und Verantwortung gegenüber der Gemeinschaft stärken.

Zu einem gerechten Wettbewerb gehört auch eine gerechte Verteilung. Dabei geht es nicht darum, soziale Ungleichheiten zu nivellieren, denn sie sind ein Bestandteil des marktwirtschaftlichen Systems. Sie müssen aber in einem vertretbaren Rahmen gehalten werden. Diesen gilt es besonders durch die Steuerpolitik zu bestimmen. Als Beispiele seien die Wiedereinführung der Vermögenssteuer und stärker gestaffelte Verbrauchssteuern (Luxussteuer) genannt. Derartige staatliche Maßnahmen helfen nicht nur, die Kluft zwischen Arm und Reich zu verkleinern. Sie setzen vielmehr auch ein Zeichen der Solidarität, was ein Ansporn für die Menschen sein kann, wieder für die Gemeinschaft einzutreten. Auf diese Bereitschaft, Gemeinnutz verstärkt vor Eigennutz zu stellen, kommt es in einer humanen und gerechten Gesellschaft an. Denn die Solidarität darf sich nicht nur auf einen ausgewogenen Verteilungsschlüssel beschränken, sondern ist auch auf freiwillige Unterstützung durch die Menschen angewiesen.

In den Begriffen Eigenverantwortung und Solidarität, welche heute großgeschrieben werden müssen, zeigt sich ein wesentlicher Unterschied zu den Idealen der 68er. Während jene die Menschen in die Pflicht gegenüber der Gemeinschaft nehmen, sahen die Neuen Linken selbst in den kleinsten Gemeinschaften, Familie und Nachbarschaft, kleinbürgerliche Unfreiheit, welche die wahre Bedürfnisstruktur des Menschen unterdrücke. Sie schoben die Verantwortlichkeit auf den Staat ab und stellten Forderungen an ihn, ohne daraus eine eigene Pflicht gegenüber diesem abzuleiten. So betonten die 68er die Ich-Tugenden stark, was zu einem wachsenden Anspruchsdenken und der geringer werdenden Bereitschaft führte, sich für andere einzusetzen. Nicht zuletzt dadurch erzeugten sie bei ihren Kindern, der heutigen Jugend, eine moralische Orientierungslosigkeit, die paradoxerweise auch ein Grund ihrer eigenen Rebellion war.

In der nachhaltigen Gesellschaft stecken Chancen für Moral und Arbeit

Gerade die nachhaltige Gesellschaft bietet moralischen Halt, wenn der Ressourcenverbrauch und nicht die menschliche Arbeit zum größten Kostenfaktor geworden ist. In ihr wäre es erstes Ziel wirtschaftlichen Fortschritts, durch Innovationen den Ressourcenverbrauch zu verringern und nicht mehr Arbeit zu rationalisieren, was in Zeiten hoher Arbeitslosigkeit eine moralische Zwickmühle darstellt: Verschärfen die innovativen Ideen vieler Menschen doch gerade dieses Problem, das auch sie selber treffen kann. Dieses Dilemma nährte die Zweifel am wirtschaftlichen System. Diese werden weichen, wenn es das Ziel menschlicher Anstrengungen wäre, die Umwelt zu schonen und damit zweifelsohne für das Gemeinwohl zu arbeiten. Dabei wird auch in der Bevölkerung das Gefühl wachsen, daß wirkliche Leistung für die Gemeinschaft entlohnt wird.

In dem Ziel der Nachhaltigkeit stecken auch Chancen für die an mangelnder Arbeit krankende Gesellschaft. Am Ende des Prozesses, der zur Nachhaltigkeit führen soll, steht eine Wirtschaftsweise mit einem perfektionierten Rohstoffkreislauf. In dieser bedeutet wirtschaftliches Wachstum nicht mehr, die eingesetzten Materialmengen zu erhöhen, sondern aus den vorhandenen Ressourcen bessere Produkte herzustellen. Dazu ist ein immer steigender Bedarf an Arbeitskräften nötig, um die erforderlichen Innovationen zu leisten. Zudem werden arbeitsintensive Branchen wie das Handwerk gestärkt. Denn sie müssen Langlebigkeit und ressourcensparende Umrüstungen von Produkten garantieren, da es keine preiswerte Alternative mehr ist, ständig wegzuwerfen und neu zu kaufen. Zudem werden deren Dienstleistungen kostengünstiger, wenn menschliche Arbeit geringer besteuert wird.

Die gerechte Gesellschaft ist erreichbar

Erste Schritte in Richtung einer lebenswerteren Gesellschaft sind schon angedeutet worden. Einiges kann auf nationaler Ebene angefangen werden, vieles braucht internationale Ansatzpunkte. Wie man mit der ökologischen Umgestaltung des Steuersystems in einem Land beginnen kann, haben Nachbarländer wie Dänemark schon erfolgreich vorgemacht. Auch am deutschen Steuersystem läßt sich einiges gerechter gestalten, ohne gravierende Standortnachteile im internationalen Wettbewerb zu erleiden. Ein Beispiel ist die Abschaffung unsinniger Abschreibungsmöglichkeiten, durch die dem Staat jährlich Milliarden verloren gehen.

Wenn es aber um grundsätzliche Richtungsänderungen geht, muß in einer globalisierten Welt auch global gehandelt werden. Es müssen dem weltweiten Markt Leitlinien gegeben werden, so daß er im Sinne nachhaltiger Entwicklung leistungsfähiger arbeitet. Hohe Rohstoffbesteuerung in einem einzigen Land könnte sonst ein zu großer Standortnachteil werden. So kann die Abwärtsspirale des Standortwettbewerbs um die niedrigsten Löhne, Steuern, Sozial- und Umweltstandards nur durch weltweite Vereinbarungen gestoppt werden.

Das klingt nicht gerade praktikabel. In der Tat heißt es gegen ein weltweit vorherrschendes Meinungsklima der Marktradikalen anzukämpfen, gegen deren Glaubenssätze es verstößt, den Markt lenken zu wollen. Sie verbitten es sich, durch staatliche Vorgaben und Umverteilung in das freie Spiel der Kräfte einzugreifen. Doch völlige Marktfreiheit und scharfer Wettbewerb zwischen Unternehmen und Staaten bringen eben weder automatisch Wohlstand für alle noch ökologische Nachhaltigkeit, das haben die Erfahrungen der letzten Jahre gezeigt.

Die 98er stehen nicht allein da

Es gibt jedoch weltweit prominente und mächtige Verbündete im Einsatz für eine gerechtere Gesellschaft. So warnt der wohl bekannteste Devisenspekulant George Soros schon seit längerer Zeit gegen die Folgen eines laissez-faire Kapitalismus. Hillary Clinton forderte auf dem Wirtschaftsforum in Davos die Entwicklung neuer, internationaler Regeln und Institutionen für die Wirtschaft. Damit stand sie auf dem Kongreß, der sonst vor Globalisierungseuphorie strotzte, nicht allein da. Die christlichen Kirchen Deutschlands und weltweit warnen verstärkt vor den Gefahren einer zu materialistischen Gesellschaft und fordern eine gerechtere Verteilung zwischen Arm und Reich. Natürlich werden sich auch die Gewerkschaften dafür begeistern können, die Globalisierung sozialer zu gestalten. Besonders in Europa mehren sich zudem die Stimmen, welche eine Alternative zum Marktradikalismus amerikanischer Prägung suchen. Für eine ökologische Wirtschaftsweise setzt sich der amerikanische Vizepräsident Al Gore ein, der 1991 mit seinem Bestseller «Wege zum Gleichgewicht» viel Aufmerksamkeit erregte und dem große Chancen auf das höchste Staatsamt der USA bescheinigt werden. Jüngst sprach sich die deutsche Tochter des Ölriesen Shell, drittgrößtes Industrieunternehmen der Welt, unter bestimmten Umständen für einen Benzinpreis von DM 5 aus.

Die Aufgabe der 98er besteht nun darin, den einzelnen Stimmen durch einen breiten Protest innerhalb Deutschlands Nachdruck zu verleihen. Dabei müssen sie sich gegen die Dogmen der Neoliberalen zur Wehr zu setzen, ohne dabei selbst einer radikalen und starren Haltung zu verfallen, wie die 68er sie hatten. Die 98er sollen keine neuen Deutungstheorien der Gesellschaft und ihrer Probleme suchen und dabei vermeintlich ewigwährende «Wahrheiten» finden, wie es die 68er taten und die Marktradikalen noch heute tun. Sie sollen mit gesundem Menschenverstand, der auf theoretischen Überlegungen und praktischen Erfahrungen beruht, einen ständigen Verbesserungsprozeß in Gang setzen und halten. Die Vision einer gerechten und nachhaltigen Gesellschaft sollen sie dabei nicht aus den Augen verlieren, wohl aber die Mittel und Wege dorthin ständig der veränderten Wirklichkeit anpassen.

Wenn das Streben, der Vision durch politische Reformen näherzukommen, für jeden erkennbar ist, wird auch die Bereitschaft besonders der Jugend wachsen, für eine gerechte Gesellschaft einzutreten. Erste Beispiele für Jugendinitiativen, die schon jetzt aus der Resignation ausbrechen, sind die Studentenproteste und nicht zuletzt der Herausgeber dieses Buches, die noch junge «Stiftung für die Rechte zukünftiger Generationen». Für eine wirkliche «geistig-moralische Wende» werden sich noch mehr Jugendliche begeistern lassen. Denn – so sagt es die Schmidtchen-Studie über die Jugend in West und Ost – «In ein Deutschland, das seine geistigen humanistischen Traditionen aufnimmt, Lebensformen der Kreativität bietet, würden Jugendliche gerne aufbrechen.»[26]

Wir danken Klaus und Gisela Hippel für das informative und anregende Gespräch.

26 Gerhard Schmidtchen, *Wie weit ist der Weg nach Deutschland?* Opladen 1997, zitiert in: Warnfried Dettling 1997

Christopher Gohl

EUER DEUTSCHLAND: EIN VOLKSFEST OHNE THEMA

Dummes Gelaber

Meine Generation muß sich nicht alles gefallen lassen, schon gar nicht von krähenden Besserwissern mit Professorengehalt und 68er-Laufbahn. «Ihr habt nicht einmal ein Bewußtsein davon, daß Ihr nützliche Idioten für andere seid», mußten sich Studenten Ende 1997 von dem krakeelenden Soziologieprofessor Bernd Rabehl anhören. Besserwisserisch belehrte Rabehl im *Stern* 50/97 eine Handvoll ernst dreinblickender Studentenprotestler: «Ihr laßt Euch vollsabbern von den Staatssekretären und den Professoren». Jawoll, Herr Professor. Aber jetzt wischen Sie sich mal den Schaum vom Mund und hören Sie gut zu. Ihre Generation, Eure mythische 68er-Generation, klagt seit dreißig Jahren, und seit einiger Zeit auch über meine «lahme Generation». Ihr beschwert Euch, daß wir nicht aufstehen und «unsere Großväter morden». Nun, lieber Herr Professor Rabehl und gleichgesinnte Zeitgeistgenossen, wir sind zu verzogen und zu verwöhnt.

Das meine ich ernst. Ihr 68er, unsere Eltern- und Lehrerinnengeneration, seid die WeltverbesserungssoldatInnen, die für eine gerechtere Welt kämpften und Eltern wurden, die es zu gut mit uns gemeint haben. Heute wundert Ihr Euch, warum uns Eure guten Wünsche in der Mehrheit eigentlich egal sind.

Ihr habt uns, verdammt nochmal, zu sehr verwöhnt!

Vielleicht ist es noch zu früh für dieses Buch, denn es beschäftigt sich mit gesellschaftlichem Problem-Blabla, und Problemlösung ist unsere Sache nicht, weil wir in einem Staat leben, in dem Probleme für uns immer bereinigt wurden. Wir sind eine Generation der Verwöhnten, der Verspielten, der Eigenwilligen, und nicht leicht auf einen Nenner zu bringen. Das Eigenengagement zu vieler unserer Generation X (oder nennt uns, wie Ihr wollt) beschränkt sich – noch, so glaube ich – darauf, den Eltern Geld oder Computer, und dem Staat ein kostenloses Magisterstudium abzuschwatzen. Wir leben in einer Zeit, in der Ihr uns Sorgentelefone einrichtet, wenn ein pickeliger Sänger namens Robby seine Band verläßt, und in der Ihr uns in Talk-Shows fragt, warum wir denn unser Stimmrecht nicht wahrnehmen. Das ist alles schade, aber das liegt auch am Lauf der Zeit. Unsere Zukunft scheint uns privat bestimmt, nicht durch gesellschaftliches Wohl und Wehe. Und an dieser Einschätzung habt Ihr 68er gehörige Schuld.

Erkennet Euch selbst

Wozu sollten wir Kinder der 16jährigen Kohl-Ära denn Verantwortung in Politik und Wahlen übernehmen? Wir Kinder Eurer Generation baden doch im trägen Überfluß: Freundeskreis, Designerklamotten, Partys am Wochenende, Kurzurlaub in New York zu Silvester. Wir leben im Jetzt. Scheinbar nichts bedroht diesen privaten Zustand. Aufregendes passiert nicht bei Wahlen oder in den Abendnachrichten, sondern im Privatleben.

Allein dort tragen wir endlich einmal Verantwortung für irgend etwas und irgend jemanden – wenn auch nur für unsere neue Frisur und uns selbst.

Dafür nennt Ihr uns Egoisten. Aber Action und Fun interessierten junge Leute immer mehr als Sicherheit und Regeln – das müßtet Ihr Fritz-Teufel-Fans der 68er-Generation ja wissen. Trockener: Begeisternde Perspektiven haben wir im Privatleben, nicht im öffentlichen Bereich.

Wir rebellieren nicht – und das irritiert Eure intellektuellen Restbestände im Feuilleton der *Zeit* und bei den Überbleibseln der *taz*.

Mit viel Mühe gelingt Euch gelegentlich eine Interpretation, die Euch beruhigt: Dann sind unsere unterschiedlichen, unangepaßten Lebensstile nicht Ausdruck unserer Selbstverwirklichung, sondern in Wahrheit ein stiller politischer Protest gegen die komplizierte, ungerechte, im eigenen Saft schmorende Gesellschaft. So hättet Ihr uns gerne, auch zur Beruhigung Eures eigenen Gewissens. Aber das ist natürlich Quatsch.

Dieser «Protest» unserer Generation – wo alles erlaubt ist: Gegen was denn bitte? – ist so individuell und beliebig, daß er Punks, Ravern und Skins gleichermaßen zugestanden wird. Geeinigt auf so kleine Nenner wie Love and Peace bei der Berliner Love-Parade, kostet er nur Euren teuren fürsorglichen Staat etwas, der selbstverständlich den ganzen bunten Abfall wegräumt. Aber da sind Spaß und Aufmerksamkeit schon beim nächsten Rave – denn nichts ist älter als das, was gestern hip war. Der Larve des «Protestes» entkriecht das schlichte Desinteresse des alles Erlaubten.

Deutschland: ein Volksfest

Die Love-Parade, angemeldet als politische Demonstration, ist nicht einmal so politisch wie wahlweise Eure Stammtische am Oktoberfest oder die VIP-Lounge beim Weißenhof-Tennisturnier, Treff jener Alt68er SPD-Kameraden aus dem Lehrerkollegium meines Gymnasiums.

Zusammengenommen, beschreiben diese drei «events» eine politische Landschaft in Deutschland, die einem großen Volksfest gleicht: viel buntes Treiben und ein Stimmengewirr ohne Richtung oder Zentrum. In einem Zelt sitzt eine Orgel vor Helmut Kohl, und was der spielt, leiert immer monotoner. Im Nachbarzelt erzählt Oskar Lafontaine das alte sozialdemokratische Märchen von betrogenen Bergarbeitern und Rentnern, und auf der grünen Wiese hält

Joschka Fischer Hof. Er plaudert weniger über die Reduzierung der Bundeswehr als über die seines Bauchumfangs.

Und am Rand vom Fest steht Rudolf Scharping und reportert von der Tour de France. Ob ihm jemand zuhört, ist nicht bekannt.

Natürlich gefällt mir dieses Volksfest nicht. Natürlich bin ich enttäuscht. Natürlich würde ich gerne in einer Zeit leben, in der die Herzen der Menschen von Utopien und öffentlichen Idealen gestreichelt werden, und in der die demokratisch verfaßte Hingabe an Visionen nicht nur den Geist in eine berauschende Zukunft, sondern auch die Füße auf die Straße trägt. In der gemeinsamer Fortschritt sozusagen im Gleichmarsch der Demonstrationen für das Bessere in uns allen beginnt.

Ich würde gerne morgens aufwachen mit Hoffnung in der Brust und abends zu Bett gehen mit einem Traum von der gerechteren Gesellschaft. Und deshalb, liebe 68er, liebe ich Eure nordamerikanischen Zeitgenossen sehr viel mehr als Euren verspießten deutschen Kampf um eine Anstellung als aufgeklärte Geschichtslehrer im deutschen Staatsdienst.

Ich liebe den poetischen, den rebellischen Robert Kennedy und seine Rede an die Jugend, sein Zitat: «Manche Menschen sehen die Dinge, wie sie sind und fragen nach dem Warum. Ich sehe Dinge, die niemals waren, und frage: warum nicht?» Ich liebe, sentimental vielleicht, James Chaney, Andrew Goodman und Mickey Schwerner, die der Klu-Klux-Klan 1964 auf einer einsamen Straße in Mississippi für ihren Kampf um Bürgerrechte ermordet hat. Und ich liebe Martin Luther King, der gesagt hat:

> «Wenn Du die Hoffnung verlierst, verlierst Du irgendwie auch die Lebenskraft, die dich vorantreibt, du verlierst diesen Mut, überhaupt da zu sein, diese Eigenschaft, die dir hilft, trotz allem weiter zu machen. Und so habe ich heute noch immer einen Traum.»

Wie abgegriffen, lieber Professor Rabehl, klingen dagegen Ihre Parolen vom Muff von tausend Jahren unter den Talaren, in denen jetzt seit dreißig Jahren Ihr eigener Sesselhintern schwitzt?

Kurz kannten wir diese Euphorie, nach den Sternen zu greifen und sie in Kerzen erstrahlen lassen zu können. Im Frühjahr 1989 demonstrierten chinesische Studenten für liberale Ideen, im Herbst setzten sie sich in ganz Osteuropa durch. Idealismus bezwang überbrachte Systeme, Zivilcourage stoppte Armeen, Poeten wurden Präsidenten. Ich war 16 idealistische Jahre alt, fasziniert von Politik, und trat einer Partei bei. Bis zum 3. Oktober 1990 versprachen die frischen Winde der Freiheit einen Neuanfang für Europa und besonders für uns Deutsche. Jeder Montag war ein Feiertag der Freiheit. Und bis zum 3. Oktober haben wir die Ostdeutschen dafür bewundert. Seitdem sie uns aber auf der Tasche liegen, wollen wir von ihren Idealen nichts mehr wissen. Die westdeutsche Realität der Marke Kohl hat uns wieder und liegt wie Mehltau über allem. Die Realität Kohl, das bedeutet Opposition inklusive, was diejenigen ostdeutschen Bürgerrechtler jetzt endlich kapiert haben, die CDU-Mitglieder werden. Die roten Programme der Sozialdemokratie sind sehr verblümt die von Kohls sozialer Gestik, und sicherlich weder progressiv noch originell. Kandidat Schröder kann nur trotz dieser Programme gewinnen, und wenn der andere 68er, Oskar Lafontaine, sich nicht als moderner Hagen von Tronje zelebriert. Die Grünen sind das gute Gewissen der städtischen Mittelklasse, die schwarz lebt und grün wählt. Die FDP hat zwar mit dem Wiesbadener Programm den radikalsten Gegenentwurf zu den heutigen Verhältnissen vorgelegt, benimmt sich aber immer wieder gern als Kohls liberale Wählerparty, der der große Meister ab und an ein Solidaritätshäppchen spendiert. Und Gregor Gysi ist der Clown, das muntere Alibi der müden deutschen Volksfestdemokratie.

Ihr sabbert uns voll mit Eurem 68er-Mythos

So sieht unsere politische Landschaft aus. Darin verlaufen haben sich kürzlich auch ein paar Studenten, die – Kinder Eurer Generation –, für eine kostenlose, unbegrenzte Studienzeit streikten. Heissa, war das ein Feiertag für Sie alten Fahnenträger, Professor Rabehl und gleichgesinnte Zeitgenossen: endlich wieder Diskurs mit der Jugend! Endlich steht sie auf gegen uns, diese müde Generation! Altväterlich, strategieerfahren und besserwisserisch zugleich, haben die Professoren da gegluckst, und Sie, Prof. Rabehl, sind für diesen Beitrag meine schönste Fallstudie. Wie sagten Sie im *Stern* 50/97 als «Apo-Führer von 1968 und heute Soziologieprofessor in Berlin»: «Wir wollten vor allem nicht die Professorenuniversität. Ihr demonstriert ja mit den Professoren.» Sie, Rabehl, seien zwar «nicht der Demagoge, der die Ziele der Studenten aufschüttet» – «es wäre kurios wenn ich als Alt-Revoluzzer hier Ratschläge gäbe», aber meine Generation lasse sich «vollsabbern von den Staatssekretären und den Professoren», und das ohne Bewußtsein für unseren Status als «nützliche Idioten für andere». Eine Jugend müsse sich über Protest definieren, «sonst werdet ihr autistische Schlappies.»

Daher Ihr dringender Rat: «Man muß sehen, wie man einen Streik sehr moderat eskalieren kann.»

Sabber, sabber, sabber: Alt68er in ihrem Element. Die Antwort des Studenten Florian von Alemann:

> «Was hat denn '68 bewirkt? Mich kotzt der Vergleich an. Die 68er sind heute die Generation, die mir am unangenehmsten ist. Weil die nämlich dasitzen und die Studenten ungefragt duzen. In Wirklichkeit sind es die, die es sich am gemütlichsten gemacht haben ...»

So erfrischend dieser Meinungsaustausch natürlich war, anläßlich studentischer Proteste, so schnell war er auch beendet. Weihnachten kam dann dazwischen und der Erstickungstod in der Kohlschen Umarmung der Protestler. Papa Kohl, an den Ihr Euch gerne gewöhnt habt, war mal wieder seine eigene Opposition, und meine Generation war dann doch noch einmal zu bequem.

Stillstand, Nabelschau, überforderter Staat

Mit anderen Worten, Euer Marsch durch die Institutionen hat zum Stillstand geführt. Vor dreißig Jahren hat Euch das heimelige unpolitische Familienleben der Nachkriegszeit nicht mehr gefallen – die

Wolldecke über der Couch, die Blümchengardine vor dem Fenster, der Bauch im Wirtschaftswunder der 50er und 60er und der Geist noch auf dem Exerzierplatz der 30er Jahre. Kräftig durchgelüftet habt Ihr – das war sicher nötig. Alles wurde «Politik» und «öffentlich», oder mindestens «gegenöffentlich». Alte Mauern habt Ihr eingerissen, und alle Freiheitskämpfer wurden Brüder, in Nicaragua, Cuba, Köln oder Vietnam. Das Fest des Lebens wurde vom miefigen Wohnzimmer auf die Straße verlegt und ins Theater. Ihr habt die Institutionen gestürmt, und da sitzt Ihr heute noch: In einer Sitzblokkade, auf einer «Hocketse», wie wir Schwaben ein Straßenfest nennen: «Da hocken sie». Und zwar verbraucht, zynisch und ideenlos, aber sich selbst feiernd. Deutschland heute ist ein Volksfest ohne Thema, und Ihr wundert Euch über den unpolitischen Nachwuchs.

Der Umzug vom Wohnzimmer auf die Straße, von der Couch zum Volksfest hat im Endeffekt Deutschland nicht politischer gemacht. Die persönliche Nabelschau und der öffentliche Narzißmus sind populärer geworden. Dabei wurde erstens die politische Kultur beliebiger, zum zweiten habt Ihr den Staatsapparat überlastet.

1. Zum ersten: Selbstverwirklichung war Euer Zauberwort und ist heute noch die Grundidee der politischen Kultur. Euer Kampf richtete sich gegen die Enge Eurer Zeit, aber nicht gegen die Enge der Herzen. Politik wurde zum Happening, zum Teil der Selbstinszenierung. Aus Euren Kommunen kroch die spießige FKK-Kultur, die die Nazis schon pflegten. In Euren Kinderläden habt Ihr uns antiautoritär erzogen – mit deutscher Gründlichkeit. Wir durften immer alles. Und heute wundert Ihr Euch, daß wir von Euch nichts mehr wollen, daß wir zufrieden sind mit uns. Daß wir uns wohl fühlen auf diesem Volksfest.
   Alle Tabus habt Ihr gebrochen. Alles ist erlaubt, nichts ist verbindlich. Am wenigsten die Realität des bunten bilderrauschenden «Infotainment», veranstaltet für den nach seinem Tennismatch auf dem Sofa liegenden 68er. Und natürlich sind wir Jungen schon für alles, was umweltfreundlich und sozial ist. Doch Greenpeace könnte auch eine Rockgruppe sein, die Politiker Soap-opera-Stars oder Celebreties wie der Spät68er Bill Clinton.

Das würde an ihrem Stellenwert nichts ändern – wir konsumieren sie wie die umweltfreundliche und soziale SPD des Technotanzenden Lafontaine und der Pro- und Contra-schwätzenden Andrea Nahles. Und irgendwann wirds langweilig. Dann wechselt die Mode und wir zur nächsten Attraktion.

2. Der Staat, den Ihr erbaut habt, der ändert sich leider nicht. In Eurem Bestreben der privaten Selbstverwirklichung habt Ihr dem Staat, der Öffentlichkeit, die Realisierung aller Eurer Ideale überantwortet: Soziale Gerechtigkeit, Vollbeschäftigung, Sicherheit in allen Lebenslagen. Lebensrisiken, Verantwortung habt Ihr staatlich kollektiviert, abgeschoben. Den Spaß habt Ihr privatisiert – und seid dann gut essen gegangen. In der Toskana, wo Ihr zunächst noch Bloch, bald aber Simmel gelesen habt. Und später am Gardasee gab's dann schon Kabelfernsehen.

Der Marsch durch die Institutionen diente Eurem Bausparvertrag

Eine Öffentlichkeit erfinden, sie im Sturm erobern, Ideale pflanzen und dann die Pflege einem zunehmend sozialistischen Nationalstaat überlassen, sich zurückziehen: das kann meiner Generation nicht als Vorbild dienen. Denn in Eurer politischen Kultur habt Ihr die Ethik einer persönlichen Verantwortung, einer Mitmenschlichkeit so überflüssig gemacht, daß sie im Lauf der Zeit den Bach hinunterging. Es gibt sie ja noch, die dunklen Seiten des Lebens in Deutschland: Armut, Krankheit, Arbeitslosigkeit, Mühsal, Kummer, sogar Todesangst. Aber Ihr habt dafür gesorgt, daß wir, Eure Kinder, die dunklen Seiten des Lebens nicht kennen, weil das Sozialamt und die Bundesanstalt für Arbeit dafür da sind. Wo also sollten wir das Gefühl ausgebildet haben, aufgerufen zu sein in unserer eigenen Verantwortung, wo waren wir je ethisch herausgefordert – außer in Klassenarbeiten im Ethikunterricht? Wo haben wir gelernt, «Halt» zu schreien, und das gut begründen zu können? Habt nicht Ihr selbst

Eure moralische Verantwortung an soziale Einrichtungen des Staates abgegeben?

Ja, ich sage: Die gründlichen deutschen Ämter haben uns dem Leben und der Verantwortung «entfremdet». Sie sind die Verwalter Eures moralischen Bankrotts. Wer arm ist, wird ein Aktenzeichen auf dem Amt, wird zum Bittsteller auf dem Weg zu einer kafkaesken Anzahl von 158 verschiedenen Sozialleistungen in 38 verschiedenen Ämtern. Wer heute Arbeit sucht, kämpft gegen Gesetze, die seine Einstellung erschweren, weil sie die Arbeitenden schützen – diese «soziale» Gesetzgebung habt Ihr Gutmenschen aus der 68er-Generation zu verantworten. Die Verwaltung sozialer Probleme ist eine mathematische Angelegenheit, aber kein mitmenschliches Anliegen mehr. Solidarität wird Eurer Auffassung nach am Wahltag gewählt, aber nicht mehr jeden Tag gelebt. Bezahlen wir für Euren moralischen Bankrott, für Eure heile Welt nicht zu teuer?

Eine Staatsquote habt Ihr erreicht, die ist sozialistisch, und ein Haushaltsloch, das ist enorm. Eure Stahlarbeiter verarscht Ihr seit zwanzig Jahren mit der Unwahrheit und staatlichen Subventionen, die wir später werden abzahlen müssen. Euer naive Glaube an Vater Staat, liebe 68er, an den Vater Staat und seine Fähigkeiten, ein wunderbares Leben mit Vollbeschäftigung, totaler Gerechtigkeit, Universitätsabschluß und Eierkuchen für alle zu garantieren, hat uns heute diese hohe Staatsquote beschert, diesen Gesetzes- und Bürokratiewust, überlaufene Unis – und letztendlich einen verdorbenen Magen. Katerstimmung in Deutschland.

Den Wohlstand der Aufbaugeneration nach dem Krieg habt Ihr staatlich zu verteilen gewußt. Von Euren Visionen ist außer der Potemkinschen Fassade eines bankrotten Sozialstaates und der Schauspielerei dieses Volksfestes nichts übrig geblieben. Euer «Marsch durch die Institutionen» diente keinen größeren öffentlichen Zielen, keiner moralisch inspirierten Vision mehr, sondern Eurem Bausparvertrag und unserer problemfreien Kindheit. Die Originellen unter Euch haben sich gegen Kohl noch ein bißchen gewehrt – mit «Birnen»-Witzen. Und langsam wurde Kohl dann auch für Euch wählbar. Ihr seid Materialisten, die heute mit denen zu Mittag essen, die sie gestern noch als Spekulanten beschimpft haben, die sich wie Gerhard Schröder als Väter scheiden lassen, und die sich wie Lafontaine einen französischen Koch halten.

Die guten alten 68er-Zeiten, die Ihr dieses Jahr im *Spiegel* und anderen kritischen Aktivistenblättern noch einmal hochleben laßt, sind vorbei.

Und gab es damals noch klare Gegner wie das Unternehmen Springer, so ist's heute der innere Schweinehund: Laufen wir – oder nehmen wir das Auto zum Bild-Zeitungsmann hinter der Tempo 30-Zone an der Ecke, und wenn ja, den Erst- oder Zweitwagen – beide ja mit Kat, wegen der Umwelt?

Ach, Ihr Arrivierten, was seid Ihr müde ... Vielleicht würdet Ihr ja gerne etwas ändern – aber hier scheint ja irgendwie kein Diskurs mehr möglich, geschweige denn ein herrschaftsfreier, weil in Deutschland Politik wie ein unsauber eingestelltes Radio klingt.

Mehr Mitmenschlichkeit, weniger Staat

Nicht mehr lange, wenn es nach mir ginge. Es ist an der Zeit für meine Generation, sich aus der Unmündigkeit Eurer Umarmung zu befreien, die Initiative zu ergreifen und nicht länger anzuerkennen, das Ihr die selbstgekürten, heimlichen demokratischen Helden der Bundesrepublik sein wollt. Euer selbstgerechter Mythos, Eure 68er-Legende demokratischer Sternstunden, kotzt mich an. Ich glaube, daß meine Generation die erste vernünftig demokratische werden wird.

Zunächst will ich kurz danken, dann fordern. Liebe Mütter und Väter, ich danke Euch für ein ungezwungeneres Klima in unserer Gesellschaft, für mehr Toleranz. Aber das wars auch schon. Ich fordere mehr Mitmenschlichkeit und weniger Staat und rufe Alexis de Tocqueville in den Zeugenstand, der das alles vor über 160 Jahren hat kommen sehen. Der ewigen Tendenz zur Gleichheit müsse jeden Tag wieder der Kampf für die Freiheit entgegengestellt werden, beobachtete er anhand der «Demokratie in Amerika». Entfliehen könnten wir der Tendenz zur Gleichheit und ihrer Logik der wohlfahrtsstaatlichen Gleichmacherei nur durch die Einübung basisdemokratischer Praktiken auf lokaler Ebene. Das Verlangen der demokratischen Seele nach Gleichheit, erkannte Tocqueville, stärke den starken Staat, den Staat, der für Gerechtigkeit durch Gleichheit sorgen wolle. Ein Staat also wie Eure Bundesrepublik, liebe 68er, in der Ihr für jedes Problem ein Extra-Gesetz gefunden habt und Ausnahmen. Für diese Auswüchse sind die Steuergesetzgebung oder die erwähnten 158 verschiedenen Sozialleistungen ebenso ein Beispiel wie die steigende Staatsquote für den starken Staat. Und was sah Tocqueville als Ergebnis eines solchen Staates voraus? Vereinzelung, Rückzug ins Private. Schauet einander an und erkennet Euch!

Was verschrieb Tocqueville als Gegenmittel? Vor allem anderen die Begegnung auf lokaler Ebene, wo der Mensch dem Menschen ins Auge sieht; wo wir uns selbst erkennen und unsere Probleme realistisch einschätzen können; und wo wir so unsere postmoderne Einsamkeit, unser Single-Dasein verlassen, Bindungen aufbauen und Verantwortung erlernen. Kein Zufall ist übrigens, daß Tocqueville auch die Familie und Religion für wichtige Einrichtungen hielt – beides hat Eure Generation zu verachten geliebt.

Und so schlage ich vor, zu einer Dialog-Ethik der persönlichen Verantwortung zurückzukehren, wie sie uns Martin Buber oder Emmanuel Lévinas eröffnet haben. Und Tocqueville folgend, müssen wir leider von Eurem starken Staat und seinen Leistungen Abschied nehmen. Das Volksfest können wir uns nicht länger leisten. Die USA sind unter dem lernfähigen und progressiven Vietnamkriegsgegner Clinton eine wesentlich pragmatischere und erfolgreichere Nation. Von Clintons Vereinigten Staaten können wir viel lernen.

Ring im Ohr und Hoffnung im Herz: Wir 89er-plus-X sind unverkrampfte Demokraten

Und noch mehr fordere ich. Ich will, daß wir uns endlich den wahren Zukunftsthemen widmen. Ich rechne mich zum progressiven Teil der Jugend. Zu dem, der den Protest anführen will, zu denen, die zwar Boss-Klamotten und Ohrringe tragen, aber Hoffnung im Herzen haben und Grips im Kopf. Die realistisch an die Sache herangehen und Euch den Rentenbeschiß vorrechnen und die Löcher im Haushalt und in der Ozonschicht. Ohne Idealismus kommen wir nicht weit. Ohne Pragmatismus bringen wir es zu nichts.

Es kommt – so hoffe ich (und was bin ich ohne Hoffnung, die ich von Euch nicht lernte) – eine Generation der Vernünftigen, eine, die Generationengerechtigkeit verlangt und die Hans Jonas genauso gut kennt wie den Haushalt des Bundes und die Finanzierbarkeit der Renten. Die auch in Zukunft Spaß haben möchte, ja. Aber bezahlbar. Moderat und generationengerecht. Es ist eine Generation, die ich die 89er-plus-X Generation nennen möchte, weil wir seit 1989 wieder Ideale haben können, und die Sozialstaatsreformen fordert und eine Steuerreform sowie eine Demokratiereform für mehr Bürgerbeteiligung. Wir fordern eine konsequente ökologische Marktwirtschaft, Bürgergeld, flexiblere Universitäten, und eine offene Diskussion über die Idee der Generationenverträge. Wir sind eine realistische Generation, die Ideen retten will. Und eine, die sich wieder moralisch entrüsten kann.

Wir Jungen kommen deshalb nicht mit pfeifendem Megaphon, strähnigem Haar und wirrem Blick wie Deutschlands erster professioneller Student Rudi Dutschke. Auch wenn das sicher Spaß machen würde! Unsere Herzen sehnen sich nach einer anderen Politik. Wir sehen Perspektiven in öffentlichen Angelegenheiten, für die sich Leidenschaft lohnt und Augenmaß. Aber wir wissen eben auch, daß öffentliche Angelegenheiten und eine Ethik der persönlichen Verantwortung und Mitmenschlichkeit etwas sind, an was sich eine von Euch privatisierte Generation erst wieder gewöhnen muß. Massenmobilisierung braucht Zeit, aber die Zeit ist auf unserer Seite.

Wir sind eine Generation, die sich demokratisch unaufregender Mittel bedient, die sachlich, aber bestimmt auftritt, Stiftungen gründet, Kongresse abhält. Vielleicht sind wir die erste Generation deutscher Demokraten, die mit ihrer demokratischen Freiheit unverkrampft umgeht. Und die die Balance finden kann zwischen privatem Spaß und öffentlicher Anstrengung.

Und die insofern von Euch doch gelernt hat: daß öffentliche Verantwortung persönlich ist und bleibt, und daß für uns alle schmerzhafte Entscheidungen notwendig sind, die wir gemeinsam treffen müssen, auch mit denen unserer Generationsgenossen, die sich noch nicht engagieren.

Wir Vernünftigen wollen garantiert nicht werden wie Ihr. Aber wir Vernünftigen und Ihr müden Altverrückten, eingeschlossen Soziologieprofessor Rabehl: wir werden den Karren doch gemeinsam aus dem Dreck ziehen können, oder? Wartets nicht ab. Faßt mit an!

Christopher Gohl sympathisiert mit den Liberalen in Baden-Württemberg, dem schwäbischen Unternehmen Hugo Boss, der Umweltorganisation Greenpeace, der Schüleraustauschorganisation AFS Interkulturelle Begegnungen, der Studentenverbindung Stuttgardia und mit den Philosophen Hans Jonas und Martin Buber.

Jörg Tremmel

68ER UND 89ER – ZEIT FÜR EINEN GENERATIONSWECHSEL

Aufbaugeneration, 68er und 89er

Welche Generationen kann man heute in Deutschland unterscheiden? In großen Zügen finden sich drei, die unser Land prägen: Die erste ist die Aufbaugeneration. Sie hat in ihrer Jugend noch die existenzielle Erfahrung von Krieg und Kapitulation gemacht, dann in den 50ern und 60ern das Wirtschaftswunder geschafft, bis sie schließlich ab 1968 von ihren Kindern in einen großen Generationenkonflikt verwickelt wurde.

In der Zeit von 1968 bis 1989 setzte sich in Westdeutschland die 68er-Generation durch. Ihr großes Verdienst war es – dies muß man ihnen trotz aller in diesem Beitrag geäußerten Kritik lassen –, die innere Demokratisierung Deutschlands voranzutreiben. Die bedingungslose Kapitulation 1945 änderte ja noch nicht die Geisteshaltung der Bevölkerung: Von daher bestand vor 1968 eine «Demokratie ohne Demokraten» in Deutschland. Willy Brandts berühmter Spruch: «Mehr Demokratie wagen» kann man durchaus als Maxime der 68er-Generation bezeichnen, wenn man ihr wohlwill.

Nachdem Rudi Dutschke vor 30 Jahren zum Marsch durch die Institutionen aufgerufen hatte, stehen die 68er im Zenit Ihrer Macht. Sie stellen heute (zumindest in Westdeutschland) die Mehrheit der Professoren, Lehrer, der übrigen Beamtenschaft und der Journalisten. Sie blockieren die Richterstühle, die einflußreichen Positionen in den Parteien. Sie kontrollieren Verlage und Redaktionen und dominieren dadurch immer noch die öffentliche Meinung.

Die Zeit seit der Wiedervereinigung 1989 gehört meiner Generation, die gerade dabei ist, die 68er abzulösen. An vielen Kleinigkeiten läßt sich zeigen, daß der Generationswechsel von den 68ern zu den 89ern bereits seit einigen Jahren in vollem Gange ist. Man merkt es an den Titelthemen des *Spiegel*, man merkt es daran, wie die Bundeswehr für sich im Fernsehen wirbt, man merkt es daran, wie der SPD-Kanzlerkandidat Gerhard Schröder über Ausländerkriminalität und Strafvollzug bei Triebtätern spricht. In der 68er-Zeit wäre weder der Asylkompromiß oder der große Lauschangriff möglich gewesen, noch hätte sich eine Zeitschrift wie *Focus* etablieren können. Sozialhilfeempfänger wären nicht wie heute zu gemeinnützigen Arbeiten herangezogen worden und die Gewerkschaften hätten nicht seit einigen Jahren Lohnverzicht geübt. Seit einigen Jahren gibt es einen politischen Klimawechsel im Land, und man muß schon blind und taub sein, um ihn nicht zu bemerken. Sicher, in vielen Bereichen kämpfen die 68er noch Rückzugsgefechte, aber mehr und mehr übernehmen die 89er die Meinungsführerschaft, und es wird nur noch einige Jahre dauern, bis der Generationswechsel endgültig geschafft ist. 1998 feiern die 68er 30jähriges Jubiläum, ein guter Zeitpunkt, um endlich abzutreten ...

Längst wird der Generationskonflikt in der Politik und auch in den Redaktionen ausgetragen: Friedlich sitzen die Nachwuchsjournalisten von *FAZ*, *taz* und *Spiegel* in Gruppen wie dem «Internat» oder im «U-30»-Kreis zusammen. Dies wäre zu 68er-Zeiten, in denen sich die Hamburger Magazine als «Kampfpresse» gegenüber der CDU-Regierung verstanden, nicht möglich gewesen. Junge Grüne und junge CDU-Abgeordnete, friedlich in der Pizza-Connection vereint, lassen sich zu folgendem Ausspruch hinreißen wie dem des Grünen Oswald Metzgers: «Manche jungen Leute in der Union stehen mir näher als die Alten in meiner eigenen Partei.»

In der *Zeit* vom 21.2.1997 versuchte sich Jochen Buchsteiner an einem Portrait der jungen Generation. Die Überschrift «... und kein bißchen bissig» deutet schon an, was er von der heutigen Jugend hält: läppisch, angepaßt, karrieregeil. Joschka Fischer wird zitiert:

«Eure Generation deprimiert mich. Ihr seid langweilig und dröge.» Und weiter: «Euch fehlt Kampfesmut und Abenteuerlust. Ihr seid eine Heiapopeia-Jugend.» Selten so gelacht. Die 89er wissen, daß sie die 68er ablösen werden, daß sie dieses Land umkrempeln werden. Sie sind schon seit einigen Jahren dabei. Auch Joschka Fischer sollte das bemerkt haben …

Generation als Wertegemeinschaft

Der Begriff «Generation» wird in unterschiedlichen Bedeutungen verwandt. Erstens sind damit alle Menschen gemeint, die zu einer bestimmten Zeit geboren wurden. So bezeichnet man die Unterdreißigjährigen als die junge Generation. Entsprechend werden alle 30-60jährigen als die mittlere Generation bezeichnet und die Übersechzigjährigen als die alte Generation. Mit dieser Einteilung nach dem Alter geht auch die Stiftung für die Rechte zukünftiger Generationen bei ihrem täglichen Einsatz für Generationengerechtigkeit – Gerechtigkeit zwischen Jung und Alt – vor.

Es gibt aber eine zweite mögliche Definition von Generation, eine soziologische. Eine Generation umfaßt dann alle Menschen, die einen bestimmten Katalog von Überzeugungen und Werten teilen, die ähnliche Gewohnheiten, denselben Geschmack haben, kurz: die sich in ihrem Denken ähnlich sind. Auch wenn natürlich Wechselwirkungen zwischen Zeit und Sozialisation bestehen, so kann im Extremfall auch ein 15jähriger oder ein achtzigjähriger zu einer bestimmten Generation – z.B. den 68ern – gehören. Ein Beispiel ist etwa die junge Bundesfamilienministerin Claudia Nolte, die geistig der Aufbaugeneration zuzurechnen ist.

In der Praxis werden Menschen meist in ihrer Jugend aus einer geschichtlichen Grundsituation heraus an bestimmte Werte gebunden. Sie werden in einer bestimmten Weise sozialisiert und ändern ihre Meinungen auch später nur schwer. Im folgenden ist mit Generation immer der soziologische Generationenbegriff gemeint.[1]

Die 68er lassen sich also nicht zeitlich, sondern soziologisch definieren. 68er ist nicht, wer zwischen 1967 und 1975 bei einer bestimmten Demo dabei war, sondern wer bestimmte Werte teilt. Was aber sind denn nun die charakterisierenden Einstellungen der 68er? Im folgenden Katalog von Aussagen werden sich die meisten 68er mehr oder weniger wiederfinden.[2]

Das politische Programm der 68er

Es gibt Überzeugungen der 68er, die man auch heute noch voll unterschreiben kann:

- daß die ökologische Frage ganz nach oben auf die politische Tagesordnung gehört.
- daß die Auseinandersetzung mit der NS-Vergangenheit mit schonungsloser Offenheit geführt werden muß, auch wenn es weh tut.
- daß von Deutschland nie wieder ein Angriffskrieg ausgehen darf.

Wie zeitgemäß sind aber folgende 68er-Thesen heute noch:

- daß deutliche Einkommensunterschiede in einer Gesellschaft unsozial und damit gleichzeitig ungerecht seien.
- daß die Entlohnung nicht nach der persönlichen Leistung erfolgen sollte, sondern nach den persönlichen Bedürfnissen (Bedürfnisgerechtigkeit).
- daß der Staat einen starken Einfluß auf die Wirtschaft nehmen sollte.

---

1 Um den Unterschied zwischen den beiden möglichen Definitionen deutlich zu machen, spricht der berühmte Generationenforscher Leopold Rosenmayr immer nur von Kohorten, wenn er die in einem bestimmten Zeitabschnitt Geborenen meint. Der Begriff «Generation» ist bei ihm reserviert für «eine wenn auch nur lose, soziale Einheit, die sich durch Verarbeitung von gemeinsamen Erlebnissen als Kulturgestalt herausbildet» (L.R.: «Generation als gestaltete Geschichte», S.148, in L.R.: *Die Kräfte des Alterns*, Wien 1990, S.148-160).

2 Natürlich sind diese Aussagen insofern subjektiv, als ich als Angehöriger der 89er-Generation sie zwangsläufig anders formuliere als ein 68er selbst es tun würde.

- daß die «3.Welt» von den Industrieländern des Nordens ausgebeutet wird.
- daß unsere Gesellschaft immer noch patriarchalisch sei, d.h. von Männern beherrscht werde.
- daß Pazifismus der richtige Weg ist und deshalb Bundeswehr und NATO aufgelöst werden sollten.
- daß Rechte nur Haß verdienen und eine Auseinandersetzung mit ihren Positionen überflüssig und Zeitverschwendung sei.
- daß die Grenzen für Zuwanderer weit geöffnet werden sollten.
- daß über Ausländerkriminalität und Sozialhilfemißbrauch möglichst geschwiegen werden sollte, schließlich könnten Rechte sonst dieses Themen ausbeuten.
- daß nicht-eheliches Zusammenleben zwischen Mann und Frau der Ehe rechtlich in jeder Hinsicht gleichzustellen ist.
- daß jeder Verbrecher besserungsfähig ist und deshalb lebenslange Freiheitsstrafen unmenschlich sind.
- daß bei der Verurteilung von Straftätern zunächst «schwierigen Umständen» in ihrer Kindheit Rechnung getragen werden müsse, erst in zweiter Linie dem Schutzbedürfnis der Gesellschaft.
- daß die durch die 68er-Revolte ausgelösten Veränderungen uneingeschränkt positiv zu beurteilen sind.

Wer, sagen wir, drei Viertel dieser Positionen unterstützt, ist ein 68er. Es geht nicht darum, hier jedes Wort abzuwägen, es geht darum, die Mentalität, die Grundstimmung der 68er-Generation gefühlsmäßig faßbar zu machen. Die 68er sind geeint in einem Bewußtsein, daß Ende der 60er Jahre entstanden ist und dem man auch heute noch beipflichten kann.

Wer sind die 89er?

In den letzten drei Jahrzehnten hat sich viel verändert, eine neue Generation ist nachgewachsen. Diese Generation wird, so wollen es die Naturgesetze, die 68er-Generation eines Tages ablösen. Allerdings konstituiert das Nachwachsen junger Leute noch nicht automatisch einen Generationswechsel, zumindest wenn man darunter mehr versteht als das Austauschen altgewordener Personen durch junge Personen mit genau denselben Idealen und Überzeugungen. Zu einem Generationswechsel kommt es nur dann, wenn auch die Werte und Weltanschauungen der alten Generation von der jungen in Frage gestellt und zumindest teilweise verändert werden.

Die große Frage, die derzeit überall (nicht zuletzt auch unter den 68ern selbst) gestellt wird, lautet: Wird es einen Generationswechsel geben? Wird der biologische Prozeß des Ersetzens der Eltern durch ihre Kinder auch zu einem Ersetzen der alten Werte führen? Wird die junge Generation die Werte der 68er vollständig übernehmen oder verfolgt sie eigene Ziele, geht eigene Wege, setzt eigene Ideen um?

In den Feuilletons, die übrigens nicht von der jungen Generation, sondern von der älteren gemacht werden, hält man seit einiger Zeit verstärkt Ausschau nach einer «neuen Generation», die in der Lage wäre, ihre Zeit zu prägen. Die Jugend erfreut sich hoher Beachtung und eine Vielzahl von Studien versucht, sie zu erklären.

Das vorläufige Ergebnis dieser Untersuchungen beruhigte die 68er. Die Jugend schien angepaßt, apolitisch und außerhalb des privaten Bereiches jeglichem Engagement abgeneigt zu sein. «Nach uns kann auch nichts anderes mehr kommen. Wogegen sollten sie auch rebellieren, schließlich haben wir damals schon alle Tabus gebrochen.» sagte man sich in den Schaltzentren der Macht und klopfte sich gegenseitig auf die Schultern. Flugs wurde der Begriff «Generation X» geprägt. Diese Bezeichnung, von dem amerikanischen Autor Douglas Coupland übernommen, soll aussagen, daß es «die heutige Jugend» gar nicht gibt. Es gibt nur einzelne Individuen, deren Weltanschauungen, Ziele, Lebensphilosophien und Überzeugungen viel zu unterschiedlich sind, als daß man die Altersgruppe der Unterdreißigjährigen in eine Schublade stecken könnte. Das X steht für Beliebigkeit, jeder muß es für sich selbst ausfüllen. Allgemein könne man nur sagen, daß politisches Engagement out ist und stattdessen lieber das kleine private Glück gesucht wird, sei es in Form der allabendlichen Techno-Raves oder von schneller Karierre. Eine neue Tendenz, ein politisches Programm gar, war nicht in Sicht. Mit anderen Worten: «Es gibt keine Nachrücker, die uns Konkurrenz machen wollen oder könnten. Es wird alles beim alten bleiben.»

Dieses Urteil ist vorschnell. «Es wird eine Generation der 89er geben, aber sie wird anders aussehen, als wir denken» schreibt Claus Leggewie, selbst Jahrgang 1950.[3] Natürlich gibt es diese Vielfalt an Optionen, an Lebenstilen, wer wollte das bestreiten. Man kann heute S-Bahn-Surfer, Optionsscheinspekulant, Volksmusikhörer und Jugendleiter eines Pfadfinderlagers sein. Man kann sogar alles gleichzeitig sein. Bastelbiographien, Patchwork-Identitäten heißen die neuen Schlagworte: Jeder sucht sich aus der reichen Palette der Trends, Moden, Werte, Verhaltensmuster und Lebensweisheiten das aus, was ihm sinnvoll erscheint. Genau daraus erwächst eine Geisteshaltung, die uns so sehr von den 68ern unterscheidet. Wir sind wahrscheinlich toleranter und aufgeklärter als jede Generation vor uns, wir leben nach der Maxime «Leben und leben lassen» und akzeptieren auch andere Meinungen. Wir sind rasch wechselnde Moden gewohnt, wir lachen über die Werbung, wenn sie uns das Heil verspricht, wir glauben nicht mehr an Ideologien. Dies ist der entscheidende Punkt. Die 89er haben zwei entscheidende Wesenszüge:

- sie sind unideologisch.
- für sie stellt sich die Systemfrage nicht mehr.

---

3 Leggewie, Claus: *Die 89er – Portrait einer Generation*, Hamburg 1995, S.37

Dies mag wenig revolutionär erscheinen, aber es ändert im Vergleich zu den 68ern alles! In meinem Buch *68er und 89er* habe ich beschrieben, wie durch die unideologische Haltung der 89er in fast allen Gesellschaftsbereichen ein Konflikt zwischen 68ern und 89ern entsteht.[4]

Den Gegensatz zwischen 68ern und 89ern in diesen drei Bereichen werde ich später entwickeln, zunächst jedoch muß geklärt werden, was «unideologisch» heißt? Unideologisch bedeutet «jenseits von rechts von links», pragmatisch, dem besseren Argument folgend. Unideologische Politiker unserer Tage sind z.B. Tony Blair, Bill Clinton oder in Deutschland Gerhard Schröder. Tony Blair interessierte sich nicht für die dogmatischen Altlasten, die die Labour Party mit sich herumträgt: Er trennte sich so schnell wie möglich davon. Gerhard Schröder wettert gegen 68er-Glaubensbekenntnisse bei der Kriminalitätsbekämpfung oder der Einwanderung.

Der politische Pragmatismus der 89er läßt sich nicht in das alte Rechts-Links-Schema einordnen. Pragmatismus bedeutet, von Fall zu Fall zu entscheiden, wobei politischen Beobachtern dann die eine Lösung eher links und die andere eher rechts erscheint. Den 89ern selbst sind Etikettierungen ohnehin egal. Ideologieferne heißt auch, stets zu differenzieren. Wir wissen, daß die Welt weder schwarz noch weiß ist, sondern dunkelgrau mit hellgrauen Tupfern.

DIE STUDENTENSTREIKS 1997/98

Das Pragmatische, Vernünftige der jungen Generation kam nirgendwo stärker zum Ausdruck als bei den Studentenstreiks im Herbst 1997, immerhin die größten Kundgebungen junger Leute seit den

4 Das Buch erscheint im Sommer 1998 im www.tremmel.de-Internet Verlag, d.h. es ist – der neuen Epoche angemessen – nur über das Internet zu bekommen. Für diesen Sammelband junger Autoren will ich drei Aspekte herausgreifen: Meinungsfreiheit, Wirtschaft und Kriminalität. In meiner ausführlichen Abhandlung zum 68er-Thema finden sich auch eine Vielzahl von Quellenangaben, auf die in diesem kurzen Aufsatz verzichtet wurde.

70er Jahren. Solange die große Masse der Studierenden an den Streiks beteiligt war – am Ende blieben wie immer nur noch die Berufsprotestler, die nicht mehr repräsentativ waren – lief der Streik völlig anders ab, als die 68er es kannten und erwartet hatten. Wann immer Wortführer oder oft auch Professoren[5] zum Klassenkampf aufrufen wollten, erteilten ihnen die Studenten eine glatte Absage. Die Meinung von Daniela, Pädagogikstudentin an der FU Berlin, ist mehrheitsfähig:

> «Wenn ich nicht nur für eine bessere Bildung, sondern auch für mehr Kitas kämpfe und im gleichen Atemzug noch den Krieg gegen die Kurden verurteile – wem nützt das was?»[6]

Sobald bei den Berliner Kundgebungen jemand vom Sozialistischen Deutschen Studentenbund (SDS) ideologisch wurde, verließen die Erstsemester reihenweise den Saal. Ihr Ziel – bessere Bildung – haben die Studentenproteste zwar nicht erreicht, aber sie waren trotzdem ein guter Anfang der Artikulation, der sich so ziemlich in allem unterschied, was man von 68er-Demos kannte. Keine Molotowcocktails, statt dessen Gegenvorschläge zu Gesetzesentwürfen, keine destruktiven Trillerpfeifenkonzerte, sondern interessante Foren und Diskussionen, kein Zwang einer kleinen Minderheit, sondern demokratische Abstimmungen über Besetzungen und Wiederaufnahme des Lehrbeginns. Aus solchen Streiks entsteht keine RAF.

Viele 68er haben die Nase gerümpft über diesen «unpolitischen» Streik. Manch einer erregte sich darüber, daß die Studenten eloquent Interviews gaben, während sie selbst einst die Auslieferung der Springerpresse verhindert hatten. Dazu Student Jan Eger aus Regensburg in einem Leserbrief an die Zeit:

> «Diese Vorwürfe sind ebenso dumm wie falsch. Die ebenso disziplinierten und ernsthaften wie phantasievollen Proteste, die natürlich möglichst öffentlichwirksam gestaltet werden, zeigen nur eine neue Art von Politisierung, die offensichtlich weit jenseits

5 Auch die 68er-Professoren machten nur so lange mit, bis sie merkten, daß die Studenten ihren Beamtenstatus und ihre anderen Privilegien in Frage stellten.

6 *taz* vom 27.11.1997, S.3

der begrenzten Vorstellungen von Parteipolitik, Rechts-Links-Denken und ideologischen Schemata liegt.»[7]

Die Systemfrage

Das zweite wichtige Unterscheidungskriterium zwischen 68ern und 89ern ist die Systemfrage: Es tut mir schrecklich leid, wenn 68er an den Unis zehn Jahre oder länger über die Systemfrage – Sozialismus oder Kapitalismus – diskutierten. Für meine Generation ist dies kein Thema mehr. Die Marktwirtschaft hat 1989 nun mal gesiegt, sie hat sich als das erfolgreichere System erwiesen. Die Systemfrage ist entschieden worden – und das ist geschehen, ohne daß die 68er gefragt wurden, ob sie dafür sind. Sozialismus wird heute nur noch von einer verschwindend kleinen Minderheit in meiner Generation als Alternative betrachtet.

Ich halte dies für einen sehr wichtigen Fortschritt, denn erst jetzt ist der Weg frei für die viel wichtigere Frage: Wie die Menschheit die ökologische Krise meistern will. Während vierzig Jahre lang über die zweitrangige Frage geredet wurde, ob Kapitalismus oder Sozialismus besser sei, können wir uns jetzt endlich der großen Menschheitsherausforderung unserer Zeit zuwenden: Wie organisieren wir Marktwirtschaft und Gesellschaft so, daß auch noch in Jahrhunderten und Jahrtausenden unsere Nachkommen gesunde Lebensgrundlagen auf der Erde vorfinden?

Wer gehört zu den 89ern? Wer gehört nicht dazu?

Die 89er-Bewegung wird aus drei Quellen gespeist: der jungen Generation, den Ossis und den konvertierten 68ern. Genau wie vor knapp 30 Jahren ist nicht das Alter entscheidend für die Zugehörigkeit, sondern vielmehr die Geisteshaltung.

---

7 *Die Zeit*, Nr.1, 26.12.1997, S.56, Leserbrief

Zunächst einmal gehört die nachwachsende kritische Generation, wozu ich meine Altersgenossen und auch mich selbst zähle, zu den 89ern.

Die 68er täuschen sich sehr, wenn sie glauben, irgendwie wären wir genauso wie sie oder jedenfalls auch nicht viel anders. Erst einmal ein paar Klischees, die aber einen wahren Kern haben: Meine Generation fährt Snowboard statt Ski, hört Techno statt Woodstock-Musik, konsumiert Ecstasy statt Joints. Außerdem sind Sprache und Wortwahl völlig anders als bei den 68ern. Das fängt damit an, daß wir die tollen Habermas- und Adornobegriffe wie Dialektik und sozialistischer Realismus nicht einmal kennen und sie uns auch nicht im geringsten interessieren. Vor ein paar Jahren verteilte die Satirezeitschrift *Titanic* Flugblätter unter Studenten, in denen sie Freiheit für Rudi Dutschke forderte. Fast jeder zweite unterschrieb. «Was war eigentlich Woodstock?» oder «Wer war Benno Ohnesorg?» sind wirklich ernstgemeinte Fragen, auch wenn es den 68ern wehtut. Aber der Konflikt geht viel tiefer. Die politischen Überzeugungen unterscheiden sich radikal: Für den hier gerade stattfindenden Generationskonflikt gibt es viele Beispiele. So wetterten beispielsweise auf dem CDU-Parteitag 1994 junge Frauen gegen die Einführung einer Quote, während Politiker aus der 68er-Generation wie Rita Süßmuth sie für eine große Errungenschaft halten. Junge Stipendiatinnen erklären frank und frei, daß sie nichts von den Versuchen der Frauenbewegung halten, eine geschlechtsneutrale Sprache einzuführen. So schreibt z.B. die Stipendiatin der Friedrich-Naumann-Stiftung Amelie Eulenburg in der Stipendiatenzeitung *Pen* 8/1994:

> «Natürlich ist es völlig klar, daß man die Singularformen geschlechtlich differenzieren muß: Ich möchte nicht Frau Rechtsanwalt, sondern Rechtsanwältin sein. Ebenso könnte ich mich auch mit dem Begriff einer Bundeskanzlerin anfreunden (wenn es denn hoffentlich mal eine geben wird). Aber RechtsanwältInnen oder BundeskanzlerInnen zu schreiben ist für meine Begriffe völ-

liger Unsinn. Ich fühle mich durch die männliche Pluralform in keiner Weise diskriminiert, sondern genauso angesprochen und muß mir nicht durch ein großes Binnen-I meine weibliche Legitimierung verschaffen. Im Gegenteil denke ich, es ist fast ein Zeichen von Unsicherheit, wenn man auf solchen kleinlichen Formalien beharrt.»[8]

Auch wenn es wahr ist, daß ein großer Teil der Jugend heute unpolitisch, desinteressiert und angepaßt ist, so darf man darüber nicht den anderen, kleineren Teil vergessen. Es gab zu allen Zeiten zwei Gruppen innerhalb einer Altersklasse: hier die engagierte Minderheit, die am gesellschaftlichen und politischen Geschehen teilhat und die Gesellschaft mitgestalten will. Sie begleitet die Ereignisse kritisch-konstruktiv und versucht, gesellschaftliche Veränderungen zu erreichen. Sie teilt eine Vision und schafft es, wenn sie Glück hat, die Gesellschaft mitzuprägen. Auf der anderen Seite stehen jene, die sich treiben lassen oder ganz ausklinken und ihre kleinen, privaten Ziele verfolgen. Die älteren Generationen machen es sich zu einfach, wenn sie «die heutige Jugend» als unpolitisch abtun. Auch wenn dies (noch) die Mehrheit der Jugendlichen betreffen mag, so ist dieser Teil doch weniger interessant. Da sie die gesellschaftlichen Entwicklungen nicht mitgestalten, passen sie sich nachträglich an.

Dies war übrigens 1968 keineswegs anders. Auch damals waren es absolut gesehen nur wenige der jungen Generation, die an den Protesten gegen die Establishments teilhatten, die Visionen von einer besseren Gesellschaft formulierten. Trotzdem prägte diese Minderheit eine ganze Epoche. Rudi Dutschke, Jahrgang 1940, mußte in einem Fernsehinterview einräumen, daß der Kern der Bewegung in West-Berlin aus 15 bis 20 voll engagierten Leuten bestehe und sich auf 150 bis 200 Aktive stützen konnte. Der SDS hatte in der Zeit zwischen 1964 und 1970 bundesweit zwischen 2000 und 2500 Mitglieder, und zur großen Demonstration im Anschluß an den «Internationalen Vietnam-Kongreß» in Berlin kamen am 18.2.1968 etwa 12.000 Teilnehmer. Die 68er-Studentenbewegung bestand aus kaum mehr als 10.000 Leuten.[9] Der Prozentsatz der politisch bewegten

8 Eulenburg, Amelie: «Wir sind keine StipendiatInnen», in: *Pen* 8/1994

Jugendlichen dürfte heute kaum geringer sein als vor knapp 30 Jahren. Außerdem wird die Jugend gerade in den letzten Jahren wieder politischer. Aus vielen Diskussionen mit anderen Jugendlichen vermute ich, daß sich die untergründige Unzufriedenheit der heute Jungen mit den herrschenden gesellschaftlichen Verhältnissen schon bald Bahn brechen wird. Die Angst um die eigene Zukunft ist weitverbreitet, aber diffus. Es fehlt an einer Kanalisierung des Jugendprotests. Aber wird dies, kann dies auf Dauer so bleiben? Es liegt etwas in der Luft, erstmals seit 1968 wieder ...

Nachdem dies von den Alt68ern einmal begriffen worden war, stand nicht mehr die heutige Jugend als Ganzes im Zentrum des Interesses, sondern nur noch die treibende Gruppe, die in der Lage war, Visionen zu formulieren, die zur Weiterentwicklung der Gesellschaft führen sollten.

Die Frage lautete nun: Wie denkt der Teil der Jugend, der eine Meinung hat, der teilnimmt am politischen und gesellschaftlichen Leben? Ein Namen für den politisch interessierten Teil der jungen Generation war rasch gefunden: Die 89er.

1994 veröffentlichte *Die Zeit* in ihrem Feuilleton eine Serie: «68er-89er ... Die Differenz der Generationen» Darin fragte der Chef des Feuilletons, Ulrich Greiner, provozierend: «Was haben die Neunundachtziger? Heraus damit, laßt sehen!» Damit lag der Ball in unserem Feld, und *Die Zeit* hätte sicherlich die richtigen Antworten bekommen, wenn sie die richtigen Leute gefragt hätte. Ulrich Greiner machte aber den Fehler sich an die Leute von 30 Jahren an aufwärts zu wenden. Die Leute, die ihm antworteten (R. Leicht am 7.10.94, W. Engler 4.11.94, C. Kirst 11.1.94, R. Misik und D. Grünbein 25.11.94) sind natürlich viel zu alt, um für die 89er sprechen zu können. Christoph Kirst sagt dies in seinem Aufsatz sehr deutlich: «Ihr seid nicht unsere Väter, Ihr seid unsere älteren Brüder. Ältere Brüder bewundert man, solange sie stark sind, aber man rebelliert nicht gegen sie.»

---

9 Bude, Heinz: *Das Altern einer Generation. Jahrgänge 1938 bis 1948*, Frankfurt am Main 1995, S.41

Trotz dieses Fehlschlags der *Zeit*, einen Dialog zwischen den Generationen in Gang zu bringen, fiel der Begriff 89er seitdem immer öfter. Ein Jahr später veröffentlichte der Politologe Klaus Leggewie ein Buch mit dem gleichnamigen Titel (*Die 89er*), in dem er die drei heute lebenden Generationen mit den Namen «Flakhelfergeneration», «68er-Generation» und «89er-Generation» versieht.

Zunächst einmal ist der Begriff 89er gut gewählt. Denn zum einen kamen die heute Unterdreißigjährigen erst um das Jahr 1989 herum in ein Alter, in dem sie die Richtung unseres Landes wirklich beeinflussen konnten. Zum anderen markieren der Fall der Berliner Mauer 1989, der Zusammenbruch des Kommunismus und die überraschende Wiedervereinigung 1990 tatsächlich eine Zeitenwende von weltpolitischer Bedeutung, die den gesamten Westen zur Neuorientierung zwang. Speziell in Deutschland bedeutete dies einen Einschnitt in die Herrschaft der 68er. Eine Studentenrevolution wie in Westdeutschland hat es im Osten nicht gegeben. Die Generation der 68er, die im Westen Medien und Parteien bestimmen, fällt im Osten ersatzlos aus. Die Wiedervereinigung wurde deshalb auch von der Mehrheit der 68er nicht herbeigesehnt, aber auch nicht zu verhindern gewußt. Die Aufbaugeneration mit Helmut Kohl und Hans-Dietrich Genscher an der Spitze zeigte zum letzten Mal ihre Stärke. In den Debatten, die 1989 folgten, wurde zum erstenmal nach mehr als 20 Jahren der moralische Alleinvertretungsanspruch der 68er ernsthaft in Frage gestellt. Die Zeitenwende von 1989, die den Eisernen Vorhang zerriß, erschütterte die Bundesrepublik mehr als jedes andere Land des Westens. Plötzlich war das Land wieder auf der Suche nach seinem Standort, plötzlich zerbrachen alte Gewißheiten wie alte Krüge, plötzlich forderten viele außen- und innenpolitisch eine Neuorientierung. Es war Zeit für einen Umbruch, es war die Zeit der 89er. Eine Zeitlang bemächtigten sich die «Neuen Rechten» des Begriffs, die das Land am liebsten wieder zurück in die 50er Jahre führen wollten (oder noch ein paar Jährchen weiter). Ihr Einfluß blieb aber begrenzt und sie können auf keinen Fall den Anspruch erheben, für die heutige Jugend zu sprechen, dafür sind ihre Protagonisten viel zu alt (siehe Kapitel «Wer gehört nicht dazu»).

Auch wenn seit neuestem gelegentlich von einer 98er-Generation gesprochen wird, so handelt es sich dabei um die 89er. Ob 89er oder 98er, es kommt auf die Inhalte an, nicht auf Bezeichnungen. Seit 1989 versuchen die 89er, die Meinungsführerschaft Land zu gewinnen. Es spricht vieles dafür, daß sie es 1998 schaffen werden, sich auch im öffentlichen Bewußtsein als Generation zu konstituieren.[10] Aber die Wurzeln für 1998 wurden 1989 gelegt, deshalb ist es richtiger, von einer 89er-Generation als von einer 98-Generation zu sprechen.

Manchmal wird eingewandt, daß der Begriff 89er noch nicht weit genug verbreitet sei, daß viele der heute Jungen sich nicht selbst als 89er bezeichnen. Dies war aber bei den 68ern nicht anders. Die Bezeichnung 68er-Generation hat sich erst Anfang der 80er Jahre eingebürgert, also zwölf Jahre nach dem namensgebenden Jahr.[11] Dies zeigt: Die Jugend selber gibt sich keine Namen, die Geschichte findet sie für sie.

Die 89er-Bewegung ist nicht auf die Jugend begrenzt. Um zu einem Generationswechsel zu führen, müssen ihre Ideen auch für andere außerhalb der eigenen Gruppe attraktiv sein. (Auch an der 68er-Revolte waren ja nicht nur Junge, sondern durchaus auch Alte beteiligt)

Die Ossis

Die jungen 89er erhalten die größte Unterstützung von den ostdeutschen Intellektuellen. Häufig sind dies die Bürgerrechtler von einst. Die Prominentesten unter ihnen sind Vera Lengsfeld, Angelika Barbe, Konrad Weiß, Werner Schulz, Gerd Poppe, Wolfgang Templin, Günter Nooke und auch Jens Reich.

Die Ostdeutschen haben die 68er-Revolte nicht mitgemacht – abgesehen vom Prager Frühling, der aber völlig anders gelagert war. Die 68er-Revolte war niemals weltweit, sondern immer auf westli-

---

10 Eine Fußnote der Geschichte: 1998 ist auch das Jahr, in dem die RAF, der häßlichste Ableger der 68er-Bewegung, ihre Selbstauflösung bekanntgab.

11 A.a.O., S.40

che Gesellschaften – vor allem Deutschland (wegen der Abrechnung mit der Nazivergangenheit der Eltern), Frankreich und die USA (Hippie-Bewegung) beschränkt. Während die 68er eine linke Opposition in einem bürgerlichen Staat waren, waren die ostdeutschen Bürgerrechtler eine bürgerliche Opposition in einem linken Staat (Werner Schulz). Schon ihre Biographien bewahrten die ostdeutschen Intellektuellen vor manchen Lebenslügen der 68er. So zeigten die Ostdeutschen, die die Gefahren einer roten Diktatur am eigenen Leib erfahren haben, kein Verständnis für die Attitude der 68er, linke Intoleranz naturgemäß milder als rechte zu bewerten. Für die 68er – dies erklärt sich aus ihrer ganzen Geschichte – genoß eine sozialistische Partei auch nach der Wende heimlichen Respekt. Zu lange hatten die 68er sozialistischen Träumen nachgehangen, um die PDS nun vorbehaltlos verurteilen zu können, wie es die Mehrheit der Bürgerrechtler forderte.

Sozialistische Untaten in der Realität haben linke Intellektuelle seit der Gründung von DDR und BRD nicht davon abgehalten an den «wahren Sozialismus» zu glauben. Bei der Jugendorganisation der SPD, den Jungsozialisten (man beachte den Name) wurde sofort nach der Wende gefordert, man dürfe die PDS nicht ausgrenzen, prinzipiell sei sie koalitionsfähig.

Die DDR-Dissidenten, die mehr als alle anderen unter der sozialistischen Diktatur litten, haben die Gängelei und die Verfolgung der Stasi nicht vergessen. Sie haben weder Bautzen vergessen noch, daß die SED Internierungslager plante. Weder die Killerkommandos, die Republikflüchtlinge in den Westen liquidieren sollten, noch die Folter in DDR-Knästen.

Bürgerrechtler wie Konrad Weiß oder Wolfgang Templin staunten nicht schlecht, als sie sahen, mit welch offenen Armen der 68er-Medienmainstream die PDS-Funktionäre aufnahm.

Die hoffnungsvolle Fusion zwischen dem Bündnis 90 und den Grünen nach der Wende überdeckte die grundlegenden Unterschiede nur kurz. Unter der Oberfläche brodelte es von Anfang an, vor allem beim Reizthema PDS. 1998 sind die ehemaligen Bürgerrechtler in der gemeinsamen Partei Bündnis 90/Die Grünen an den Rand gedrängt – was sie selbst am lautesten bemängeln.

Von «Nippesfiguren» spricht Jens Reich, und Konrad Weiß wird noch deutlicher: «Wenn die Grünen weiter versuchen, uns rauszudrängen, dann bringt sich die Partei wieder in ihren Provinzialismus.»[12]

Zum inneren Bruch zwischen der 68er-Generation und den ostdeutschen Intellektuellen kam es, als sich in Sachsen-Anhalt die SPD/Grünen-Koalition auf eine Minderheitsregierung einließ, die nur durch Unterstützung der PDS überleben konnte.

Die Reaktionen hätten schärfer nicht sein können: Poppe und Templin drohten mit Austritt, falls eine Minderheitenlösung à la Magdeburg («perverse Konstellation») auch in Bonn praktiziert würde. Und Konrad Weiß sagt zu denen, die offen auch auf Bundesebene eine Koalition mit der PDS fordern: «Solchen Leuten spucke ich ins Gesicht».

Vollzogen wurde der Bruch schließlich öffentlich mit dem Übertritt der Bundestagabgeordneten Vera Lengsfeld zur CDU im Dezember 1996, dem zahlreiche weitere Übertritte folgten.

Für die 68er waren diese Übertritte ein Schock. Zum ersten Mal wurde es auch für eine breitere Öffentlichkeit sichtbar: «Linkssein» heißt nicht mehr Gut-, Modern- oder Moralisch-hochstehend sein. Auch in den anderen Parteien gibt es Personen, die all diese Attribute beanpruchen können.

Keine Ausgrenzung der PDS in den westdeutschen Medien

Die PDS ist die einzige radikale Partei, die 1994 den Sprung in den Bundestag geschafft hat. Daran wird unsere Demokratie nicht zerbrechen, aber es verwundert schon, daß die Meinungsmacher in unserem Land weiterhin auschließlich die rechtsradikalen Parteien als die eigentliche Gefahr für unsere pluralistische Demokratie darstellen. Das Beispiel der Republikaner hat gezeigt: Wenn man eine radikale Partei bekämpfen will, dann muß man sie ausgrenzen und links liegenlassen. Man darf ihren Köpfen nicht in Diskussionsrunden die Möglichkeit geben, zu polemisieren. Aber wollen die 68er in den Medien die PDS wirklich bekämpfen? Es gibt genügend unter ihnen,

---

12 *Focus* vom 10.4.1995

die die PDS mit ihrem eloquenten Gysi an der Spitze durchaus als eine Bereicherung für unsere Demokratie ansehen.

Auch ohne den schwierigen Vergleich zwischen rechtsextremen Parteien und der PDS anstellen zu wollen, wäre man gut beraten gewesen, beide Parteien 1989 zu ächten. Hätten wir in Deutschland eine liberale, unparteiische Medienöffentlichkeit, so wäre das Gebot der Äquidistanz (gleicher Abstand der Mitte zu den beiden politischen Extremen) gewahrt worden. Entweder man erläßt für die Repräsentaten beider radikaler Ausleger unseres Parteiensystems, also der «Republikaner» und der PDS, ein Redeverbot auf dem Bildschirm – d.h. man lädt sie nicht zu Talkshows, Elefantenrunden etc. ein – oder man gibt beiden Parteien in gleicher Weise die Möglichkeit, ihre politischen Vorstellungen zu präsentieren. Ich plädiere für die erste Option.

Ein weiterer Knackpunkt war der Umgang mit den Stasi-Akten. Es überraschte und verbitterte die DDR-Bürgerrechtler der ersten Stunde, daß dieselben Leute, die der alten Bundesrepublik ein gar zu rasches Vergessen der Naziverbrechen vorgeworfen haben, jetzt eine schnelle Schließung der Akten fordern. Man kann ihre Entrüstung verstehen. Viele Alt68er fordern, jetzt nicht eine Hexenjagd auf die IM der Stasi zu veranstalten, schließlich sind nach 1945 auch viele ungeschoren davongekommen. Diese Position ist lächerlich. Nur weil man es einmal versäumt hat, das Unrecht einer (natürlich weit schlimmeren) deutschen Diktatur gründlich aufzuarbeiten, kann man doch nicht im Ernst fordern, diesen Fehler jetzt noch ein zweites Mal zu machen.

Der unbedarfte Blick auf die Berliner Republik

Vielleicht sind die ostdeutschen Intellektuellen in der noch schwachen 89er-Bewegung gegenwärtig die stärkste Kraft. Sie haben lange genug die staatliche Zensur erlebt und haben nun keine Lust, die Denkregelungen selbsternannter Aufklärer zu verinnerlichen.

In vieler Hinsicht sind sie am besten geeignet, das politische Klima in Deutschland zu beurteilen. Sie kamen völlig unvoreingenommen und unvorbelastet in das 68er-beherrschte Deutschland und sind feinfühliger für Abweichungen vom Weg der Mitte als wir, die

Kinder der 68er-Generation. Die Ostdeutschen sind nicht in dem Bewußtsein aufgewachsen, daß Engagement nur moralisch okay ist, wenn es «links» ist. Unbekümmert gründen sie auch einmal eine Bürgerinitiative für die Bundeswehr oder den Transrapid.[13] Damit erfüllen sie das wichtigste Charakteristikum der 89er-Bewegung: Dogmatismusfeindlichkeit.[14]

Die konvertierten 68er

Die dritte Gruppe schließlich, die die 89er konstituiert, sind ehemalige 68er, die sich ebenfalls gegen linke Dogmen wenden. So kreidet etwa Claus Leggewie im Kursbuch «Verrat ist Pflicht» die linken Dogmen an, in einem von Cora Stephan herausgegebenen rororo-aktuell-Buch beleuchten Alt68er kritisch ihre Rolle bei der Stabilisierung des DDR-Regimes und bei der politischen Aufarbeitung der Stasi-Untaten.

Wenn jedoch Alt68er die Denkverbote kritisieren, dann häufig nur zaghaft und rechtfertigend (*Neue Rundschau*, Nr. 1/1995). Meist wird zwar zugegeben, daß es Denkverbote und Dogmen gibt, und es wird der Tugendterror beklagt, aber keines der Tabus wird gebrochen, kein Dogma umgestoßen.

Zu den 89ern würde ich aber auf jeden Fall jene rechnen, die den Aufruf zur Meinungsfreiheit unterzeichnet haben, als auf die Druckerei der rechtsradikalen Zeitung *Junge Freiheit* ein Brandanschlag unternommen wurde (siehe Kapitel: «Meinungsfreiheit»). Im Dezember unterzeichneten Daniel Cohn-Bendit, Thomas Schmid, Alfred Mechtersheimer, Herbert Ammon zusammen mit Rechten und

---

13 *Die Woche* vom 9.1.1998, S.7

14 Ein großes Problem ist aber das Abdriften der ostdeutschen Jugend nach rechtsaußen. Umfragen zufolge haben bis zu einem Drittel aller 14-25jährigen Ostdeutschen ein geschlossenes Weltbild, in dem Ausländer undifferenziert für Probleme wie Arbeitslosigkeit oder Kriminalität verantwortlich gemacht werden. Die meisten ausländerfeindlichen Straftaten wurden in Ostdeutschland begangen. Ganze Städte werden von Skinheadbanden terrorisiert. Die SRzG wird in naher Zukunft mit konkreten Aktionen das ihrige dazu tun, daß dieser braune Terror ein Ende hat.

Liberalen einen Appell mit der Überschrift: «Die Freiheit ist immer die Freiheit des Andersdenkenden». Darin heißt es:

> «Wir verurteilen die Anschläge ‹autonomer› Täter, die sich – historisch ignorant und unmoralisch anmaßend – gern als ‹Antifaschisten› bezeichnen. Das Recht auf freie Meinungsäußerung gilt selbstverständlich für Zeitungen und Autoren des gesamten politischen Spektrums. Die *Junge Freiheit* muß ungehindert erscheinen können – ungeachtet der Tatsache, daß vielen (auch den Unterzeichnern dieses Aufrufes) die politischen Positionen der Zeitung bedenklich erscheinen.»

Ein mutiger Schritt der linken Unterzeichner, der zeigt, daß die 89er-Bewegung auch für undogmatische Alt68er attraktiv ist. Der meisten Alt68er freilich verharrte auf ihrer Position, daß es für Andersdenkende keine Meinungsfreiheit geben soll, wenn sie rechts sind. Für sie war der Apell, wie überhaupt das neue, ideologiefreie Denken, nichts als ein Schwenk nach rechts und für jene Verteidiger der Pressefreiheit gab es nur ein passendes Wort: Verräter.

Aus diesen drei Gruppen konstituiert sich die 89er-Bewegung.

Wer gehört nicht dazu?

Wer mit Sicherheit nicht zu der 89er-Bewegung dazugehört, sind die neuen und alten Rechten bzw. Rechtsradikalen, z.B. Zitelmann oder gar Ernst Nolte. Diese Reaktionäre sind Nachzügler, keine Vorreiter. Sie bieten uns nur die Rezepte von vorgestern an und wollen wieder den Muff der 50er Jahre. Während die liberale junge Generation und die ostdeutschen Intellektuellen alle Dogmen niederreißen wollen, wollen die Zitelmänner nur linke Dogmen durch rechte ersetzen. Dies aber wäre kein Fortschritt, sondern ein Rückschritt.

Zu behaupten, die 89er wollten in irgendeiner Hinsicht wieder zurück, ist völliger Quatsch. Wir haben die Musik der 70er und 80er überwunden, um Techno an ihre Stelle zu setzen, nicht wieder die Schnulzen der 50er Jahre. Die Viva-Generation hat mit den Herausgebern der *FAZ* und anderen Konservativen genausowenig zu tun wie mit den 68ern. Die 89er sind nicht rückwärtsgewandt, sondern progressiv und konstruktiv. Sie wollen die großen Zukunftsaufgaben bewältigen. Wenn die 68er keine Antworten auf die dringenden Fragen des 21. Jahrhunderts haben, sei es nun die Überbevölkerung, Informationsgesellschaft oder Globalisierung, so haben die alten Rechten erst recht keine. Wir wollen ins Computerzeitalter, nicht zurück in die Steinzeit. Wir wollen unfähigen Umweltschutz durch effektiven ersetzen, nicht ignorieren wie in den 50er Jahren. Niemand will die Frauen zurück an den Herd verfrachten und ihnen allein Hausarbeit und Kindererziehung aufdrücken. Und was wir am allerwenigsten zurückhaben wollen ist die stickige Sexualmoral der 50er Jahre.[15]

Die Altrechten haben mit uns nur eines gemeinsam: Sie sind wie wir nicht links. Die 89er sind aber natürlich auch nicht rechts – sie sind mal rechts, mal links, mal geradeaus. Die Gesäßgeographie hängt uns zum Hals heraus, Rechts-Links-Feindbilder interessieren uns nicht. Diese sind Sandkastenspiele der Älteren, an denen wir uns nicht beteiligen wollen.

Diese deutliche Abgrenzung erscheint mir nötig, weil sich z.B. Zitelmann inzwischen auch als 89er bezeichnet. Damit versuchen die Altrechten auf den anrollenden Zug aufzuspringen. Diese Versuche sind aber zum Scheitern verurteilt. Wenn die 68er von gestern sind, dann sind die neuen Rechten von vorgestern. Sie haben weder altersmäßig noch intellektuell das Recht, sich als 89er zu bezeichnen.

Keine Angst, die Zukunft wird keine Renaissance der Konservativen bringen – aber auch kein Weitermachen wie bisher. Nicht nur die rechten Dogmen, auch die linken müssen nun nach und nach hinterfragt werden. Die Zukunft gehört den ideologiefreien, liberalen Denkern.

Zwischen den Altrechten und den jungen 89ern steht unüberwindlich die Frage des Nationalgefühls. Wegen der diametralen Ge-

15 Wie ich bereits in meinem Buch *Sweet Little Sixteen – Jugend und neue Sexualmoral* (Frankfurt 1994) beschrieben habe, ist selbst die Sexualmoral der 90er Jahre noch zu repressiv und berücksichtigt nicht die sexuellen Bedürfnisse der Jugendlichen.

gensätze in dieser Frage ist ein Bündnis völlig ausgeschlossen. Hierzu eine kurze Erklärung: Für die «Neue Rechte» um die Autoren des Sammelbandes *Die selbstbewußte Nation* (Berlin 1994) ist die Wiederherstellung eines «gesunden» deutschen Nationalgefühls der wichtigste Programmpunkt. In ihren Augen sind die 68er verantwortlich für einen «Nationalmasochismus». Sie argumentieren, daß zwölf dunkle Jahre nicht die gesamte ruhmreiche deutsche Geschichte diskreditieren können, und daß unter die Vergangenheitsbewältigung auch einmal ein Schlußstrich gezogen werden müsse.

Wie aber ist die Einstellung der jungen 89er zum Nationalgefühl?

Für uns ist die Geschichte unseres Landes sehr jung. Deutschland, das ich und die meisten meiner Altersgenossen als Heimatland betrachten, beginnt 1945. Davor liegen 12 Jahre der Dunkelheit und des Grauens (auch den Ausdruck: «Zeit des Bösen» finde ich nicht übertrieben). Aber auch in den vielen Jahrhunderten davor, in denen das Bismarckreich oder das Heilige Römische Reich Deutscher Nation Bestand hatten, gibt es eigentlich nichts, womit wir uns heute identifizieren oder worauf wir stolz sein könnten. Unser Land ist das liberale, bescheidene, aufgeklärte Deutschland, und dieses gibt es nun einmal erst seit gut 50 Jahren. 1945 war die Stunde Null, der Neubeginn. Es gibt keine Kontinuität, auch wenn Nationalkonservative sie immer wieder beschwören wollen.

Anders als z.B. die Franzosen, die stolz auf ihre Geschichte seit der französischen Revolution zurückblicken, gibt es bei uns einen so starken geschichtlichen Bruch, der einen stolzen Rückblick in die letzten Jahrhunderte unmöglich macht. Die gegrölte Parole: «Ich bin stolz, ein Deutscher zu sein …» wird man von jungen 89ern niemals hören. Die junge Generation setzt auf Europa. Studienaufenthalte im Ausland und die vielen Urlaubsreisen haben bewirkt, daß sich viele junge Deutsche schon eher als Europäer (genauer müßte man vielleicht sagen: Westeuropäer) fühlen als ausschließlich als Deutsche. Die Währungsunion wird dieses neue Europäertum trotz aller heutigen Besorgnisse langfristig weiter stärken.

Die «Neue Rechte» begann 1989 kurzzeitig eine Debatte darüber, ob Deutschland seine Außenpolitik normalisieren sollte. Wäre es aber wirklich ein Fortschritt, so frage ich als 89er, wenn Deutschland so nationalistisch würde wie das alter Stärke nachtrauernde England? Sollen wir so sprachnationalistisch werden wie die Franzosen und alle nichtdeutschen Wörter aus unserer Umgangssprache zu entfernen versuchen? Was im zwischenmenschlichen Bereich richtig ist – Bescheidenheit, Offenheit, Höflichkeit, Zurückhaltung – kann für Nationen nicht falsch sein. Deutschland ist mit seiner außenpolitischen «Kultur der Zurückhaltung» anderen Nationen hier voraus. Die von den Neurechten geforderte «Normalisierung» wäre kein Fortschritt, sondern ein Rückschritt.

Dieses einführende Kapitel sollte klären, wer zu den 68ern, wer zu den 89ern gehört. Zusammenfassend kann man die drei in Deutschland lebenden Generationen vielleicht durch ihre jeweiligen Mottos charakterisieren: Das Motto der Aufbaugeneration lautete: «Keine Experimente», das der 68er: «Die innere Demokratie vollenden, auch um den Preis von Denkverboten und Dogmen.» Den 89ern aber wird eines Tages die Maxime zugeschrieben werden: «Keine Ideologien mehr!»

Drei Beispiele für den Generationskonflikt:

I. Wirtschaft

Es gab wohl kein Wort, daß die 68er in Ihrer Sturm- und Drangperiode vor nun fast 30 Jahren so gerne in den Mund nahmen wie «Solidarität». Heute sind sie die alte und wir die junge Generation. Und immer mehr zeigt sich, daß das Lieblingswort der 68er nur eine Farce war, ein wohlfeiles Geschwätz in haschgeschwängerten Früchteteezirkeln. Denn wenn heute die Jugend von ihnen Solidarität fordert, haben sie nur ein Achselzucken übrig.

Die 68er sind gleich doppelt bevorzugt: Zum einen hatten sie als Hochschulabgänger Ende der 60er Jahre noch beste Berufschancen. Zum anderen sind sie in den nächsten Jahren die eigentlichen Profiteure der Erbschaftswelle in Deutschland.

Dagegen sind heute von hundert Jugendlichen zehn arbeitslos gemeldet, vier leben von der Sozialhilfe (davon einer vermutlich auf der Straße), zwanzig «parken» nach erfolgloser Ausbildungsplatzsuche im Weiterbildungsbereich und fünf suchen noch eine Lehrstelle.[16] Solidarität mit der jungen Generation würde z.B. bedeuten, den überalterten Lehrkörper auf Zwangsteilzeit (4/5-der bisherigen Arbeitszeit) zu setzen, um jungen, hochqualifizierten Lehrern und Lehrerinnen eine Anstellung zu ermöglichen. Selbstverständlich wäre diese Arbeitszeitverkürzung ohne Lohnausgleich, denn die Pensionsansprüche der heute «verbeamteten Revoluzzer» sind ohnehin eine Zeitbombe, die der jungen Generation um den Hals gebunden ist. Das 4/5-Teilungsmodell ist auf den gesamten Öffentlichen Dienst übertragbar. Bei mehr Solidarität der 68er-Generation mit der heutigen Jugend könnten Hunderttausende von der Straße geholt werden, ohne daß es den Staat einen Pfennig kosten würde.

Und wo bleibt die Solidarität der 68er mit den Arbeitnehmern und Arbeitnehmerinnen? Kaum rückt ihr eigenes Rentenalter in Reichweite, wehren sie sich mit Händen und Füßen gegen Kürzungen des Rentenniveaus, obwohl es offensichtlich ungerecht ist, wenn immer weniger Erwerbstätige immer mehr Rentner finanzieren müssen. Wenn man die arbeitende Generation in der Rentenversicherung entlasten will, muß man die Älteren stärker belasten, schließlich fällt das Geld nicht vom Himmel. Die Defizite in der Rentenversicherung müssen zwischen und Alt und Jung geteilt werden, eine Senkung des Rentenniveaus ist also kein sozialpolitischer Kahlschlag, sondern ein Gebot der Gerechtigkeit. Aber auch die Webfehler des jetzigen Rentensystems müssen behoben werden: Erst muß das System in sich gerecht werden, dann muß es generationengerecht gemacht werden.

Intra-generationelle Gerechtigkeit

Die Umverteilung in Deutschland funktioniert nicht mehr. Studien zeigen, daß die Einkommen von Selbständigen, Beamten und Rent-

16 Lindner, Johannes: «Jugend ohne Arbeit», in: Gesellschaft für die Rechte zukünftiger Generationen (Hg.): *Ihr habt dieses Land nur von uns geborgt*, Hamburg 1997, S.241

nern in den letzten Jahren stark gestiegen sind, während die Einkommen der abhängig Beschäftigten – etwa 80 Prozent der Bevölkerung – stagnieren. Dieser Trend besteht bereits seit Jahrzehnten, u.a. deshalb, weil Selbständige und Beamte von der gesetzlichen Rentenversicherung befreit sind. Man kann aber keine Versicherung nach dem Prinzip der Solidargemeinschaft organisieren und dann leistungsfähige Bevölkerungsgruppen daraus entlasssen – dies ist ungerecht. Die Flucht aus den Sozialkassen führt zu immer größeren Belastungen für die Zurückbleibenden. In Offenbach verbeamtet der Oberbürgermeister alle öffentlichen Angestellten der Stadt, um Sozialbeiträge zu sparen.[17] In der freien Wirtschaft werden Millionen von Arbeitnehmern aus dem gleichen Grund in die Scheinselbständigkeit gedrängt.

Durch die Einbeziehung der Politiker, Beamten, Selbständigen, Bauern und der Hausfrauen in die gesetzliche Rentenversicherung (wie in der Schweiz) ließen sich die demographischen Probleme bewältigen. Da man aus Gründen des Vertrauensschutzes nur Berufsanfänger miteinbeziehen würde, hätte die Rentenversicherung in den nächsten 40 Jahren nur neue Einnahmen, aber keine Ausgaben, schließlich erreichen die neuen Einzahler erst um das Jahr 2040 das Rentenalter. Die demographische Belastung der Systeme erreicht jedoch bereits um 2030 ihren Höhepunkt, so daß der Rentenberg untertunnelt würde. Die Einbeziehung der gesamten Bevölkerung würde es nach einer groben Schätzung von Prof. Rürup ermöglichen, den Beitragssatz zur Rentenversicherung sofort auf rund 15 Prozent zu senken. Der Generationsbetrug in der Rentenversicherung wäre beendet, weil sich das schlechte Beitrags-Leistungs-Verhältnis der heute jungen Einzahler schlagartig bessern würde. Allerdings gibt es bei diesem Reformvorhaben große Widerstände zu überwinden: Da die Politiker selbst betroffen sind, setzen sie das Thema ständig von der Tagesordnung ab. Die Richter – selbst Beamte – erzählen immer wieder, daß wegen des Artikels 33/Grundgesetz gar keine Reformen möglich sind. Hier ist also eine große Koalition der Besitzstandwah-

17 »Pfiffige Idee«, in: *Der Spiegel*, Heft 9/1998, S.123 und «Die Flucht aus der Solidargemeinschaft», in: *FAZ* vom 22.2.1998, S.5

rer am Werk, gegen die nur die Masse der Bevölkerung mit einer Klagewelle eine Chance hat.

Die Stiftung für die Rechte zukünftiger Generationen sollte nach meiner Auffassung zukünftig solche Klagen gegen das System betreuen, die auf die Einbeziehung von Beamten und Selbständigen zielen. Sie fordert alle Angestellten und Arbeiter auf, gegenüber den Rentenversicherungsträgern zu erklären, daß sie nur noch bereit sind, den Beitrag zu bezahlen (ca. 15 Prozent), der sich bei Einbeziehung der Selbständigen und Beamten ergäbe. Eine Standardklageschrift mit den oben dargestellten Argumenten kann von der Stiftung angefordert werden, sie muß nur abgeschrieben werden.

Erst wenn das System in sich gerecht gemacht worden ist, sollte man es auch generationengerecht machen. Dies bedeutet die Teilung von Defiziten der Rentenversicherung zwischen Jung und Alt, wie ich sie bereits in den Büchern *Der Generationsbetrug*[18] und vor allem in meinem Beitrag zu der Aufsatzsammlung der Gesellschaft für die Rechte zukünftiger Generationen «Ihr habt dieses Land nur von uns geborgt»[19] beschrieben habe.

Das Beitrags-Leistungs-Verhältnis als Maß für Generationengerechtigkeit

Das wichtigste Maß für die Generationengerechtigkeit ist die Rendite (das Beitrags-Leistungsverhältnis), die jede Generation aus der gesetzlichen Rentenversicherung erhält. Allen Berechnungsarten für die Rendite ist gemeinsam, daß die Einzahlungen, die ein Angehöriger eines bestimmten Jahrgangs im Durchschnitt in die gesetzliche Rentenversicherung leistete, und die Auszahlungen, die er daraus erhält, auf einen gemeinsamen Zeitpunkt auf- oder abgezinst werden. Die Unterschiede sind im wesentlichen darauf zurückzuführen, daß die sonstigen Leistungen, also z.B. Rehabilitationsleistungen oder die Absicherung des Invaliditätsrisikos unterschiedlich angesetzt

18 Tremmel, Jörg: *Der Generationsbetrug*, Frankfurt 1996, S.38-49

19 Tremmel, Jörg: «Wie die gesetzliche Rentenversicherung nach dem Prinzip der Generationengerechtigkeit reformiert werden kann», in: Gesellschaft für die Rechte zukünftiger Generationen (Hg.): *Ihr habt dieses Land nur von uns geborgt*, Hamburg 1997, S.149-240

werden. Heraus kommt ein Prozentwert, der sich dann auch direkt mit der Kapitalmarktrendite vergleichen läßt. Langfristig entspricht diese Rendite dem Wachstum der Lohnsumme.

Bei allen Unterschieden in Detailfragen sind sich alle vorliegenden Berechnungen in einem einig: Die verschiedenen heute lebenden Generationen werden unterschiedliche Renditen aus der gesetzlichen Rentenversicherung zu erwarten haben. Bei unveränderter Rechtslage des Jahres 1997 beträgt die Rendite eines Rentners, der im Jahr 2000 in Rente geht, nach Berechnungen des Verbandes der Deutschen Rentenversicherungsträger 6,51 Prozent. Ein heute geborenes Kind, das ungefähr im Jahr 2060 in Rente geht, erhält nur noch eine Rendite zwischen 3,2 und 4,4 Prozent.[20] Kurt Biedenkopf, der Kritiker unseres Rentensystems, kommt zu noch ungünstigeren Zahlen: So erhält der ledige Neurentner des Jahres 1995 nach 45 Versicherungsjahren mit einem durchschnittlichen Arbeitsentgelt real das Doppelte dessen, was er in das System einbezahlt hat. Wer 20 Jahre später, also 2015, das Rentenalter erreicht, kann real nur noch den Gegenwert seiner Beiträge als Altersrente erwarten. Und für die Jahrgänge, die im Jahr 2040 in Rente gehen, geht Biedenkopfs Rechnung sogar negativ aus. Der Neurentner des Jahres 2040 erhält nur noch etwa vier Fünftel seiner Beiträge zurück.[21] Nach den Berechnungen des Bundesarbeitsministeriums – um eine dritte Studie zu nennen – sehen die Zahlen erheblich freundlicher aus.

Danach bekommt jemand, der ab 1997 Rente bezieht, eine Rendite von 29 Prozent (und damit 25 Prozent über der von privaten Versicherungen garantierten Rendite, die nur 4 Prozent beträgt). Jemand, der 1997 beginnt, Beiträge zu zahlen, bekommt aus der gesetzlichen Rentenversicherung immerhin noch eine Rendite von 14 Prozent.

Es ist letztlich ziemlich egal, auf welchem Niveau sich das Renditegefälle vollzieht. Entscheidend ist einzig und allein, daß die Rendite

20 Vgl. Eitenmüller, Stefan: «Die Rentabilität der gesetzlichen Rentenversicherung – Kapitalmarktanaloge Renditeberechnungen für die nahe und die ferne Zukunft», in: *Deutsche Rentenversicherung*, 67. Jg. (1996), Heft 12, S.791

21 Vgl. Biedenkopf, Kurt: *Von der Arbeitnehmerrente zur Grundrente. Das Konzept der Grundsicherung im Alter für alle Bürgerinnen und Bürger*, hrsg. vom Institut für Wirtschaft und Gesellschaft, Bonn 1997, S.4

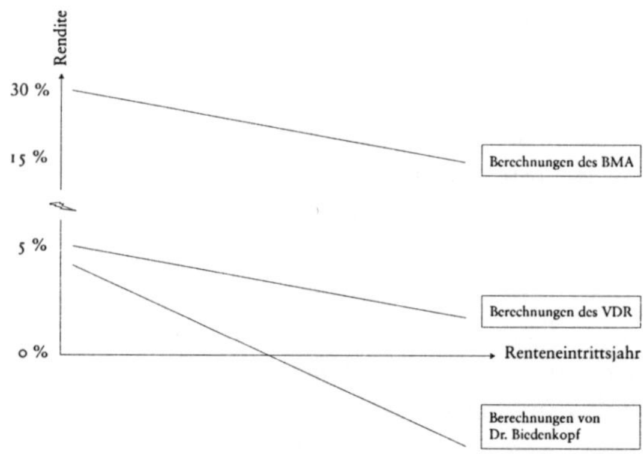

Quelle: eigene Darstellung (linearisiert und vereinfacht)

für die heutige Jugend drastisch schlechter ausfallen wird als für die heute alte Generation.

Da es sich bei der gesetzlichen Rentenversicherung um ein staatliches Zwangssystem handelt, ist es Aufgabe des Staates, dafür zu sorgen, daß sich Veränderungen der Rahmenbedingungen nicht in unterschiedlichen Renditen auswirken. Innerhalb von staatlichen Systemen (anders als bei Erbschaften im privaten Bereich oder bei privaten Rentenversicherungen) muß garantiert sein, daß keine Generation besser- oder schlechtergestellt wird als eine andere.

Eine ungleiche Rendite ist ein Bruch der Generationensolidarität. Dies ist im Kern der Grund, warum die jüngere Generation den Generationenvertrag in Frage stellt. Wenn die Politiker dies verhindern wollen, müssen sie dafür sorgen, daß die ältere Generation nicht gegenüber der jüngeren bevorzugt wird. Alle Generationen müssen zumindest ungefähr dieselbe Rendite bekommen. Generationengerechtigkeit ist nur ein anderes Wort für diesen Sachverhalt.

Staatsverschuldung

Was uns die 68er hinterlassen, ist eine Staatsverschuldung von mehr als 2.300.000.000.000 DM. Klar, «Staatsknete» war Euch 68ern immer recht – auch auf Pump. Während Bill Clinton in den USA einen ausgeglichenen Haushalt vorlegt, wollt Ihr 68er immer noch mit staatlichen Ausgaben alle Probleme der Welt lösen. Generationenbilanzen der Bundesbank und von Prof. Dr. Bernd Raffelhüschen zeigen, daß spätere Generationen in Form von höheren Steuern und Abgaben die Schuldenmacherei der 68er ausbaden müssen. Die Politik der Solidarität innerhalb einer Generation, wie sie die 68er in den 70er Jahren mit dem Ausbau des Sozialstaates betrieben haben, war höchst unsolidarisch gegenüber der nächsten Generation.

Beamtenpensionen

Viele der linksradikalen Revoluzzer von einst sind heute Beamte auf Lebenszeit. Ihre Altersversorgungsansprüche drohen die öffentlichen Haushalte zu überfordern und nachrückenden Generationen die Luft abzuschnüren. In den 70er Jahren wurden sehr viele Beamte eingestellt, die nun in den Ruhestand gehen, oft in Frühpension. Die Pensionslast des Staates, so der Bundesrechnungshof, wird von jetzt 60 Milliarden Mark auf über 200 Milliarden im Jahre 2030 steigen. Betroffen sind vor allem die Länder. Der Bund macht inzwischen ernst mit dem schlanken Staat und baut jährlich ein Prozent der Stellen in den Ministerien ab. Auch wenn es damit noch ungefähr 50 Jahre dauertn würde, bis Deutschland einen genauso schlanken Staat hätte wie Japan heute, vergrößert sich damit die Kluft zu den Bundesländern, die (von Schleswig-Holstein einmal abgesehen) noch nicht aus dem Dornröschenschlaf erwacht sind.

Während der Bund nur 11 Prozent seines Etats für Personalausgaben aufwenden muß, sind es bei den Ländern durchschnittlich 43 Prozent, also rund viermal soviel. Nach einer Studie des Forschungsinstituts für Öffentliche Verwaltung werden im Jahr 2030 die Versorgungskosten des Staates für seine pensionierten Beamten 6,35 Prozent des BSP (1995 sind es 1,8 Prozent) betragen. Die Zahl der staatlichen Versorgungsempfänger dürfte sich von heute 850.000 auf 1,32 Millionen erhöhen.

Die Lösung für die «Beamtenbombe» liegt auf der Hand: Wie die Rentner, müssen auch die Pensionäre einen Beitrag zur Alterung der Gesellschaft erbringen. Ihre verbrieften Ansprüche müssen gekürzt werden – was bei einer Durchschnittspension von rund 3.600 DM ab 55 Jahren[22] in den alten Ländern wohl sozialpolitisch akzeptabel ist. Freiwerdende Beamtenstellen sollten mit Angestellten besetzt werden, der Beamtenstatus ist auf staatliche Kernaufgaben zu beschränken. Dies bedeutet, daß besonders Lehrer und Professoren umgehend zu entbeamten sind. Ein bei einer Privatschule angestellter Lehrer hat in den unteren Gehaltsstufen rund 700 DM monatlich weniger zur Verfügung als ein verbeamteter Lehrer auf einer öffentlichen Schule. Von dieser Ungerechtigkeit abgesehen, ist es auch kaum möglich, den verbeamteten Lehrer zu entlassen, selbst wenn sich im Laufe der Jahre herausstellt, daß er für den Beruf ungeeignet ist. Die stark zurückgehenden Schülerzahlen ab 2005 machen es ohnehin notwendig, die Zahl der Lehrer am Bedarf auszurichten.

Der Beamtenstatus ist ein Anachronismus, er paßt nicht mehr in die flexible Dienstleistungsgesellschaft unserer Zeit. Die 68er verteidigen ihn trotzdem erbittert– eine weitere Konfliktlinie im Schlachtfeld zwischen 68ern und 89ern.

Globalisierung

Wir haben nicht mehr die gleiche Welt wie früher. Seit 1989 hat sie sich völlig verändert und seit zwei, drei Jahren verändert sie sich mit einer Dynamik, die früher undenkbar erschien. Einer dieser Megatrends, die keinen Stein auf dem anderen lassen, ist die Globalisierung. Was versteht man unter Globalisierung und was waren die Auslöser dafür?

Globalisierung ist ein vielschichtiges Phänomen mit ganz unterschiedlichen Erscheinungsformen. Zur Globalisierung gehört beispielsweise, daß es deutsche Weihnachtskalender auf Martinique zu kaufen gibt. Dazu gehört auch, daß dieses Buch in seiner Internetversion von einer deutschsprachigen Leserin auf Neuseeland gelesen werden kann, ohne daß sie dafür in eine Buchhandlung gehen oder Porto bezahlen müßte. «Geld, Technologien, Informationen, Waren und Dienstleistungen überschreiten heute die Grenzen mit nie dagewesener Leichtigkeit und Geschwindigkeit», schreibt der McKinsey-

22 Bundesministerium für Arbeit und Sozialordnung: *Alterssicherung in Deutschland 1995 (ASID 95)*, Schnellbericht, München Januar 1997, S.12

Chairman Herbert Henzler und faßt damit das Phänomen Globalisierung treffend zusammen.[23]

Die Globalisierung wurde ausgelöst durch technischen Fortschritt, der besonders die Zeit- und Raumüberwindungskosten sinken ließ. Als Beispiel dafür kann das Internet dienen, durch das Angestellte manche Arbeiten für ein Unternehmen an jedem beliebigen Ort der Welt ausführen können. Ein Forschungsprojekt kann acht Stunden in Japan bearbeitet werden, dann werden die Unterlagen per e-mail nach Deutschland geschickt, wo sie weiterbearbeitet werden und schon acht Stunden später hat das Büro in Kalifornien die Sachen zur Endkontrolle.

Zwar vollzog sich der Fortschritt bei der Telekommunikation und bei den Transportmitteln kontinuierlich, aber erst vor etwa zehn Jahren schien eine Schwelle durchbrochen worden zu sein, die Globalisierungsstrategien von Unternehmen lukrativ machte. Eine weitere Voraussetzung, die Globalisierung erst möglich machte, war der Abbau von Zöllen und Handelshemmnissen in den letzten Jahrzehnten. Der Erfolg der Uruguay-Runde und die Errichtung der WTO[24] sind hier wichtige Rahmenbedingungen. Vereinheitlichung von technischen Standards und Vereinfachung der Markteintrittsbedingungen (Abschaffung von Papierkram, geplante Vereinheitlichung der Rechnungslegung usw.) ließen die Transaktionskosten (Lernkosten, um ein anderes System zu begreifen) dramatisch sinken.

Neue Konkurrenten am Horizont

Eine weitere Ursache für die Globalisierung ist das Aufkommen neuer Industrienationen mit einer großen Wachstumsdynamik wie Singapur, Südkorea, Taiwan, Argentinien, Mexiko. Da in den alten Industrienationen, zumindest in Westeuropa und Japan, das Wirtschaftswachstum erlahmte, fand eine Angleichung statt. Zu beachten ist schließlich noch der Zerfall des Ostblocks, der den Begriff «Globalisierung» erst wirklich rechtfertigt. Es gibt heute kaum noch

23 Henzler, Herbert: *Countdown für Deutschland*, München 1997, S.102
24 WTO: World Trade Organization, die Nachfolgeorganisation des GATT

Länder die nicht in die weltweite Wettbewerbswirtschaft eingebunden sind und mit dem Rest der Welt konkurrieren. Das Denken in Kategorien wie erste, zweite und dritte Welt ist völlig outdated, da inzwischen bei den wichtigsten Rankings der Lebensqualität (wie etwa auf dem Index für menschliche Entwicklung) zahlreiche nichtwestliche Länder auf den vorderen Plätzen rangieren.

Warum gehen Unternehmen ins Ausland?

Die Frage, warum ein Unternehmen sich zu einer grenzüberschreitenden Erweiterung der Unternehmenstätigkeit entschließt, ist seit langem Gegenstand wirtschaftswissenschaftlicher Analyse.

Die Antwort ist denkbar einfach: Es tut dies aus der Absicht heraus, seinen Gewinn zu erhöhen. Um diesen Gedanken zu illustrieren, werden zunächst nur drei Unternehmensaktivitäten unterschieden: Beschaffung, Produktion und Absatz.

- *Beschaffung*: Warum steigt ein Unternehmen von nationaler auf internationale Beschaffung um? Nun, wenn es merkt, daß eines seiner Vorprodukte, z.B. Stahl, im Ausland billiger zu beschaffen ist als im Inland, so wäre es doch nicht mehr rational, wenn es nicht von dort beschaffen würde. Jedes Unternehmen wird zur Internationalisierung übergehen, wenn der monetäre Nutzen dieses Schritts (in Form geringerer Einkaufspreise) die Kosten (in Form von Lern- und Anpassungskosten, möglicherweise Zöllen, Sprachproblemen usw.) übersteigt.

- *Produktion*: Bei der Produktion wird dort produziert, wo die Summe aus Lohnstückkosten und Transaktionskosten (Anpassungskosten) am geringsten ist. Wenn für Mercedes im französischen Hambach die Produktion günstiger ist als in Stuttgart, so wird es als gewinnmaximierendes Unternehmen die Internationalisierung vornehmen.

- *Absatz*: Wenn ein Unternehmen merkt, daß es seine Gewinne erhöhen kann, indem es seine Produkte nicht nur im Inland, sondern auch im Ausland verkauft, so wird ein gewinnmaximierendes Unternehmen dies tun.

Natürlich kann man dieses Gewinnmaximierungsmotiv auch für alle anderen Unternehmensaktivitäten anwenden. Wenn der Finanzmanager merkt, daß ein Eurobond etwas billiger ist als ein Domestic Bond, dann wird er eben einen Eurobond emittieren. Wenn der F&E-Chef merkt, daß eine Auslagerung der Forschungsabteilung ins Ausland den Gewinn erhöht, so wird er mit der Umsetzung nicht zögern.

Die Folgen der Globalisierung für Unternehmen

Globalisierung bedeutet, daß die originäre Unternehmensaufgabe heute zu einer globalen Optimierungsaufgabe geworden ist. Ab einer bestimmten Größe kann ein Unternehmen die gesamte Wertschöpfungskette global gestalten.

Das Unternehmen wird jede seiner Funktionen dort ausüben, wo es am günstigsten für es ist. Das Unternehmen, das sich auf diese Weise die effizientesten Mitarbeiter, die kostengünstigsten Finanzmittel, die langfristig billigsten Rohstoffe und Bezugsquellen sichert und gleichzeitig seine Produkte in den großen Marktregionen absetzt, ist gegenüber weniger globalisierten Wettbewerbern im Vorteil.

Eine Gesellschaft wird «deutsches Unternehmen» genannt, wenn der Großteil des Aktienbesitzes in deutscher Hand liegt, wenn sich der Firmensitz in Deutschland befindet und das Management noch überwiegend deutsch ist. Dennoch sind große deutsche Firmen, gemessen an ihrer Geschäftstätigkeit, oft längst zu «internationalen Unternehmen» geworden. Ein Unternehmen wie BMW oder Höchst, welches in allen Erdteilen einkauft, forscht, produziert und verkauft, kann nicht mehr ernsthaft als deutsches Unternehmen bezeichnet werden. Alle «Global Players» nutzen die Spezialkenntnisse von Fachleuten in den unterschiedlichsten Ländern. Italienische Stylisten unterstützen General Motors beim Design, deutsche Ingenieure bei der Motorentechnik und japanische Fertigungsplaner sorgen für eine kostengünstige Produktion. Auch wenn eine gewisse Verbundenheit mit dem Ursprungsland bestehen bleiben mag, so verlieren durch die Globalisierung mehr und mehr Unternehmen aus allen Ländern ihre Nationalitäten. Die Investitionen dieser Unternehmen fließen dahin, wo am besten und billigsten produziert werden kann – an welchem Ort der Welt auch immer.

Im Rahmen ihrer Globalisierungsstrategien erstellen die Unternehmen Attraktivitätsportfolios von Standorten. Regierungen, die dies erkennen, versuchen wiederum die Attraktivität ihres Standorts für Unternehmen zu erhöhen, vor allem um Arbeitsplätze zu erhalten. Es entsteht die Standortkonkurrenz.

Internationale Wettbewerbsfähigkeit von Unternehmen ist etwas anderes als die Wettbewerbsfähigkeit von Standorten. Machte man sich früher Gedanken um die internationale Wettbewerbsfähigkeit deutscher Unternehmen, so macht man sich jetzt Gedanken um den Standort Deutschland. Um multinationale Unternehmen (MNU) deutschen Ursprungs wie VW oder Höchst muß man sich wohl keine Sorgen machen, denn sie bewältigen ihre globale Optimierungsaufgabe ganz ausgezeichnet – nur müssen sie eben zu diesem Zweck Deutschland den Rücken kehren. Besorgt sein muß man also nicht um die Absatzfähigkeit deutscher Produkte, wohl aber um Arbeitsplätze in Deutschland.

Bei der Standortdebatte wird natürlich nicht in Frage gestellt, daß Deutschland ein guter Absatzmarkt (dies ist unstrittig) oder ein guter Beschaffungsmarkt ist (dies war Deutschland aufgrund seiner Rohstoffknappheit noch nie). Vielmehr wird die Qualität des Standorts Deutschland als Produktions- und Forschungsstandort in Frage gestellt. Aus wirtschaftspolitischer Sicht will jedes Land vor allem die Unternehmensfunktionen zu sich holen, die Arbeitsplätze schaffen. Es geht um die Fertigung, die Forschung und die entsprechenden Investitionen in- und ausländischer Unternehmen in der BRD. Man muß also voneinander unterscheiden:

- Internationale Wettbewerbsfähigkeit als Fähigkeit, wettbewerbsfähige Produkte auf den Weltmärkten anzubieten (ability to sell).
- Standortwettbewerb als internationaler Wettbewerb um in- und ausländische Unternehmen, insbesondere deren Kapital und technisches Wissen (ability to attract).

Während bei Ländern die «ability to attract» das entscheidende Kriterium der internationalen Wettbewerbsfähigkeit ist, so ist es bei Unternehmen die «ability to sell». Unternehmen sind wettbewerbsfähig, wenn sie ohne Subventionen und ohne eine Hinderung der Konkurrenz durch protektionistische Maßnahmen (also im harten Wettbewerb) ihre Produkte absetzen können und dabei einen angemessenen Gewinn erzielen.

Die internationale Wettbewerbsfähigkeit der Unternehmen ist in erster Linie eine Managementaufgabe. Ob aber in Deutschland Arbeitsplätze entstehen oder zumindest nicht abgebaut werden, ist eine Frage der Standortkonkurrenz, d.h. der Qualität des Standortes Deutschland im Vergleich zu anderen Standorten.

Machtgewinn der Wirtschaft gegenüber des Staates

> «Längst ist die Phase vorbei in der es eine nationale Wirtschaft mit nationalen Unternehmen gab, deren Interessen prinzipiell mit der nationalen Politik deckungsgleich waren. Die Wirtschaft verläßt das enge Gehege der Nation. Zurück bleibt ein Staat, der über wichtige Ressourcen seiner Macht nicht mehr gebieten kann, der vielmehr um sie konkurrieren muß.» (Herbert Henzler)

In einer Marktwirtschaft kann der Staat den Unternehmen nicht vorschreiben, wo sie investieren. In diesem Umfeld bleibt ihm nichts anderes übrig, als sich dem Wettbewerb um die Gunst der investierenden Unternehmen zu stellen. Wenn der Staat und die Gesellschaft wollen, daß in- und ausländische Unternehmen in Deutschland investieren, so müssen sie die politischen Rahmenbedingungen dafür schaffen.

Zu den Faktoren der Standortattraktivität gehören:

- die Höhe der nominalen Steuersätze (die von Ausländern oft als Effektivsteuersätze interpretiert werden, weil die Lern- und Anpassungskosten an das deutsche System von hohen Nominalsteuersätzen bei gleichzeitigen Steuervergünstigungen hoch ist). Leider ist die Steuerreform, die das Steuersystem vereinfachen wollte, gescheitert. Bei transparenten Steuersystemen spielt dann nur noch die Höhe der effektiven Steuersätze eine Rolle.

- die Höhe der Lohnstückkosten
- das Ausmaß staatlicher Regulierungen, d.h. Auflagen, Genehmigungszeiten für Investitionsprojekte, Ausmaß des Papierkriegs mit der Bürokratie
- die Technikakzeptanz der Bevölkerung
- die Verläßlichkeit der Wirtschaftspolitik
- Qualifikation und Leistungsbereitschaft der Arbeitskräfte
- politische Stabilität
- sozialer Friede (Streikhäufigkeit)
- Rechtssicherheit, privates Eigentum, Schutz vor organisiertem Verbrechen
- ausgebaute Infrastruktur.

Für die 89er ist die Globalisierung nichts Neues

Meine Generation hat nie eine andere Welt gekannt als eine globalisierte. Für uns ist nicht nur die Reise in andere Kontinente relativ normal. Wir sind auch in der Lage, mit Gleichaltrigen in Malaysia oder Uruguay über e-mail zu plaudern (Unsere Eltern, die 68er, dagegen fragen uns häufig, wie sie einen Computer bedienen sollen). Für uns ist Globalität etwas Selbstverständliches – und selbstverständlich erscheint uns auch, daß protektionistische Wirtschaftsrezepte in der heutigen Welt absurd sind. Viele Politiker der älteren Generation leben dagegen noch in der Vergangenheit. Sie haben die Zeichen der Zeit nicht begriffen und versuchen mit den Rezepten von gestern, die Probleme von morgen zu lösen. Rückblende: Als Jusovorsitzende forderte Heidemarie Wieczorek-Zeul die Verstaatlichung der «rund 800 bis 1.000 der größten Unternehmen, Mitbestimmung bis zur Arbeiterselbstverwaltung nach jugoslawischem Vorbild und Sozialisierung des Gesundheitswesens.» Sicher, auch sie hat inzwischen dazugelernt, eine Vorliebe für staatliche Eingriffe hat sie aber wohl wie alle 68er auch heute noch. Wer Jahre seines Lebens über «Stamokap» (Staatsmonopolkapitalismus) nachgedacht hat, bei dem bleibt etwas hängen. Sehr viel des nachfrageorientierten Wirtschaftsprogrammes von Oskar Lafontaine atmet noch den 68er-Geist. In einer globalisierten Welt kann es katastrophale Folgen haben, wenn man Realitäten ignoriert und sich seine eigene Wirklichkeit zusammenbastelt. Auch die 68er müssen begreifen: Das Kapital wandert dahin, wo es die günstigsten Bedingungen vorfindet. Hohe Unternehmenssteuern etwa führen zu einer Abwanderung der Unternehmen ins Ausland und zum Verlust von Arbeitsplätzen im Inland.

Die Globalisierung führt zwangsläufig zu kulturellen Veränderungen. Rechtsradikale Inhalte von Webseiten sind in Deutschland aufgrund unserer Geschichte gesetzeswidrig, in anderen Ländern nicht. Ähnlich ist es mit der unterschiedlichen Sexualmoral. Nackte Busen, die in Europa niemanden aufregen, treiben den Tugendwächtern im Iran den Schweiß auf die Stirn. «Die Zeiten der nationalen Empfindlichkeiten sind vorbei», sagt Andy Müller-Maguhn vom Chaos Computer Club in Berlin[25] und beschreibt damit treffend, wohin die Reise geht.

Angst vor dem «neoliberalen» Zeitalter

Bei den 68ern löst der Trend zur Globalisierung Ängste aus. Meine Vorgängergeneration hat immense Probleme, sich mit dem Machtverlust des Staates abzufinden. Die Unternehmen, so die Argumentation, drängen den Regierungen ihren Willen auf. Pures Effizienzdenken und Gewinnmaximierung dominieren über soziale Aspekte.

Es ist richtig, daß durch den Wandel der Nationalstaat zunehmend seine Funktion als Regulator verliert. Der Staat tritt gegenüber dem Markt zurück. Dieser Trend ließe sich jedoch nur umkehren, wenn man den technischen Fortschritt aufhielte oder gar umkehrte – was unmöglich ist. Jedes Land, das dies versuchte, würde mittelfristig viel weiter zurückfallen und letztlich zu einem Entwick-

25 *Süddeutsche Zeitung* vom 24.11.1997 (Nr. 270), S.9

lungsland werden. Die Globalisierung ist keine neoliberale Ideologie, sie ist eine zwangsläufige Folge der Modernisierung. Es steckt keine Absicht, kein böser Wille dahinter. Kann man einem Unternehmen einen Vorwurf machen, wenn es es ein paar Kilometer hinter der deutschen Grenze, in Holland oder in Tschechien, ein Werk errichtet. Mercedes produziert das Smart-Auto im französischen Hambach, Opel im polnischen Gleiwitz. Soll man von den deutschen Unternehmen verlangen, daß sie dauerhaft auf Gewinnchancen verzichten? Wenn man dies etwa gesetzlich verordnen wollte, hätte man bald gar keine Unternehmen mehr in Deutschland.

Die Entwicklung läßt sich mit einer Fußballiga vergleichen. Früher war Dabeisein das Wichtigste. Alle befanden sich auf einem mittleren Niveau, ohne die Reserven wirklich auszureizen. Am liebsten spielte man unentschieden, dann hatte wenigstens niemand verloren. Dann begannen einige Clubs, ein bißchen mehr zu tun, um den Titel zu erringen. Die anderen sahen, wie sie davonzogen, und verstärkten ihrerseits ihre Anstrengungen. Es blieb den fauleren gar nichts anderes übrig, als mitzumachen. Also strengten auch sie sich mehr an, wurden effizienter und kamen der Grenze ihrer Leistungsfähigkeit näher. Alle Spiele fanden nun auf einem höheren Niveau statt.

Tatsächlich ist der Output der kapitalistischen Nationen seit der Globalisierung und dem Beginn der Standortkonkurrenz erheblich gewachsen. Die Weltwirtschaft ist effizienter und produktiver geworden und beglückt die Konsumenten mit einem nicht versiegenwollenden Strom von Gütern, mit denen sie ihre Bedürfnisse befriedigen können. Dies führt uns zu einem weiteren wichtigen Aspekt. Zwar verliert der Nationalstaat an Bedeutung, aber Konsumenten gewinnen an Macht. Die Unternehmen tun schließlich nichts anderes als zu versuchen, ihre Bedürfnisse zu erfüllen.

Die Dritte Welt ist ein ernstzunehmender wirtschaftlicher Konkurrent geworden

Die Industrieländer konkurrieren heute nicht mehr in erster Linie untereinander, sondern gegen die aufholenden Schwellenländer, welche durch die Fortschritte bei der Kommunikationstechnologie immer schneller in den Besitz des technischen Wissens gelangen. Da die Innovationsrate in der 1. Welt relativ konstant bleibt, verschlechtert sich die Wettbewerbssituation für Hochlohnländer immer mehr, was dort zu Arbeitsplatzverlusten führt.

Flossen 1986 nur 18 Milliarden Dollar an privaten Investitionen aus den Industriestaaten in die armen Regionen, so waren es 1996 schon 225 Milliarden Dollar.[26] Dies ist ungefähr viermal soviel wie die gesamte Entwicklungshilfe des Nordens für die Länder der ehemaligen Dritten Welt. Nicht Mildtätigkeit, sondern lukrative Anlagemöglichkeiten haben also die Kapitalknappheit des Südens beseitigt. Von einer strukturell ungerechten Weltwirtschaftsordnung – der Norden hält den Süden in Abhängigkeit – spricht heute niemand mehr (außer einige 68er-Professoren).

Klassische deutsche Exportindustrien wie Maschinenbau oder Automobilbau sind weitgehend zu Industrien mit bekannter Technologie geworden, d.h. das Know-How dazu ist inzwischen auch in den Schwellenländern vorhanden. Dies gilt erst recht und schon lange für den Kohlebau, Stahl und die Landwirtschaft, wo Europa sich massiv abschotten muß, um im Inland Arbeitsplätze zu erhalten.

Das zweischneidige Schwert des Technologietransfers

Das Aufkommen neuer Industrienationen ist maßgeblich eine Folge des Technologietransfers, der freiwillig oder unfreiwillig in die ehemalige Dritte Welt geleistet wurde. Freiwillig – wenn er erklärtermaßen ohne eigenen Nutzen des Nordens als Entwicklungshilfe gegeben wurde. Unfreiwillig – wenn die MNU die Schwellenländer als Absatz oder Produktionsstandorte nutzen wollten und deshalb Joint-Ventures mit lokalen Unternehmen eingingen.

Für die Unternehmen bietet die Gründung von Niederlassungen in Entwicklungsländern Kostenvorteile bei:

- Personal (Bruttolöhne um das 10-50fache niedriger als in Deutschland, manuelle Arbeit ohne große Produktivitätsnachteile, z.B. Textilien)

26 *Worldwatch Institute Report on Progress Toward a Sustainable Society: State of the World 1997*, New York and London 1997, First Edition, S.20

- Energie
- Rohstoffen
- Grundstücken und
- Transportkosten.

Da die Sozial- und Umweltauflagen meist weit unter denen der Industrieländer liegen, ist die Standortarbitrage enorm. Maschinen können in Entwicklungsländern 24 Stunden pro Tag laufen, 7 Tage die Woche. Gerade bei umweltbelastenden Produktionsprozessen spart eine Verlagerung in Entwicklungsländer große Summen. Dies ist ethisch sicherlich problematisch, wird aber von den Entwicklungsländern selbst forciert.

Die richtige Entwicklungsstrategie

Auch für die Schwellen- und Entwicklungsländer bot die Kooperation mit internationalen Firmen Vorteile. Sie mußten nicht mehr alle Phasen der technologischen Entwicklung selbst durchlaufen. Dies beschleunigte den wirtschaftlichen Aufschwung von Taiwan, Hongkong, Singapur, Südkorea und später dann Lateinamerika, der ASEAN-Länder und China enorm.

Damit ist auch ein langer Streit entschieden, der ganze Bibliotheken füllt. Die Rede ist von der Frage, welches die beste Entwicklungsstrategie ist. Wir wissen nun, daß nicht etwa eine Aufstockung von Entwicklungshilfe auf 0,7 Prozent, eine neue Weltwirtschaftsordnung (NWWO) oder «Rohstoffausgleichsläger» Lateinamerika oder Asien wirklich geholfen haben, sondern eben der Technologietransfer, wie er hauptsächlich von westlichen Unternehmen aus eigenem Gewinnstreben geleistet wurde. Täglich fließen riesige Summen von Direktinvestitionen nach Asien und Lateinamerika, weit mehr als nach Deutschland. Man würde sich lächerlich machen, wollte man ein Land wie Taiwan, Singapur oder Südkorea noch als Entwicklungsland bezeichnen. Diese Länder rangieren in zahlreichen Rankings – z.B. der Index der wirtschaftlichen Freiheit oder der IWF – regelmäßig vor Deutschland.[27] Neben die alten Industrieländer in Europa oder Nordamerika sind neue Industrieländer – die einzig angemessene Bezeichnung für diese Nationen – getreten. Die freie Marktwirtschaft hilft heute maßgeblich ehemaligen Entwicklungsländern in der ganzen Welt, ihren Wohlstand zu steigern. Der ganzen Welt? Nein, es bleibt das Problem Afrika. Während Lateinamerika und Südostasien prosperieren, fällt Afrika immer weiter zurück. Dabei ist gerade der schwarze Kontinent besonders reich an Bodenschätzen und natürlichen Ressourcen. Warum also gilt z.B. Zaire, eines der an Bodenschätzen reichsten Länder der Erde, immer noch als Entwicklungsland. Nun, offensichtlich, weil ein Großteil der Bevölkerung Hunger leidet, das Bildungs- und Gesundheitsniveau schlecht ist. Andererseits sind die Exporterlöse, die dem Land jährlich zufließen, beeindruckend. Leider kommen sie nicht dem Land zugute, sondern der herrschenden Clique, die viele Jahre lang unter Mobutus Herrschaft das Land auspreßte. Zaires Probleme liegen also nicht im wirtschaftlichen, sondern im politischen Bereich. Nur in Afrika sind Cliquenwirtschaft, Tribalismus und Militärherrschaft noch gang und gäbe. Weil das Problem nicht im wirtschaftlichen, sondern im politischen Bereich liegt, können Geldspritzen des Nordens (0,7 Prozent-Kriterium) nur sehr begrenzt helfen. Es ließe sich kaum vermeiden, daß die Gelder die Taschen der Herrschenden noch weiter füllen würden. Der Bevölkerung des schwarzen Kontinents wird erst geholfen sein, wenn Demokratie und Eigentumsrechte verwirklicht worden sind. Der Einfluß des Westens, diesen Prozeß zu beschleunigen, ist sehr begrenzt. Sobald Afrika stabile Demokratien hervorbringt, wird es Anschluß finden an den Boom der neuen Industrienationen. Schon heute weisen einige afrikanische Staaten gewaltige Wachstumsraten auf.

---

27 Beim Index of Economic Freedom rutschte die Bundesrepublik von Platz 12 (1995) auf Platz 25 (1996). Dabei hat sich die Wettbewerbsfähigkeit absolut in Deutschland durchaus verbessert. Nur sind andere Länder im gleichen Zeitraum mit der Liberalisierung viel schneller vorangekommen, so daß Deutschland hinter ihnen zurückfällt. Ursache für den Absturz Deutschlands sind die Bewertungen bei der Staatsquote, der Steuerlast und der Sozialversicherungssysteme.

Zu Beginn eines neoliberalen Zeitalters

Ohne daß die politischen Liberalen etwas dafür getan haben, gewinnen liberale Prinzipien durch den technischen Fortschritt an Boden. Der Staatseinfluß wird zurückgedrängt, die Wettbewerbsintensität nimmt zu, Leistungsgerechtigkeit rückt in den Vordergrund. Das sozialdemokratische Zeitalter geht unwiderruflich zu Ende und wird durch ein neoliberales abgelöst.

Die alternative Idee der 68er, insbesondere von Lafontaine immer wieder vorgetragen, ist die der internationalen Zusammenarbeit. Es müßten verbindliche Mindeststandards im Sozialbereich festgeschrieben werden, an die sich alle zu halten hätten. Obwohl dieses Ziel grundsätzlich richtig ist und im regionalen Raum – etwa der EU – auch halbwegs praktikabel ist, so kann sie doch das Dilemma der verschärften internationalen Konkurrenz nicht lösen. Das obige Beispiel der Fußballiga macht schon deutlich, warum es nicht klappen kann. Warum sollte denn ein Land bewußt schlechter spielen, nur damit sich der Gegner nicht anstrengen muß, um ein Unentschieden herauszuholen. Deutschland wird niemals die USA oder GB (auch Tony Blair, der in Deutschland wohl CDU oder FDP wählen würde, denkt gar nicht daran) dazu bringen, ihre Wettbewerbsfähigkeit freiwillig auf unser Niveau zu senken. Bei der Koordinierung der Wirtschaftspolitiken stellt sich für die teilnehmenden Länder das Problem, dem sich auch jedes Kartell gegenübersieht: Für jedes einzelne Land ist es vorteilhaft, die Vereinbarung zu unterlaufen. Außerdem würde selbst in Europa eine Harmonisierung der Sozialstandards nur auf mittlerem Niveau erfolgen können, für Deutschland bedeutet dies einen Abbau von unserem einmalig hohen heutigen Niveau.

Was die Industrieländer an Wohlstand verlieren, gewinnen die ehemaligen Entwicklungsländer. Waren sie einst im Bewußtsein der 68er die «arme, dritte Welt», so sind es heute feindliche Billiglohnländer, die unsere Arbeitsplätze stehlen.

Trotz der Segnungen der Globalisierung sind soziale und ökologische Mindeststandards – insofern haben Lafontaine und die 68er recht – keineswegs unnötig geworden.[28] Ganz im Gegenteil brauchen wir sie, wenn es nicht zu einem «Rattenrennen» kommen soll, bei dem sich alle Länder immer weiter unterbieten.

Das Forum, auf dem ökologische und soziale Mindeststandards ausgehandelt werden könnten, ist die WTO. Hier haben die «Neuen Industrieländer» und die verbleibenden Entwicklungsländer bisher stets Vereinbarungen blockiert, weil sie um ihre Wettbewerbsvorteile fürchten. Ich halte es für notwendig, nur noch Importe aus Ländern zuzulassen, die gewisse Mindeststandards im Umwelt- und Sozialbereich einhalten. Dadurch verhindert man, daß dort Umwelt und Menschen zerstört werden. Hier sind besonders auch die Gewerkschaften aufgerufen, über die Grenzen Bande zu knüpfen, um nicht-organisierten Kollegen in Schwellenländern und den neuen Industrieländern Hilfestellung zu leisten.

Die neue Rolle der Gewerkschaften

Gegenwärtig gehören die Gewerkschaften zu den konservativsten Kräften in Deutschland. Sie stemmen sich dem Sozialabbau entgegen und sind damit direkt verantwortlich für mehr als 4,5 Millionen Arbeitslose hierzulande. Es ist pervers, daß die Arbeitslosen keine Vertretung haben, die ebenfalls mit den Arbeitgebern verhandelt. So kann die Gewerkschaft konkurrenzlos jedesmal bei Tarifverhandlungen Ergebnisse durchsetzen, die nur die Interessen der Arbeitsplatzinhaber nützen (Lohnsteigerungen = Verteuerung des Faktors Arbeit). Die Gewerkschaften müssen, wenn sie nicht jedes moralische Ansehen bei der jungen Generation verspielen wollen, eine neue Rolle finden. Statt den Sozialstaat in Deutschland zu verteidigen, sollten sie ihren Arbeitskollegen in anderen Teilen der Welt zunächst helfen, ihr Niveau zu steigern. Dies würde dazu führen, daß letztlich alle Nationen der Welt sich auf einem mittleren Niveau der Sozialstandards treffen. Hier bekäme die alte sozialistische Parole «Proletarier aller Länder vereinigt Euch» eine neue, zukunftsweisende Bedeutung. Wenn man sich diese Welt wirklich als eine Einheit denkt und von der Prämisse der Gleichberechtigung und Gleichwer-

28 Ihr Problem ist nur, daß sie den Wählern nicht sagen wollen, daß Mindeststandards – wie der Name schon sagt – weit unter dem heutigen deutschen Niveau liegen müssen.

tigkeit aller Menschen ausgeht, dann ist nicht zu verstehen, warum ein Deutscher höhere Sozialstandards genießen sollte als ein US-Amerikaner oder ein Bangladescher. Durch eine internationale Vernetzung, für die die deutsche Gewerkschaft den Großteil ihrer Ressourcen aufwenden sollte (statt für Arbeitskämpfe im Inland), würden schließlich alle Menschen weltweit die gleichen sozialen Rechte genießen.

Den 68ern kann man nur sagen: Der Widerstand gegen die Globalisierung ist ethnozentrisch und egoistisch, weil er der «Dritten Welt» Entwicklungschancen nimmt. Zeitgemäße Solidarität mit der Dritten Welt heißt, ihre Konkurrenz zu ertragen. Ich zitiere Bert Brecht: «Ein Armer und ein Reicher trafen sich. Und der Arme sagte bleich: Wär' ich nicht arm, wärst du nicht reich.»

Die Globalisierung ist ein Segen

Bei allen Debatten über die Vor- und Nachteile der Globalisierung darf eines nicht vergessen werden. Man kann sie begrüßen oder bedauern – ändern kann man sie nicht. Solange die 68er nostalgisch das gute alte sozialdemokratische Zeitalter hochhalten, werden sie im jetzigen neoliberalen Zeitalter scheitern. Wir sollten auch eines nicht vergessen: Als Inselvölker mit Schiffen erstmals mit anderen Kulturen in Berührung gebracht wurden, entdeckten sie, daß sie nicht allein auf der Welt waren. Heute beginnen wir Deutschen genauso wie viele andere Völker, über den eigenen Tellerrand nicht nur bis zum Rand des Tisches zu schauen, sondern das ganze Zimmer wahrzunehmen. Die Globalisierung bewirkt vor allem eines: einen gigantischen Wissensfortschritt. Jedes Land vergleicht die Antworten, die es bisher auf Probleme gefunden hat mit den Antworten, die andere Länder auf dieselben Probleme gefunden haben. Heute begreifen wir Deutschen plötzlich, daß Teile unseres Rechtssystems provinziell sind, man nehme nur die deutschen Rechnungslegungsvorschriften, die – anders als die amerikanischen oder die IAS-Vorschriften – überhaupt kein wirklichkeitsgetreues Abbild des Unternehmens präsentieren.

Reformstau in Deutschland

Um im wirtschaftlichen Bereich den Reformstau zu beheben, ist folgendes möglich und notwendig:

- eine Reform der Sozialen Sicherungssysteme,
- eine große Steuerreform,
- eine Reform des Bildungswesens,
- eine Reform des Öffentlichen Dienstes,
- eine Reform der Rechnungslegungsvorschriften für deutsche Unternehmen,
- eine (vorsichtige) Reform des politischen Systems, die eine gegenseitige Blockadepolitik in Zukunft erschwert.

II. Meinungsfreiheit

Der zweite Aspekt des Generationenkonfliktes zwischen 89ern und 68ern ist der Streit um Meinungsfreiheit, freie Rede und Tugendterror.

In der 68er-Epoche (1968-1989) herrschte ein höchst intolerantes Meinungsklima. Freie Rede war in dieser Zeit nur noch sehr eingeschränkt möglich, an ihre Stelle war die «unfreie Rede» (Martin Walser) getreten. Es herrschte ein argumentationsscheues Klima der Einschüchterung, das nur noch ein Denken mit angezogener Handbremse zuließ. Vom «Denken ohne Geländer», das Hannah Arendt einst forderte, von großen Debatten keine Spur mehr. Statt Geistesfreiheit herrscht das Gebot der «political correctness», also nach Sprachregelungen, hinter denen erklärtermaßen auch der Wunsch nach Denkregelungen steht. Wer gegen die Tabus der 68er verstieß, mußte mit «Tugendterror» rechnen. Tugendterror hat zum Ziel, eine offene Diskussion von vornherein zu verhindern, weil der Gegner daran gehindert werden soll, seine Meinung zu äußern. Häufig griffen linksradikale Gruppen (z.B. die sog. «Antifaschisten», ein schönes Beispiel dafür, wie mit Worten Unfug getrieben wird) zu dem Mittel des Tugendterrors, weil sie sich den Argumenten ihrer rechten, liberalen oder einfach rational denkenden Gesprächspartner nicht gewachsen fühlten und befürchteten, sie im Gespräch nicht widerlegen zu können.

Wissensfortschritt ist aber nur möglich, wenn allein das bessere Argument zählt. Der Diskurs muß «herrschaftsfrei» sein, d.h. niemand darf von vornherein verunglimpft werden. Dies ist eine Mindestanforderung. Wirklich konstruktiv wird eine Diskussion erst, wenn jeder Teilnehmer auch bereit ist, die eigene Meinung zu revidieren, und er merkt, daß sein Gegenüber die besseren Argumente hat.

Eine vorurteilsfreie, unbefangene Diskussion war über unangenehme Themen wie Einwanderung, Kriminalität oder Aufarbeitung sozialistischer Untaten in der Vergangenheit – aus Sicht der 68er – einfach nicht möglich.

Beispiele für Tugendterror

Die *Junge Freiheit* ist meiner Meinung nach eine rechtsradikale, widerliche Zeitung. Aber wenn sie mit Brandanschlägen am Erscheinen gehindert wird, wenn Zeitungshändler, in deren Sortiment das Blatt geführt wird, Drohbriefe erhalten, so ist dies ein Anschlag auf die Pressefreiheit in Deutschland. Die Kommentatoren von *Spiegel* und *Stern* gefielen sich darin, den Vorfall nicht einmal zu erwähnen. Was wäre wohl geschehen, wenn es die *taz* getroffen hätte? Da wäre der Aufschrei groß gewesen. Der DDR-Bürgerrechtler Templin sagte (im *Spiegel*), worum es geht:

> «Wenn Leuten wie Zitelmann, dessen Position ich in keiner Weise teile, das Auto angezündet wird, wenn Brandanschläge verübt werden, wenn eine Reihe weiterer Intellektueller, denen man rechtskonservative Positionen zuschreibt, physisch angegriffen und malträtiert werden, dann sind dies für mich inakzeptable Zustände.»

Wer wollte hier widersprechen?

Meinungsfreiheit – und ihre Grenzen

Das Recht zur freien Meinungsäußerung in einer Demokratie hat eine Ausnahme, muß sie haben: Jede Agitation, die versucht, eben dieses Zustand der freien Meinungsäußerung zu beenden, muß verboten werden. Wer – wie vom Verfassungsschutz als rechtsextrem eingestufte Gruppen, Zeitungen, Personen oder auch als Sekten getarnte Wirtschaftsunternehmen oder radikale Islamisten – den Versuch unternimmt, unsere liberale Demokratie abzuschaffen, muß an seinen Äußerungen gehindert werden. Der Staat darf also die Meinungsfreiheit einschränken. Aber er hat Grundsätze zu beachten, wenn er es tut. Allgemein sollte das Prinzip gelten, daß die Toleranzschwelle um so niedriger ist, je ungefestigter die Demokratie in einem Land ist.

Heute ist die Demokratie in Deutschland gefestigt. Anders als in den 50er Jahren sind die Deutschen an die Demokratie gewöhnt, und die Gefahr eines Umsturzes besteht nicht mehr. Man braucht heute um unsere zivile Bürgergesellschaft nicht mehr ständig Angst zu haben. Auch ohne Zwang von oben ist die überwältigende Mehrheit der Deutschen tolerant und zivil. Deutschland ist erwachsen geworden.

Wir können den Zustand der «unterkühlten Demokratie» verlassen, in dem wir uns seit der 68er-Revolte befinden. Die «unterkühlte Demokratie» ist ein Zustand, in dem Tabus im Dienste der Aufklärung (Walser) nötig sind, da die Mehrheit der Bürger innerlich nicht demokratisch ist. Sie hat die Spielregeln einer pluralistischen Gesellschaft noch nicht verinnerlicht und ist deshalb noch nicht fähig zur Demokratie. Daß niemand aufgrund seiner Hautfarbe, seiner Rasse, seines Geschlechts, seiner Religion oder seiner sexuellen Orientierung benachteiligt werden darf, ist meiner Generation längst in Fleisch und Blut übergegangen. In derselben Weise ist es für uns eine Selbstverständlichkeit, daß kein Volk besser oder höherwertiger als ein anderes ist.

Die große Angst der 68er besteht darin, daß diese innere demokratische Gesinnung nicht allgegenwärtig ist. Sie halten es immer noch für notwendig, Humanität und Toleranz von oben zu verordnen. In Wirklichkeit mißtrauen die linken Intellektuellen ihrem Volk zutiefst. Wenn man nicht den Deckel fest verschlossen hält, so wird es ihrer Meinung nach wieder zu einem Rückfall in alte Sünden kommen. Die 68er denken, sie handeln richtig, wenn sie mißverständliche, gefährliche Debatten abwürgen.

Was ist davon zu halten, wenn *Die Zeit* nach eigener Aussage einen Artikel über das Lager Swietochlowice, in dem nach Kriegsende ein jüdischer Kommandant Deutsche quälte, ein Jahr lang zurückhält, bis sie ihn veröffentlicht? Glaubt die Redaktion tatsächlich, für das deutsche Volk würde damit die eigene Schuld am Holocaust relativiert? Wie gering muß das Vertrauen der 68er in die Deutschen sein, wenn sie glauben, uns diesen Teil der geschichtlichen Wahrheit nicht zumuten zu können? Der Wahrheit muß in Zukunft überall und immer der Vorzug vor erzieherischen Zielen gegeben werden. Nur dann kann es eine echte Demokratie, eine zivile Bürgergesellschaft mit dem Herzen geben, getragen von der inneren Einsicht. Einsicht stellt sich aber nur bei dem ein, der sicher ist, alle Fakten zu kennen. Wer befürchten muß, daß ihm Fakten vorenthalten werden oder daß er gar belogen wird, bei dem baut sich ein Mißtrauen gegenüber der veröffentlichten Meinung auf.

Deutschland braucht keine Denkverbote mehr

Es wurde oben ausgeführt, daß Redeverbote dann gerechtfertigt sind, wenn Redefreiheit mißbraucht wird, um die Rechte anderer abzuschaffen. Aber der Tugendterror der 68er übertreibt, er trifft wahllos auch Persönlichkeiten, die nun wirklich nicht vorhaben, die Demokratie abzuschaffen.

Unlängst wurde Katharina Rutschky von Radikalfeministinnen körperlich angegriffen, als sie die These vortrug, die Zahl der sexuellen Kindesmißhandlungen werde deshalb von Feministinnen übertrieben, um in der breiten Bevölkerung Rückhalt für ihre radikalen Forderungen zu erringen.

Die 68er Generation hat ihre Ideale und Werte für nicht mehr diskutierbar erklärt. Ähnlich wie die katholische Kirche duldet sie keine Kritik an ihren Dogmen, nicht einmal konstruktive. Dagegen rebellieren die 89er. Wir wollen einen offenen Wettstreit der Ideen, bei dem eine Neubestimmung der Politik nicht von vornherein ausgeschlossen ist. Die junge Generation muß sich frei entscheiden dürfen, was sie von den 68er-Gedanken noch für aktuell hält, was sie übernehmen will und was nicht.

Die Hondrich-Kontroverse an der Frankfurter Uni

Ein Beispiel, wie Tugendterror funktionierte, habe ich selbst an der Frankfurter Johann-Wolfgang-Goethe-Universität erlebt.

Wenn man ein Handbuch mit Tips für die Erstsemester herausgeben würde, so lautete darin sicher die erste Regel: «Wenn Du keinen Ärger haben willst, dann kratze nie an linken Dogmen.» Linke Listen, die bei den Wahlen zum Fachschaftsrat 1993 (zusammen 8 Mandate für Jusos, Undogmatische Liste, Grüne und Feministinnen gegenüber einem Mandat für den RCDS[29]) eine überwältigende Mehrheit errangen, wollen keine – ihrer Meinung nach – «rechten Töne» an ihrer Uni.

Dies mußte auch Prof. Karl Otto Hondrich zur Kenntnis nehmen, für meine Begriffe einer der besten Professoren im Fachbereich Soziologie. Über diesen Dozenten mit dem Schwerpunkt Sozialer Wandel, dessen geistreiche Aufsätze seit Jahren die Leser von *FAZ*, *Die Zeit* und *Spiegel* zum Nachdenken bringen, verlor im Sommersemester 1994 eine Zeitlang kaum noch einer der Lehrenden und Studierenden ein gutes Wort. Selbst alte Freunde sonderten sich von ihm ab, weil er unter «akutem Rasissmusverdacht steht», wie ein Kommilitone es ausdrückte. Kollegen distanzierten sich von Hondrich; in den «autonomen Tutorien» (von Studierenden für Studierende organisierte Tutorien) wurden Erstsemester vor seinen Seminaren gewarnt. Man fragt sich, wie es dazu kommen konnte. Was war passiert?

Zu Beginn des Sommersemesters 1994 tauchte ein zunächst anonymes Flugblatt auf, in dem verschiedene Zitate Hondrichs[30] Sätzen aus dem Parteiprogramm der Republikaner und christdemokratischen Politikern wie Schäuble und Dregger gegenübergestellt wurden. Einiges klang verdächtig ähnlich: «Die große Zahl der Asylbe-

29 RCDS: Ring Christlich-Demokratischer Studenten

werber ist für die allseits bekannte Ausländerfeindlichkeit verantwortlich.», so die Republikaner). Hondrich dagegen: «Der starke Zustrom von Asylbewerbern in relativ kurzer Zeit ist einer von mehreren Gründen, warum die Feindseligkeiten gegenüber Ausländern zugenommen haben.» Andere Zitate wie: «Die Integrationsfähigkeit jeder Gesellschaft ist begrenzt» waren in etwa identisch (ich habe mich hier auf die schlimmsten Sätze begrenzt). Das Flugblatt wurde unterzeichnet mit dem bezeichnenden Kürzel k.o.-Gruppe, womit bestimmt nicht nur die Initialien von Karl Otto Hondrich gemeint sind.

Das Pamphlet erregte unter der Professorenschaft und den Studierenden sofort großes Aufsehen. War hier mal wieder ein «Brauner an der Uni» enttarnt worden? In dem von Hondrich geleiteten Seminar über den deutschen Soziologen Georg Simmel, das ich besucht habe, wurde mehrere Stunden lang nicht mehr über Herrn Simmel, sondern über das Verhalten von Herrn Hondrich diskutiert. Ohne die Texte von Hondrich im Orginal gelesen zu haben, beschuldigten ihn viele Studenten und Studentinnen des Rassismus, Rechtsextremismus und Faschismus. Hondrich, von der heftigen Kritik verwundert, las noch einmal seine eigenen Texte und dachte einige Tage darüber nach, ob er tatsächlich einen Fehler gemacht habe. Er kam aber zu dem Ergebnis, daß seine Thesen nichts Rechtsradikales oder gar Faschistisches an sich haben, kopierte sämtliche Artikel und bat die Studierenden, sich selbst ein Bild zu machen. Außerdem lud er seine Kritiker sowie alle interessierten Studierenden und Professorenkollegen zu einer sachlichen Diskussion über seine Thesen ein. Wer die betreffenden Artikel im Orginal las, mußte zu dem Schluß kommen, daß Hondrich bei dem zu erwartenden Rededuell durchaus bessere Chancen hatte. Zahlreiche ihm vorgeworfene Zi-

30 Die ihm zur Last gelegten Zitate entstammen Aufsätzen aus der Zeit vom 25.9.92 und vom 28.01.94, aus der *FAZ* (10.2.94), seinem Buch Lehrmeister Krieg, Reinbek von1992 und vor allem seinem Aufsatz Das Fremde in uns, in: Warnfried Dettling (Hg.): *Perspektiven für Deutschland*, München, 1994. Das letztgenannte Buch ist ein Sammelband, in dem führende Politiker (Wolfgang Thierse, Renate Schmidt, Kurt Biedenkopf), Wirtschaftsleute und eben Soziologen und Politologen Kozepte zur Bewältigung der Zukunft entwerfen.

tate waren aus dem Zusammenhang gerissen worden, teilweise wurden Halbsätze zitiert.

Ich möchte hier nicht behaupten, daß alle Äußerungen Hondrichs, der sich übrigens selbst für einen Linken hält und für meine Begriffe zu den konvertierten 68ern gehört, richtig oder gar unangreifbar wären.

Wie viele andere Studenten sah ich also dem Schlagabtausch mit Vorfreude entgegen und gedachte mich auch daran zu beteiligen. Leider antwortete die k.o.-Gruppe umgehend mit einem zweiten Flugblatt, in dem u.a. zu lesen war:

> «Für Kritik und Diskussionen braucht es keine Einladung. Daß er (Hondrich) Klärungsbedarf verspürt, scheint aus seiner Sicht verständlich. Der von ihm vorgegebene Rahmen nimmt das Ergebnis aber vorweg: Alles wird gut! Es geht gerade nicht darum, eine personenbezogene ‹Debatte› mit und über K.O. Hondrich zu führen und ihn damit über Gebühr aufzuwerten. Im Gegenteil geht es darum, den Prozeß der Einprägung neurechter Begriffe an bundesdeutschen Hochschulen offenzulegen. We won‘t go to Hondrich today and we won't go tomorrow ...»

Einige der «linken Widerstandskämpfer» (Selbstbezeichnung) erschienen dann aber doch zu der Sitzung, an der auch zahlreiche Professoren teilnahmen, und äußerten ihre Vorwürfe:

Die Argumentationslinie hörte sich sinngemäß folgendermaßen an:

Wer in Zeiten wie den unseren unbefangen über Themen wie Zuwanderung, Nation, Überfremdung durch Ausländer usw. nachdenke, der mache sich zum Werkzeug von rechtsextremen Rattenfängern. Er werde damit zum geistigen Brandstifter und sei damit auch für die Morde in Mölln und Solingen indirekt mitverantwortlich. Über sensible Themen dürfe man daher in unserer Zeit nicht so unbefangen reden, wie Hondrich es tut.

Eine zahlenmäßig etwa gleich große Gruppe anderer Studenten widersprach mit dem Argument, man müsse auch in schwierigen Zeiten seine Meinung frei äußern dürfen, denn sonst könne eine kleine intellektuelle Elite ständig mit vorgeschobener Besorgnis Denk- und

Sprechverbote verhängen, womit letzlich die grundrechtlich geschützte Meinungsfreiheit untergraben werde.

Mit Erschrecken bemerkten wir, daß etliche Professorenkollegen gegen uns 89er anredeten und Hondrich wohl am liebsten ein Lehrverbot auferlegt hätten. Ich weiß nicht, ob sie ihm den gesellschaftlichen Erfolg neideten, den er bis dahin hatte. Vielleicht lag es auch an der linken Solidarität, die keine Nestbeschmutzung duldet.

Kurz vor Beginn der Semesterferien erschien dann ein von linken Studentengruppen herausgegebener Reader zum Thema «Nationalsoziologie und Neue Rechte». Darin wurden die Vorwürfe gegen Hondrich in scharfer Form wiederholt, der Politologieprofessor Joachim Hirsch beteiligte sich als einziger Lehrender an der Schmähschrift.

Die Rufmordkampagne der Unilinken blieb nicht wirkungslos: Für die meisten Studierenden, die sich nicht näher mit dem Fall beschäftigt hatten, war die Lage klar: Einer ihrer Professoren ist ein heimlicher Rechter. Wo Rauch ist, ist auch Feuer. Irgendwelche rechtsradikalen Äußerungen mußte er ja wohl getan haben, sonst würde man nicht soviel Wirbel um ihn machen.

Bei dieser Kontroverse standen sich 89er und 68er gegenüber, die beide zumindest teilweise aus der jungen Generation kamen. Neben vielen Professoren gehört auch ein Teil der heute 15-25jährigen noch zu den 68ern. Dies zeigt, daß der Generationenkonflikt zwischen 89ern und 68ern quer durch alle Altersgruppen geht. Die soziologische Generationszugehörigkeit kann nicht unmittelbar am Geburtsjahrgang festgemacht werden.

Die 89er lehnen jede Art von Dogmen, Tabus, Vorurteilen und Denkverboten ab. Sie lehnt in ihrer überwiegenden Mehrheit jede rechtsextreme Ideologie ab. Das ist nichts Neues. Aber sie wendet sich ebenfalls gegen linke Dogmen und Denkverbote. Und das ist neu.

Es ist für jeden 89er unerträglich, wie Antifa-Gruppen und rechtsextreme Gruppierungen mit andersdenkenden umgehen. Wer das Meinungsmonopol der 68er in Frage stellt, wird schlecht behandelt. Selbsternannte «Gesinnungskomitees», die bestimmen, was gesagt werden darf und was nicht, sorgen dafür, daß niemand den rechten Weg (in diesem Fall den linken) verläßt. Was für sie nicht politically correct (pc) ist, das darf nicht geäußert werden. Nicht das beste Argument, sondern die Ideologie einer kleinen Gruppe bestimmt, was als richtig oder falsch gelten soll.

Bemerkenswerterweise wird niemals versucht, Gegenargumente zu finden, sondern stets wird die Person diffamiert und in eine bestimmte Ecke gedrückt. Anstatt einen argumentativen Diskurs zu beginnen, in dem jedes Argument so lange seine Existenzberechtigung hat, bis es widerlegt wird, werden sofort moralische Kategorien ins Spiel gebracht. Nicht um «falsch» oder «richtig» geht es den Meinungswächtern, sondern um «gut» oder «böse».

Hondrichs Texte standen meistens im Rahmen von Kontroversen und Pro- und Contra-Debatten. Diese journalistische Darstellungsform bringt es mit sich, daß jede Seite ihre Zweifel und Relativierungen wegläßt, weil die Gegenseite sie genügend zum Ausdruck bringt. Es ist daher unredlich, Hondrich vorzuwerfen, er beachte Gegenargumente zu wenig, zumal er im allgemeinen sehr differenziert schreibt.

Tugendterror hat immer Zensur zum Ziel. Das Opfer der Aktion soll daran gehindert werden, seine Argumente zu artikulieren. Mir als Student wird damit die Möglichkeit genommen, mich mit diesen Gedanken auseinanderzusetzen, kritisch nachzudenken und mir dann mein eigenes Urteil zu bilden. Stattdessen soll ich die vorgekaute Meinung der 68er übernehmen, denen gegenüber ich auch noch dankbar sein soll, weil sie mir das Nachdenken abnehmen. Ich kann ihnen nur sagen: Vielen Dank für Eure Güte!

Als vereinzelt schließlich doch Kritik an den Methoden der linken Gruppierungen z.B. seitens der Dekanin des Fachbereichs laut wurde, flüchteten sich die Rufmörder rasch in die Opferrolle. Jene Kritiker der k.o.-Gruppe, die dieser Unsachlichkeit, wenig Seriösität und Unwissenschaftlichkeit vorwerfen, zückten sofort die «Keule der Wissenschaftlichkeit». Professor Hirsch nennt Hondrich im Reader einen «intellektuellen Wasserträger» der «Rechten» (womit er die Rechtsextremen meint). Ein Linksaußen wundert sich im Heft schon gar nicht mehr über Hondrich, denn «angesichts der Veränderungen in der BRD in den letzten Jahren – ob man sie nun als Rechtsruck, Entdemokratisierung oder Faschisierung bezeichnen möchte – wäre es naiv, davon auszugehen, die Universität und der Wissenschaftsbetrieb seien an dieser Entwicklung nicht beteiligt.»

Hin und wieder wird hervorgehoben, daß man inhaltlich nicht auf Hondrichs Argumente eingehen müsse:

«Hondrich, ein Produzent ethnischer Gemeinschaftsideologie (und damit ein Feind?, J.T.) [...] sollte auch als solcher behandelt werden. Dies stellt insbesondere die Sinnhaftigkeit einer inhaltlichen Kontroverse mit ihm in Frage. Vielmehr sollte es darum gehen, die Auseinandersetzung auf einem ideologischen Terrain [...] endlich aufzunehmen.»

Ideologie beinhaltet die Abwesenheit eines freien, kritischen Denkens. Sie ziegt den Mangel an Bereitschaft, sich überzeugen zu lassen, wenn der andere die besseren Argumente hat. Ideologie ist die Waffe der geistig Beschränkten und der Böswilligen. Es spricht für sich, daß das Ideologisieren von den 68ern als probates Mittel der Problemlösung angepriesen wird.

Nachtrag

Am 8.11.1994 drangen 30 bis 40 Mitglieder einer autonomen Studentengruppierung gewaltsam in das Büro des Rings Christlich-Demokratischer Studenten (RCDS), der Studentenorganisation der CDU, ein. Sie verletzten deren Geschäftsführer, zerstörten die gesamte Büroeinrichtung und rissen die Kabel aus den Wänden. Anschließend räumten sie das Mobiliar auf den Gang des Hauses und warfen die Bürotür in einen Container vor dem Gebäude.

Die Vorsitzende des AStA der Johann-Wolfgang-Goethe-Universität, Danielle Hermann, erklärte nachher in einem Interview, daß auch sie von den «rechtsradikalen Tendenzen» des RCDS besorgt gewesen sei. Sie lehnte aber jede Verantwortung für den Vorfall mit den Worten ab: «Mit uns hat das gar nichts zu tun».

Wie auch immer, die Arbeit der CDU-Jugend ist damit bis auf weiteres unmöglich gemacht, und der Geschäftsführer hat sich noch nicht von seinen Verletzungen erholt.

Das Meinungsmonopol der 68er

Beim Marsch durch die Institutionen waren die Redakteursposten ein beliebtes Ziel der 68er. Es gab – man muß hier eindeutig in der Vergangenheit sprechen – in der 68er-Epoche eine Einheitsfront der Hamburger Magazine *Spiegel*, *Zeit* und *Stern*, später ergänzt um die *taz*, dazu kamen die *Süddeutsche Zeitung* und die *Stuttgarter Zeitung*, kurzum: all jene Printmedien, die sich gerne selbst als linksliberal bezeichnen.

Neben diesem Medien-Mainstream gab es mit der *FAZ* und der *Welt* konservative Blätter, die keineswegs den 89ern, sondern eher der Aufbaugeneration zuzurechnen waren.

Die 68er hatten zwar kein absolutes Meinungsmonopol, aber sie hatten eine überwältigende Dominanz in den Medien. Keine einzige große Zeitung erfüllte zwischen 1968 und 1989 den Anspruch, wirklich liberal zu sein. Denn eine liberale Zeitung würde allen Meinungen ein Forum bieten und so dem Leser ermöglichen, sich ein eigenes Urteil zu bilden. Eine liberale Zeitung würde sich in einem Leitartikel dazu äußern, wenn eine zwar nicht geschätzte Mitkonkurrentin mit Brandsätzen zum Schweigen gebracht wird. Sie würde an die Vernunft und Kritikfähigkeit des Menschen appellieren und den berühmten Satz Voltaires, der schon im Vorwort zitiert wurde, verwirklichen wollen.

Liberal ist das Gegenteil von parteiisch. Nun ist aber jede linksliberale (oder rechtsliberale) Zeitung schon per definitionem nicht mehr unparteiisch und vorurteilsfrei. Das heißt nicht, daß die großen deutschen Zeitungen wie *Die Zeit* oder die *Süddeutsche* in der 68er-Epoche nicht auch einmal abweichende Meinungen zu Wort kommen ließen. Aber auf eine tendenzlose Berichterstattung über Ausländerkriminalität oder eine kritische Auseinandersetzung mit dem Asylmißbrauch konnte man in diesen Blättern lange warten.

Das politische Klima in Deutschland war stickig geworden, seitdem die 68er die Redaktionsposten erobert hatten. Der Journalistenpapst Wolf Schneider schreibt:

> «Viele Journalisten machen von sich aus Politik. Was unter Hitler wie unter Honecker ein Zwang war – über Tatsachen nicht unparteiisch zu berichten, sonden mit ihnen zu agitieren im Dienst der Partei: Das betreiben heute viele hundert Journalisten auf eigene Rechnung, wenn sie im *Spiegel*, im *Stern*, in der *taz* oder in ein paar anderen Redaktionen sitzen.»[31]

In zwei der drei Hamburger Magazine, im *Stern* und vor allem im *Spiegel,* hat allerdings in jüngster Zeit ein bemerkenswerter Meinungsumschwung stattgefunden. So veröffentlichten beide Zeitschriften Anfang Juli 1997 positive Artikel zum harten Strafvollzug in New York, der *Spiegel* spricht vom Scheitern der mulitkulturellen Gesellschaft, der *Stern* geißelt den Sozialhilfemißbrauch und bekommt Leserbriefe von Konservativen, die diesen zum ersten Mal seit dreißig Jahren wieder lesen. Der Einfluß jüngerer Redakteure ist an der Themenwahl in den letzten Jahren exakt nachvollziehbar. So waren im Jahr 1997 etwa die «Vaterlose Gesellschaft» und «Die Gewalt auf St. Pauli» Titelthemen des *Spiegel*, alles typische 89er-Titel, die der fünf Jahre vorher nie gebracht hätte. Es ist abzusehen, daß die Zeitungen, die sich ehemals als «Kampfpresse» verstanden haben, in Zukunft eher ideologiefreie, vorurteilsarme Beiträge veröffentlichen werden. So gewinnen die liberalen 89er-Ideale in den Redaktionen an Boden.

3. Kriminalität

Keiner der Alt68er, die heute die öffentlichen Machtpositionen innehaben, ist in den letzten zehn Jahren zur Schule gegangen. Sie haben keine Ahnung, was es heißt, heute in einem der Problemviertel aufzuwachsen; sie nehmen keine Kenntnis von den Banden: leider häu-

31 Schneider, Wolf/Raue, Paul-Josef: *Handbuch des Journalismus*, Reinbek bei Hamburg 1996, S.53

fig Ausländerbanden, leider oft türkische Banden – und wissen nicht, was es heißt, terrorisiert zu werden. Nur so lassen sich ihre naiven Ansichten zur Kriminalität gerade noch entschuldigen. Die 68er sind in einer anderen Zeit als wir jung gewesen – sie können meine Generation nicht verstehen. Natürlich verbringen auch die meisten der heute jungen Schüler ihre Schulzeit sicher und werden nicht erpresst, weil nur eine Minderheit in Problemstadtteilen zur Schule geht. Dieser Minderheit jedoch ist dieses Kapitel gewidmet.

Ich habe meine Schulzeit größtenteils auf einer öffentlichen Schule im Frankfurter Stadtteil Eschersheim verbracht. Meine Eltern wollten mich nicht auf einer Privatschule für reiche Kids aufwachsen sehen, sondern hielten es für gut, wenn ich die Probleme einer typischen Großstadtschule kennenlerne. Obwohl es sicherlich problematischere Stadtteile in Frankfurt gibt als Eschersheim, habe ich in meiner Schulzeit die Bedeutung des politisch korrekten Wörtchens «sozialer Brennpunkt» ganz gut kennengelernt. Nicht weit entfernt von meinem Gymnasium gab es eine Hauptschule, an der ich auf meinem Schulweg vorbeigehen mußte. Dort gab es eine mehrheitlich aus Ausländern zusammengesetzte Bande, die mich und andere Gymnasiasten regelmäßig um unser Taschengeld erleichterte. Das hört sich harmlos an, aber das ist es keineswegs. Wer einmal mit vorgehaltenem Messer von älteren Jungs vor die Wahl «Geld» oder «Schläge» gestellt worden ist, weiß, wie ernst die Sache ist. Einem Freund von mir, der nicht zahlen wollte, wurde von dieser Bande ganz langsam ein Finger gebrochen – und dann wurde er noch verprügelt. Ein anderer mußte einem türkischen Mitglied der Gang, das für seine Brutalität bekannt war, die Schuhe küssen. Sonst hätte dieser ihm das Gesicht zerschnitten. Es gibt Viertel wie die Frankfurter Ahornstraße, in der zeitweise Zustände wie in den USA herrschten. Die Brutalität ist kaum noch steigerbar: Ein junger Rußlanddeutscher wurde von einer kurdischen Bande erst impotent geschlagen, dann wurde seine Freundin vor seinen Augen vergewaltigt.

Die 68er kennen den Krieg in den Großstädten meist nur aus den Zeitungen, die 89er entweder aus eigenen Erfahrungen oder zumindest aus Erzählungen von Freunden oder Bekannten. Dies ist eine weitere Erfahrung, die die Generationen trennt. In Frankfurt gab es zu meiner Schulzeit Banden wie «La Mina», die sich in Frankfurt alles erlauben konnten. Warum bestehen solche Banden meistens aus Ausländern, wenn auch nicht immer? Dies hat viele Gründe: schlechtere Berufschancen als Deutsche, eine andere, weniger pazifistische Kultur, das Gefühl des Zukurzgekommenseins, ein besonders starker Zusammenhalt, der auf ethnischen Bindungen beruht. Vor allem aber das Gefühl, auf keinen echten Widerstand zu treffen, trug dazu bei, daß sich Ausländergangs bildeten und «erfolgreich» waren. Wer einmal die Erfahrung gemacht hat, daß Gewalt sich lohnt, wird einem Lernprozeß unterworfen, und er wird Gewalt immer wieder als Mittel einsetzen, um seine Ziele zu erreichen. Die Folge ist, daß für viele tausend deutsche (und ausländische) Jugendliche vor allem in Westdeutschland die Demütigung durch meist ausländische Gangs («Was guckst Du mich so an, willst Du was aufs Maul?») bitterer Alltag ist. Kürzlich gab eine Moderatorin einer Jugendsendung im öffentlichen Hörfunk, eine typische 68erin, den Schülern den klugen Tip: «Die beste Lösung ist immer noch, wegzurennen.» – Nein, gerade das ist keine Lösung. Wer vor der Gewalt zurückweicht, sorgt dafür, daß sie sich immer weiter ausbreitet.

Der Jugendforscher Klaus Hurrelmann schreibt verharmlosend über türkische Jugendliche: «Widersprüche in den kulturellen Ansprüchen führen zu Verunsicherung und Konfliktpotentialen in den Familien. Gewalttätigkeit kann dazu dienen, auf die empfundene strukturelle Benachteiligung aufmerksam zu machen.»[32] Wann werden die 68er endlich aufhören, mit den Tätern zu sympathisieren und anfangen, mit den Opfern zu sympathisieren? An Deutschlands Schulen tobt ein Krieg. Und es ist die entscheidende Frage, wann man endlich Maßnahmen ergreift, damit Schüler nicht mehr krankenhausreif geschlagen werden.

Bis heute wissen nur zwei enge Freundinnen und der Autor, was Michaela[33] mit 14 passiert ist. Damals flirtete sie in einer Diskothek

---

32 Broschüre des Sonderforschungsbereichs 227 «Prävention im Kinder- und Jugendalter» an der Universität Bielefeld, Arbeitsprogramm und Forschungsschwerpunkte «Forschung im Dienste von Kindern und Jugendlichen», S.25

33 Name geändert, richtiger Name ist dem Autor bekannt.

ausgiebig mit Kemal, einem in Deutschland geborenen Türken der zweiten Generation. Kemal war mit zahlreichen anderen Kids aus seiner Nachbarschaft in der Disko. In der Hierarchie seiner Gruppe stand er noch ziemlich weit unten, allerdings würde sein Status steigen, wenn er eine Deutsche «im Bett haben» würde. Nach dem Diskobesuch küßten er und Michaela sich noch in einer Hofeinfahrt. Sie wollte dann nach Hause gehen, er wollte mehr. Obwohl sie sich wehrte, nahm er sich, was er wollte. Die einzigen äußerlichen Zeichen, die bis heute von dem Erlebten zeugen, sind drei Narben, die sie sich selbst mit einem Rasiermesser am Oberarm zugefügt hat.

Natürlich hätte Kemal auch ein Deutscher sein können. Allerdings ist die Sexualmoral der noch nicht integrierten Türken in Deutschland eine andere als die von Deutschen, die solche Vorkommnisse begünstigt (siehe auch den Beitrag von Natalie Immel und Sue Hermenau in diesem Buch).

Natürlich lebt die Mehrheit der jungen Ausländer friedlich und gesetzestreu in Deutschland. Aber die Minderheit, die ihre deutschen und ausländischen Mitschüler terrorsiert, fand günstige Rahmenbedingungen vor. Zum einen haben die 68er ein Klima der offiziell verordneten Ausländerfreundlichkeit errichtet und das Thema «Ausländerkriminalität» zu einem Tabu gemacht, über das nicht gesprochen werden darf. Hier ist zu fordern, daß vorurteilsfrei untersucht und einer breiten Öffentlichkeit bekannt gemacht wird, wie groß das Problem mit Jugendbanden an deutschen Schulen wirklich ist, aus welchen Nationalitäten sie sich zusammensetzen und was sie ihren Mitschülern antun. Nicht mehr, aber auch nicht weniger. Zum anderen besetzt mit den 68ern zur Zeit eine Generation die Richterstühle, die vor harten Strafen und dem «Wegschließen» junger Straftäter – egal ob Deutsche oder Ausländer – zurückschreckt. Bundesweit Schlagzeilen machte der Fall des 17jährigen Mirko, der sich am 31.1.1997 vor die S-Bahn geworfen hatte, nachdem er monatelang mit Drohungen und Schlägen erpreßt worden war. Die beiden Haupttäter türkischer Abstammung, Amor (18) und Sadok (17) wurden zu dreieinhalb und zweieinhalb Jahren Jugendstrafe verurteilt. Ist das eine angemessene Strafe für zwei Jugendliche, die insgesamt drei Jahre lang zahlreiche Schüler mit Waffen bedroht, bestohlen und jemand, der ihnen ausgeliefert war, in den Tod getrieben haben?

Die Reportagen der 68er in Zeitschriften oder in elektronischen Medien über Jugendkriminalität sind gekennzeichnet durch eine Mischung aus Verharmlosung und Nicht-Verstehen. Selbst wenn die Ängste der Opfer gezeigt werden, niemals werden daraus politische Forderungen nach einer anderen Sicherheits- oder Ausländerpolitik abgeleitet. Statt dessen dominieren schon im Jurastudium Theorien wie der «Labeling Approach». Nach dieser Theorie gibt es Kriminalität in Wahrheit gar nicht, sondern sie sei immer nur ein Etikett, das die Gesellschaft ihren Sündenböcken aufklebt. In der Strafrechtspolitik sollte man anfangen, wiederholt gewalttätig gewordene Jugendliche – egal ob Deutsche oder Ausländer – aus den Schulen zu entfernen und ihnen wirksam jede Möglichkeit zu nehmen, sich bei den Mitschülern zu rächen, die sie verpfiffen haben. «Two Strikes, and you are out!» Bill Clintons Motto sollte so abgewandelt werden, daß jeder weiß, daß er einmal in seinem Leben den Fehler begehen darf, gewalttätig zu werden. Bei einem Rückfall aber muß er für einige Zeit hinter Gitter.

Bezüglich der Ausländerpolitik sollten die 68er zwenigstens zugeben, daß ihre Vision von einer friedlich zusammenlebenden multikulturellen Gesellschaft naiv war und ist – und daß die 89er die Naivität ihrer Elterngeneration ausbaden müssen.

Die 68er glauben, die heutige Schule sei im wesentlichen nicht viel anders als ihre eigene Schulzeit vor über dreißig Jahren. Damals gab es aber weder «soziale Brennpunkte» noch Schulen mit einem Ausländeranteil von mehr als 50 Prozent. «Get real» sagen junge Schüler zu Michelle Pfeiffer in dem Lehrerfilm «Dangerous Minds» – begreift doch bitte die neue Realität, in der viele junge 89er aufwachsen müssen. Den bornierten Erwachsenen, die das Problem öffentlich verharmlosen und ihre eigenen Kinder auf «sichere» Schulen schicken, müssen endlich die Augen geöffnet werden, bevor noch mehr junge Leute geschlagen, vergewaltigt oder ermordet werden. Der Terror türkischer Jugendbanden in Westdeutschland ist fast so schlimm wie der Terror ostdeutscher Skinheadbanden gegen alles Ausländische. So berechtigt Lichterketten für die Opfer rechtsradikaler Gewalt sind, so wichtig wäre es, einmal eine Lichterkette für die Opfer ausländischer Jugendbanden zu organisieren. Die 89er hassen nichts mehr als Einseitigkeit.[34]

Die meisten Lehrer der 89er sind 68er. In ihr Weltbild passen solche Vorkommnise nicht. Sie sind Lehrer geworden, um die Welt nach ihren sozialpolitischen Vorstellungen zu verbessern. Sie sind zu Statisten geworden, die passiv danebenstehen, wenn Schüler um nichts anderes als um das blanke Überleben kämpfen.

Im Herbst 1997 erklomm das Lied «Meine kleine Schwester» der jungen Gruppe «Spektacoolär» die Hitparaden, das erste Lied, das sich mit der Bedrohung junger Schüler (und Schülerinnen) durch Ausländerbanden befaßte. Darin befinden sich die Zeilen:

> «Sie ist meine Schwester, und trägt mein Messer. Sie sagt, in der Schule sei so was besser. Sie hat Angst vor dem Tag, hat Angst vor der Nacht. Meine kleine Schwester wurde fertiggemacht».

Und weiter:

> «Streng genommen sind die Lehrer nur Statisten, hoffnungslose Optimisten in einem Spiel, das sie längst schon nicht mehr kontrollieren. Bewegen sich auf allen vier'n, haben's Lernziel nicht kapiert.»

Die Kriminalstatistik zeigt, daß der Anteil von Ausländern bei den sogenannten gravierenden Gewaltdelikten wie Raub, Vergewaltigung oder Mord besonders hoch ist, zusätzlich sind es vor allem Ausländer, die in den Schulen Drogen verkaufen.[35] Immerhin war es der *Stern*, einst das Flagschiff der 68er, der im Juli 1997 ein Streitgespräch zwischen einem Grün-Alternativen (42 Jahre) und seiner Tochter (14) über Dealer publizierte.[36] Die Gymnasiastin muß täglich Umwege fahren, um dem Hamburger Schanzenpark auszuwei-

34 Die SRzG wird umgehend ein Buch zum Thema Gewalt in der Schule herausbringen, in dem Schüler selbst ihre Erfahrungen niederschreiben können. Die ganze Debatte darf aber nicht instrumentalisiert werden. Es kommt einfach darauf an, vorurteilsfrei die Wahrheit zu sagen. Ich bin mir sicher, daß deshalb weder die zahlreichen ausländischen Mitglieder der SRzG, noch meine türkischen Freunde und Bekannte etwas dagegen einzuwenden hätten.

chen, den schwarzafrikanische Dealer zu ihrem Revier erklärt haben. Ihr Vater Norbert Hackbusch, Abgeordneter der Grün-Alternativen Liste in Hamburg, muß sich von seiner Tochter Sätze wie diese anhören: «Wenn man sie härter bestraft, merken sie wenigstens, daß sie sich nicht alles erlauben können. Die sind nämlich echt kackfrech.» Und: «Kannst du dir vorstellen, wie unangenehm das für Kinder und Jugendliche ist, an diesen Dealern vorbeizumüssen und angemacht zu werden, ob man was kaufen will?» Konnte der Vater natürlich nicht, schließlich gab es so etwas in seiner Jugend nicht.

In dem Gespräch kommt zum Ausdruck, was viele 89er denken: Es ist für uns einfach unbegreiflich, daß man in Deutschland Verbrechen wie z.B. den Verkauf von Drogen am hellichten Tag geschehen läßt, ohne daß die Polizei eingreift. Mir ist natürlich bewußt, daß die Polizei kaum den schwarzen Peter verdient. Man kann die große Frustration der Polizisten verstehen, wenn der Drogendealer, den sie gerade festgenommen haben, am nächsten Tag wieder grinsend vor ihnen steht. Das Problem ist wohl nicht eine zu lasche Gesetzgebung, sondern vielmehr die heutige Richtergeneration, sprich: die 68er. In vielen Fällen werden Verfahren eingestellt, selbst wenn sie aus polizeilicher Sicht aufgeklärt sind. Oder es werden Strafen ausgesprochen, die sich am niedrigsten Level des Strafrahmens orientieren. Selbst wenn einmal eine harte Strafe verhängt wird, so wird sie selten vollzogen.

Die Polizei war in den Jahren 1967 und 1968 Gegner vieler junger Demonstranten. Es ist logisch, daß die 68er heute, da sie Politiker geworden sind, wenig für die Imagepflege und die Ausstattung der Polizei tun. Dies ist einer der Gründe, warum sich die organisierte Kriminalität in Deutschland immer mehr ausbreitet. Während es

35 In den alten Ländern mit Gesamt-Berlin beträgt der Anteil nicht-deutscher Tatverdächtiger bei Raub 41,4 Prozent, Vergewaltigung 35,9 Prozent, Mord und Totschlag 37,2 Prozent und illegalem Handel mit und Schmuggel von Rauschgiften 37,8 Prozent; siehe Polizeiliche Kriminalstatistik Bundesrepublik Deutschland, Berichtsjahr 1995, hrsg. vom Bundeskriminalamt, Wiesbaden 1996, S.117. Die Statistik zeigt aber auch, daß lange in Deutschland ansässige, gut integrierte Ausländer sogar weniger kriminell sind als Deutsche.

36 *Der Stern* Nr. 28/97, 3.7.1997, S.26/27

1967 zugegebenermaßen mutig war, wenn sich junge Leute der Polizei gegenüberstellten, gehen heute die Mutigsten der jungen Generation in den Polizeidienst, um trotz der hoffnungslosen strukturellen Unterlegenheit der Polizeikräfte den Kampf gegen das organisierte Verbrechen aufzunehmen.[37]

Statt mit enormem Ressourcenaufwand Graffiti-Sprayer zu jagen, sollte die Polizei vielmehr in die Lage versetzt werden, effektiver gegen Schwerkriminelle und Bandenkriminalität vorzugehen

Was lernen wir aus Deutschlands nationalsozialistischer Vergangenheit?

Auschwitz ist zum Symbol dafür geworden, was Menschen anderen Menschen antun können. Die professionell geplante und kalt betriebene Vernichtungsmaschinerie ist das Schlimmste gewesen, was in der aufgezeichneten Weltgeschichte passiert ist. Der Gedanke nach einem Schlußstrich führt sich von selbst ad absurdum, solange nicht etwas noch Scheußlicheres passiert (was hoffentlich nie der Fall sein wird). In den Augen der jungen Generation steht Auschwitz für das absolute Böse, das Furchtbarste, was ein Mensch sich vorstellen kann.

Es ist oft darüber geschrieben worden, daß Auschwitz für das jüdische Volk, für den Staat Israel, eine identitätsstiftende Wirkung hatte.[38] Weniger oft wurde bisher gesagt, daß dasselbe für Deutschland gilt. Dennoch ist es wahr. Für Deutschland wurde Auschwitz zum Symbol der Schuld, der Scham und der Verantwortung. Gleichzeitig galt das Versprechen, nie wieder Krieg von deutschem Boden ausgehen zu lassen und rechtsradikalen Tendenzen eine Chance zu geben. Über den Holocaust wurde nicht nur in Israel, sondern auch hierzulande, das Selbstverständnis definiert. Es war die Klammer, der Grundkonsens. Zweiter Weltkrieg und der Holocaust wurden also zum Kitt, der die zwei Völker zusammenhält.

Dies ist, ich betone es ausdrücklich, nur gerecht und sollte zumindest für Deutschland auch noch für längere Zeit so bleiben.

---

37 Die derzeit viel diskutierte Idee von «Null Toleranz» ist trotzdem Unsinn.
38 Die Israelis haben daraus den Schluß gezogen, daß man sich auf seine eigenen Kräfte verlassen müsse, anstatt das eigene Schicksal der Welt zu überlassen.

Es gibt aber einen Unterschied zwischen Sentenzen wie «aus Auschwitz Lehren zu ziehen» und «Auschwitz im täglichen Politikgeschäft als Waffe einzusetzen». Für die 68er war die Auseinandersetzung mit Deutschlands nationalsozialistischer Vergangenheit die prägende Erfahrung, die – teilweise unbewußt – ihr heutiges politisches Handeln prägt. Eine Vielzahl der neu auftretenden Fragen betrachten sie allein durch die «Auschwitz-Brille» und kommen dadurch zwangsläufig zu falschen Schlußfolgerungen. Genau dies nenne ich dogmatisch. Ich will meine Elterngeneration aber gar nicht scharf dafür angreifen, sondern hier sollte die jüngere Generation eher nachsichtig darauf hinweisen, daß die Welt sich inzwischen geändert hat. Ungefähr so, wie sie ihren Eltern nachsichtig zeigen, wie man einen Computer bedient.

Gehen wir einige der 68er-Dogmen, die unter Berufung auf die deutsche NS-Vergangenheit aufgestellt werden, einzeln durch:

Dogmen der 68er

1. Dogma: Die Vergangenheit verpflichtet uns, hunderttausende von Asylbewerbern jährlich aufzunehmen (galt bis 1992, gilt in abgeschwächter Form aber auch noch heute).

Ist das wirklich wahr? Es kann doch kaum jemand bestreiten, daß mit der großen Zahl nichtintegrierbarer Ausländer immense Probleme entstehen. Die Probleme an deutschen Schulen sind nur ein Beispiel. Auf dem Wohnungs- und Arbeitsmarkt entstehen Spannungen. Auch unser Nachbar Frankreich hat das Pech, ein begehrtes Zielland für Zuwanderer zu sein. Die Franzosen haben dieses Problem ohne historische Scheuklappen erörtert und entschieden sich für strikte Einwanderungsbeschränkungen (vor allem unter Innenminister Pasqua).

Was aber geschieht in Deutschland? Vor 1992 legte die Linke ihr Veto ein, als das (immer noch tausendfach mißbrauchte) Asylrecht geändert werden sollte. Begründung: Auch Deutsche hätten 1933 im

Ausland Asyl gefunden. Dadurch entstehe eine historische Verpflichtung, Verfolgten aus der ganzen Welt Asyl zu gewähren.

Diese Einstellung verkennt, daß die Größenordnungen auch nicht nur im entferntesten vergleichbar sind. Und haben damals Deutsche im Ausland gewaltsam demonstriert und Polizisten mit Benzin übergossen, so wie Kurden es hierzulande getan haben?

Als Artikel 16a des Grundgesetzes, der alte Asylartikel, 1948/49 ins Grundgesetz aufgenommen wurde, nahm man an, daß er über Europa hinaus praktisch keine Bedeutung haben werde. Es erschien undenkbar, daß einmal eine große Zahl Afrikaner, Kurden oder Asiaten an unsere Tür klopfen würde. All dies zeigt, daß die Vergangenheit nur begrenzt in die Gegenwart übertragbar ist. Noch nie war der Wandel so schnell, noch nie mußten sich alle Länder weltweit auf neue Begebenheiten einstellen, wenn sie in der Gegenwart erfolgreich sein wollten. Unsere Welt heute ist nicht mehr mit der Welt im Jahre 1945 vergleichbar. Der Kampf der 68er für das Asylrecht war ideologisch. Bekanntermaßen setzten sich 1992 die besseren Argumente durch, und die Bundestagsabgeordneten (auch der SPD) änderten den Artikel 16a des Grundgesetzes. Teilweise mußten sie dazu unter Polizeischutz in den Bundestag gebracht werden, ein weiteres Beispiel für den Versuch von Tugendterror, der diesmal allerdings scheiterte. Die 89er haben sich gegen die 68er durchgesetzt.

Eng verbunden mit Einwanderung und Asylrecht ist die Debatte um die doppelte Staatsangehörigkeit, ein anderes Feld, auf dem 68er und 89er sich beharken. Der Streit dreht sich darum, wer Deutscher werden soll. Noch immer gilt in Deutschland das Staatsangehörigkeitsrecht von 1913, nach dem man in erster Linie durch Abstimmung Deutscher wird (ius sanguinis), d.h. wenn man als Kind mindestens eines deutschen Elternteiles geboren wird. Daneben kann man Deutscher durch Einbürgerung werden. Diese wurde in den letzten Jahren mehrmals erleichtert, was dazu geführt hat, daß sich die Zahl der Einbürgerungen zwischen 1990 und 1996 vervierfachte, auf 89.000 (1996). Auf die Türken, die größte Immigrantengruppe in Deutschland, entfielen 1996 rund 46.000 Einbürgerungen, dreiundzwanzigmal so viel wie 1990. Im Gegensatz zum Abstammungsrecht (ius sanguinis) gilt in einigen unserer Nachbarländer das Bodenrecht (ius soli). So bekommt etwa ein Kind von algerischen Eltern automatisch die französische Staatsbürgerschaft, wenn es auf französischem Boden geboren wird. Die Argumentation der 68er lautet ungefähr folgendermaßen: Das deutsche Staatsangehörigkeitsrecht von 1913 entspringt «völkischem Denken». Nach dieser alten Auffassung entscheiden unveränderliche Merkmale wie Mentalität, Sprache und vor allem die Rasse darüber, wer zum deutschen Volk gehört und wer nicht. Diese antiquierte Auffassung muß durch ein moderneres Staatsangehörigkeitsrecht ersetzt werden (bis hierhin ist den 68ern völlig zuzustimmen). Sie sollte auf dem Bodenrecht (ius soli) aufbauen und vor allem auch die doppelte Staatsangehörigkeit beinhalten, d.h. Ausländerkinder bekommen bei ihrer Geburt die deutsche Staatsanghörigkeit und können nach Auffassung von SPD und Grünen auf Dauer ihre alte Staatsangehörigkeit behalten. Dagegen lehnt die CSU und eine knappe Mehrheit in der CDU um Innenminister Kanther die doppelte Staatsbürgerschaft kategorisch ab. Die «Jungen Wilden» innerhalb der CDU und die Mehrheit der FDP treten dafür ein, daß zwar bei Geburt die deutsche Staatsangehörigkeit neben der ausländischen verliehen werden sollte, daß sich die «Doppelstaatler» aber mit dem 18. Lebensjahr für eine davon entscheiden müssen.

Wie beurteilen 89er dieses Problem? Natürlich haben die 68er in dem Punkt recht, daß unser völkisches Abstammungsrecht aus dem Jahre 1913 schleunigst reformiert werden muß. Der Franzose Ernest Renan formulierte schon im letzten Jahrhundert die Auffassung, daß die Zugehörigkeit zu einer Nation nicht an Rasse und Hautfarbe festgemacht werden dürfe, sondern auf einem «plebiscite de tous les jours» beruhe, also einer täglich neuen Entscheidung für den französischen Staat und seine Verfassung. Dieser Gedanke wurde in Deutschland unter dem Stichwort «Verfassungspatriotismus» bekannt, woran Soziologen wie Habermas und Historiker wie Mommsen einen großen Anteil hatten. Der Gedanke ist in der Tat bestechend: Ungeachtet der Rasse sollte jeder, der sich zu den demokratisch-republikanischen Werten des Grundgesetzes bekennt, Deutscher werden können.[39] Dieses Bekenntnis konstituiert die Gemeinschaft der Bürger, nämlich die Nation, das ist die moderne

89er-Auffassung. Eine solchermaßen zusammengehaltene Nation kann dabei durchaus aus verschiedensten Rassen und Ethnien bestehen, wie das Beispiel der USA zeigt: Der «american dream», die (theoretische) Freiheit, alles zu werden, was man will, wenn man nur hart genug arbeitet, dieses «pursuit of happiness» ist der Grundkonsens, der die Nation zusammenhält und es Ausländern erlaubt, Inländer zu werden. So weit, so gut.

Den 68ern scheint aber noch nicht aufgefallen zu sein, daß das Leitbild des Verfassungpatriotismus in keiner Weise vereinbar ist mit der doppelten Staatsangehörigkeit und eigentlich auch nicht mit dem «ius soli». Denn wieviele der rund 7 Millionen Ausländer in Deutschland bekennen sich denn wirklich zum deutschen Grundgesetz? Gerade unter den Türken, der zahlenmäßig stärksten islamischen Ausländergruppe in Deutschland, haben fundamentalistische Strömungen regen Zulauf. Sie lehnen die westliche Demokratie (und damit auch das Grundgesetz) als verweichlicht und unislamisch ab und kämpfen für einen anderen, für einen islamischen Staat. Mit der Parole «Unser Grundgesetz ist der Koran» bekämpfen sie die freiheitlich-liberale Grundordnung, anstatt sich zu ihr zu bekennen. Eine Befragung von 1.221 türkischen Jugendlichen in der Studie des Bielefelder Sozialforschers Wilhelm Heitmeyer brachte Erschreckendes zum Vorschein: Der Aussage «Wenn jemand gegen den Islam kämpft, muß man ihn töten», stimmten 23,2 Prozent der befragten Jugendlichen zu.[40] Der Fundamentalismus unter türkischen Jugendlichen, so der Soziologe, nimmt rapide zu. «Der Kommunismus ist zerstört, jetzt werden wir die Demokratie besiegen», so war kürzlich auf türkischen Flugblättern zu lesen.[41] Diese radikale Gruppe stellt sicherlich noch die Minderheit unter den in Deutschland lebenden Türken dar, sie darf aber auf keinen Fall die deutsche Staatsbürgerschaft erhalten, egal ob sie hier geboren ist oder wie lange sie hier

39 Sofern nicht die Kapazitäten auf dem Arbeits- oder Wohnungsmarkt bereits völlig ausgeschöpft sind, so daß Einwanderung aus diesen Gründen problematisch wird. Nach André Glucksmann ist es das Recht aller Bürger dieser Welt, ihr Land zu verlassen. Aber es ist andererseits nicht Pflicht eines Staates, diese Bürger bei sich aufzunehmen.

40 *Spiegel Special* 1/1998: «Rätsel Islam. Weltmacht hinterm Schleier», S.112

41 A.a.O., S.115

schon lebt. Gerade wenn man nach dem Prinzip des «Verfassungspatriotismus» vorgeht, sollte man die Einbürgerungen als einziges Mittel anerkennen, die deutsche Staatsbürgerschaft zu erhalten –, und ein ius soli strikt ablehnen. Bei Einbürgerungen kann die staatsbürgerliche Gesinnung, das Bekenntnis zum Grundgesetz, geprüft werden. Wer Anteil an der Gemeinschaft nehmen will, muß auch deutsche Sprachkenntnisse besitzen, eine weitere Voraussetzung des Prinzips des «Verfassungspatriotismus». Der Gesetzesentwurf von den Grünen und der SPD würde aber der Minderheit der Türken, die auf das Grundgesetz spucken, die deutsche Staatsbürgerschaft geben.[42] Ein Schlag ins Gesicht für alle Verfassungspatrioten. Ernest Renan würde sich im Grabe umdrehen. Immerhin der *Spiegel* schreibt kritisch über die 68er-Vorstellungen:

> «Die Bonner Regierungskoalition habe kein Konzept für die Integration der Türken, hat der Dichter Günter Grass gesagt. Das wird wohl so sein. Aber Günter Grass hat auch kein Konzept. Selbst wenn er eines hätte, wären die Integrationsaussichten wohl nicht besser. Mythen haben kurze Beine, die Verwirklichung der multikulturellen Gesellschaft ist nicht in Sicht.»[43]

Und weiter:

> «Die Jungtürken wollen sich nicht mehr integrieren. Sie halten Integration für eine Art Unterwerfung ... Deshalb sind selbst Türken, die selten oder nie in die Moschee gehen, so vehement für die Lautsprecher am Minarett. Die hörbare Präsenz des Islam ist für sie auch Ausdruck des kollektiven Selbstbewußtseins.»

Die Antwort auf diese Tendenzen muß klar und deutlich sein: Wir brauchen ein neues Staatsangehörigkeitsrecht, am besten europaweit, das auf dem Grundsatz des Verfassungspatriotismus beruht. Eine generelle doppelte Staatsbürgerschaft wäre fatal, weil nicht immer ein Integrationswunsch besteht. Es muß dabei bleiben, daß im

---

42 Rund ein Viertel der mehr als zwei Millionen in Deutschland lebenden Türken, sogar ein Drittel der Jugendlichen, sympathisiert mit den Fundamentalisten, siehe *Spiegel Special* 1/1998: «Rätsel Islam. Weltmacht hinterm Schleier», S.118

43 A.a.O., S.116

Einzelfall über die Einbürgerung entschieden wird. Anders läßt sich die Verfassungstreue, die schließlich das Kernelement des Verfassungspatriotismus ist, nicht überprüfen.

Kommen wir zum nächsten Problem: Der Pazifismus der 68er und Bosnien

> 2. Dogma Aus dem Verhalten der Wehrmacht leiten wir ab: Die Bundeswehr darf nicht im Ausland eingesetzt werden, zumindest nicht dort, wo einst die Wehrmacht wütete, z.B. im ehemaligen Jugoslawien («Bundeswehr folgt nicht auf Wehrmacht»). Dieser Grundsatz galt bis Anfang der 90er Jahre in allen Parteien und noch heute beharren starke Kräfte innerhalb der Grünen auf diesem Standpunkt.

Hierzu ist zu sagen: Natürlich dürfen deutsche Soldaten nie wieder im Alleingang machtpolitische Ziele Deutschlands verfolgen. Deutschland ist Teil der Europäischen Union und der NATO, und bei allen militärischen Aktionen müssen wir uns mit unseren Bündnispartnern abstimmen, ja mit ihnen gemeinsam handeln. Aber wir haben – dies ist der Umkehrschluß – im Rahmen von Bündnissystemen, die unser aller Werte (auch die Werte der 68er) verteidigen, unsere Verantwortung zu schultern. Der amerikanische Präsident Clinton kommt mit Blick auf Auschwitz zu einer völlig anderen Deutung als die 68er. Nach seiner Meinung verpflichte gerade die damals mangelnde Zivilcourage die heutigen Deutschen, den unterdrückten Bosniern zur Hilfe zu eilen. Nicht wenn sie die Bundeswehr im Ausland einsetzen, sondern wenn sie dieses nicht tun, machen sie sich erneut schuldig.

Diese wenigen Beispiele zeigen schon: Die bisherige Politik, bei jedem neuen Problem den Blick zunächst krampfhaft nach hinten zu richten und dann die diametrale Gegenposition einzunehmen, führt nicht weiter.

Wir haben heute nach sachlichen Kriterien zu entscheiden. Es muß ohne ideologische Scheuklappen entschieden werden. «New Pragmatism» statt Ideologien! Die Linke muß aufhören, Auschwitz zur Durchsetzung ihrer Positionen, für die sie die schlechteren Argumente hat, zu mißbrauchen. Wir werden in Zukunft nicht mehr aktuelle, gesellschaftspolitische Fragen ausschließlich unter dem Blickwinkel einer Haltung, die immer das Gegenmodell zu den Lehren aus der Nazizeit sein muß, diskutieren können (auch wenn diese weiterhin ein wichtiges Argument bleiben, aber nur noch eines unter anderen). Genau diese Haltung ist mit dafür verantwortlich, daß Deutschland eine blockierte Gesellschaft ist und der «Reformstau» nicht zu Unrecht zum Wort des Jahres 1997 gekürt wurde.

Gunter Hofmann äußert in der *Zeit* die Hoffnung der 68er-Generation:

> «Wenn die Vergangenheit nicht vergehen soll, vergeht auch nicht die Legitimität des Bezugs auf sie, ob man nun über deutsche Soldaten auf dem Balkan, das Staatsbürgerschaftsrecht oder die Asylpolitik streitet.»

Das ist nicht falsch, steht aber unter dem Vorbehalt des oben gesagten. In Zukunft wird Auschwitz kein Totschlagargument mehr sein können wie die letzten 25 Jahre, sondern nur noch ein Argument unter vielen, das seine Stichhaltigkeit in jedem Einzelfall erst noch beweisen muß. Wenn man ein Totschlagargument zu oft benutzt, dann wird es stumpf. Wir haben letztendlich dem besten Argument zu folgen, nicht dem am lautesten vorgebrachten.

Der Pazifismus der 68er war schon immer fragwürdig. Hätten die Pazifisten den Juden im Dritten Reich ernsthaft geraten, auf die beginnende Gewalt gegen sie mit «Gewaltlosigkeit» und passivem Widerstand zu antworten? Brutale Regime begehen auch heute seelenruhig einen Völkermord, wenn ihm nicht starke Armeen militärisch in die Parade fahren. Daß Saddam Hussein immer noch im Irak fest im Sattel sitzt, ist ein historisches Versagen des Westens. Ein Versagen, daß tausende Kurden im Nordirak mit dem Leben bezahlen mußten.

3. Dogma: Arbeitspflicht ist unmoralisch

In Deutschland gibt es Anfang 1998 knapp fünf Millionen registrierte Arbeitslose. Gleichzeitig gäbe es Arbeit an allen Ecken und Enden: ökologische und soziale Aufgaben, die nicht erledigt werden. Bachreinigungen, Grünflächenpflege oder Straßenkehren z. B. können nicht von privaten Unternehmen erledigt werden, weil sich damit kein Geld verdienen läßt. Es handelt sich um öffentliche Aufgaben, die allen zugute kommen – und für die deshalb niemand zu zahlen bereit ist.

Wer nun vorurteilsfrei an das Problem herangeht, möglicherweise Erfahrungen aus dem Ausland mitbringt, für den liegt die Lösung doch auf der Hand. Natürlich hat jeder Arbeitslose oder Sozialhilfeempfänger Anspruch auf staatliche Unterstützung. Aber gleichzeitig ist es zumutbar, ihn zu gemeinnützigen Arbeiten heranzuziehen. Im Osten Deutschlands, wo die Bürger geprägt durch die DDR ein anderes Verhältnis zur Arbeit – und zum Dienst an der Gemeinschaft – haben, gehören arbeitende Sozialhilfeempfänger und Langzeitarbeitslose vielerorts schon beinahe selbstverständlich zum Stadtbild. Täglich befreien etwa in Leipzig Hunderte von Menschen bepflanzte Straßeninseln von Laub, entschlammen Teiche, schneiden Hecken oder reinigen Bäche. Leipzig ist eine der saubersten Städte Deutschlands geworden, während in Hamburg oder Frankfurt immer noch der Müll auf der Straße herumliegt und die Wände mit Graffiti besprüht sind. Viele soziale Aufgaben könnten im Rahmen gemeinnützigen Arbeit («Bürgerarbeit» von dem Soziologen Ulrich Beck genannt) erledigt werden, etwa die Betreuung von Kranken, Alten oder Asylbewerbern.

Von den 68ern wird – manchmal unausgesprochen – eine Arbeitspflicht mit dem dummen Argument abgelehnt, daß es auch im Dritten Reich eine Arbeitspflicht gegeben habe und daß wir eben deshalb diese nicht wieder einführen dürfen. Kein Wort über die Politik von Lionel Jospin oder Tony Blair, den sozialdemokratischen Premierministern von Frankreich und Großbritannien, die zur Zeit planen, genau mit einem solchen gemeinnützigen Dienst Hunderttausende von Arbeitslosen von der Straße zu holen (Clinton hat die Arbeitspflicht bereits mit der Wohlfahrtsreform 1996 – als workfare bezeichnet – eingeführt). Kein Wort davon, daß es elementaren Gerechtigkeitserwägungen widerspricht, wenn jemand, der nicht arbeitet, das gleiche oder nur ein unwesentlich geringeres Nettoeinkommen hat, als jemand, der täglich zur Arbeit geht. Kaum einmal wird in den großen Tageszeitungen darüber geschrieben, daß sich mit einem gemeinnützigen Dienst der Sozialhilfemißbrauch beseitigen ließe und die Schwarzarbeit stark eingeschränkt würde. Keine Reden darüber, daß Arbeit einerseits den Betroffenen selbst Bestätigung gäbe und andererseits die gemeinnützig Beschäftigten in der Gesellschaft wohl bald ebenso hoch angesehen wären wie Leute, die sich schon heute unentgeltlich gemeinnützig engagieren. Kein nüchternes Abwägen von Für und Wider, stattdessen ideologisches Starren in die Vergangenheit. Lange ist eine solche Position nicht mehr haltbar. Es ist nur eine Frage der Zeit, bis sich die 89er auch in diesem Punkt gegen die 68er durchsetzen werden.

Es gibt grundsätzlich zwei Begründungsmuster, um eine Arbeitspflicht einzuführen. Die Rechte, übrigens auch der Demokrat Bill Clinton, legt den Schwerpunkt auf die Arbeitsethik und will beenden, daß Faulenzer zu Hause herumsitzen. Die linken Regierungen in Frankreich und Großbritannien betonen dagegen den Wert der Arbeit für das Selbstwertgefühl des einzelnen und postulieren ein «Recht auf Arbeit», das der Staat einzulösen gedenkt.[44] Auch wenn ich mir nicht ganz sicher bin, ob alle betroffenen jungen Leute darüber so glücklich sind, so ist diese Begründung der Arbeitspflicht zumindest besser verkäuflich. Da die Modelle von Rechten und Linken letztlich das gleiche Ergebnis haben, sollte man doch lieber diese Begründung öffentlich vertreten.

Allerdings sind bei der Beschäftigung von Sozialhilfeempfängern und Langzeitarbeitslosen («Stütze für Arbeit», nicht – wie manchmal zu lesen ist – «Arbeit statt Sozialhilfe») mehrere Dinge zu beachten:

- Der zweite, öffentlich finanzierte Arbeitsmarkt darf unter keinen Umständen dem ersten Konkurrenz machen. Arbeiten, die von privaten Unternehmen oder Selbständigen ausgeführt werden

44 In diese Richtung schreiben auch SPD-Parteichef Oskar Lafontaine und seine Frau Christa Müller in ihrem neuen Buch *Keine Angst vor der Globalisierung* (Bonn 1998). Darin heißt es: «Der Staat muß deshalb die Verantwortung übernehmen, daß jeder Bürger sein Recht auf Arbeit einlösen kann, und für Vollbeschäftigung sorgen. Dann muß dem Staat aber zugestanden werden, diejenigen Bürger zur Arbeit zu verpflichten, die zwar von der Gesellschaft leben, ihr aber ihre Leistung verweigern wollen.»

können, dürfen nicht von gemeinnützig Beschäftigten, also von Sozialhilfeempfängern oder «Arbeitslosen» geleistet werden, sonst gehen nur noch mehr Jobs im ersten Arbeitsmarkt verloren.

- Bisher werden die im ersten Arbeitsmarkt nicht mehr Gebrauchten zwischen Arbeits- und Sozialamt hin- und hergeschoben. Sozialhilfeempfänger, die ein Jahr lang bei einer kommunalen Beschäftigungsgesellschaft gearbeitet haben, erwerben einen Anspruch auf Arbeitslosengeld und liegen fortan nicht mehr den Kommunen, sondern dem Arbeitsamt auf der Tasche. Dieser Verschiebebahnhof muß beendet werden, indem man die Gelder beider Behörden in eine Hand legt.

- Ganz wichtig ist, daß die Betroffenen so weit als möglich selbst entscheiden können, welche gemeinnützige Arbeit sie ausüben. Die gemeinnützigen Arbeitsplätze sollen nicht nur vom Staat angeboten werden, sondern auch von als gemeinnützig anerkannten Organisationen wie Stiftungen, Vereinen, Altenheimen, Wohlfahrtsverbänden, den Kirchen. Jeder Arbeiter im 2. Arbeitsmarkt kann sich für eine Stelle bewerben, die ihm liegt. Um die Akzeptanz zu erhöhen, sollte man auch nicht mehr von Sozialhilfe oder Arbeitslosenhilfe sprechen, sondern von einem «Gemeinnützigkeitsgehalt».[45]

Was aber sind denn nun die Lehren aus Auschwitz?

Aus der deutschen Vergangenheit leiten sich weiterhin Verpflichtungen ab, sowohl für meine Generation als auch noch für unsere Kinder und Enkelkinder. Deutschland hat spezielle Erfahrungen gemacht, die wir auch in einer globalisierten Welt nicht vergessen sollten, sondern eher anderen Völkern – wenn auch ohne erhobenen moralischen Zeigefinger – vermitteln können. Dazu gehört, Gefahren für die Demokratie im Keim zu bekämpfen, egal ob von rechts

45 Ein ähnliches Modell, das auch eine Arbeitspflicht vorsieht, schlägt der Club of Rome in seiner Studie *Wie wir arbeiten werden* von Orio Giarini und Patrick M. Liedtke (1998) vor.

oder von links. Toleranz gegenüber Intoleranten darf es nicht geben, hier muß der Staat rasch und entschlossen handeln.

Die 89er trifft natürlich keine Kollektivschuld mehr, und Scham kann man auch nicht verordnen. Über Untaten der eigenen Eltern ist man beschämter als über Untaten der Großeltern oder gar Urgroßeltern. Das Gefühl persönlicher Betroffenheit nimmt zwangsläufig ab. Was aber meiner Meinung nach als dauerhaftes Erbe bleiben sollte, auch in den nächsten Jahrhunderten, ist ein gesteigertes Verantwortungsbewußtsein gegenüber Unrecht und Leid überall in der Welt. Geschichte kann im Gedächtnis eines Volkes sehr lange virulent bleiben (wie im negativen Sinne die Ereignisse im früheren Yugoslawien zeigen). Deutschland sollte die Erinnerung an den Holocaust durch Gedenktage und ein zentrales Museum, vergleichbar mit den Museen Yad Vashem in Israel oder dem Washington Holocaust Museum wachhalten. Rassismus, Antisemitismus, Gewalt, Terror gegen Andersdenkende oder zivile Feigheit dürfen in Deutschland keine Chance mehr haben. Nie mehr! Hier wäre ein Schlußstrich völlig unangemessen. Die Instrumentalisierung des Holocaust aber muß schleunigst beendet werden. Hier brauchen wir einen Schlußstrich eher heute als morgen.

Generationenwechsel in Deutschland

Der jetzige Reformstau läßt sich durchaus auch als Konflikt zwischen 68ern und 89ern interpretieren. Die 89er sind noch nicht stark genug, um ihre Reformen in den Bereichen Wirtschaft, Öffentlicher Dienst, Bildung, Renten, Steuern und natürlich Ökologie durchzusetzen. Aber die 68er sind auf dem Rückzug und werden früher oder später Platz machen. Als die Grünen im Herbst 1997 einen ersten Entwurf für ihr Bundestagswahlprogramm 1998 vorgelegt haben, stand über die Außenpolitik der von Pazifisten mitgegründeten Partei nichts anderes als in den Jahren zuvor: Abschaffung der Bundeswehr und die Umwandlung der NATO in einen Papiertiger. Neu war allerdings die Reaktion der Medien und der Realos in der eigenen Partei: Die Thesen wurden als anachronistisch gegeißelt und als «deutscher Sonderweg» bezeichnet.[46] Ein Indiz, daß die 89er überall weiter auf dem Vormarsch sind. Der Konflikt wird derzeit überall ausgetragen, nur die Namen variieren: Innerhalb der FDP heißen die beiden Fraktionen «Neoliberale» und «Freiburger Kreis», innerhalb der Gewerkschaften und der SPD spricht man von «Traditionalisten» und «Modernisierern um Schröder und Clement». Es handelt sich aber überall um nichts anderes als den Konflikt zwischen 68ern und 89ern. Der Gegensatz läßt sich vielleicht am Pärchen Lafontaine-Schröder erläutern: Schröder ist ein relativ ideologieloser Pragmatiker, aber er ist möglicherweise in der falschen Partei. Lafontaine ist in seinen Denkkategorien den 70er Jahren verhaftet. Unter seiner Führung schaut die SPD zurück in die 68er-Epoche, während andere Parteien sich Modernisierung und Fortschritt auf die Fahnen und ins Programm schreiben.

Obwohl es 89er und 68er in allen Parteien gibt, haben die Koalitionsparteien CDU/CSU und FDP z.B. in den Bereichen Wirtschaft und Kriminalität sicher die moderneren Positionen. Die 68er haben sich in den letzten zwanzig Jahren in der gesamten Gesellschaft durchgesetzt – nur die Regierungsmacht konnten sie in den letzten vier Legislaturperioden nicht erringen. Nun werden sie von unten – von den 89ern – unter Druck gesetzt. Wird am Ende der Generationswechsel von den Parteien betrieben, die seit 16 Jahren an der Regierung sind – von CDU/CSU und FDP?

Die offene Flanke dieser Parteien ist die Ökologie, weil sie – genauso wie die SPD übrigens – die Bedeutung der ökologischen Frage in keiner Weise verstanden haben. Dies ist für die junge Generation – die zurecht auch gelegentlich als die ökologische Generation bezeichnet wird – ein schwerer Brocken. Ein Problem ist zusätzlich, daß die CDU erneut Helmut Kohl als ihren Spitzenkandidaten gekürt hat. Kohl gehört der Aufbaugeneration an und kann damit unmöglich einen schwungvollen Neuanfang in der Politik gewährleisten. Ganz unabhängig von Programmen und Inhalten will die Bevölkerung nach 16 Jahren einen personellen Wechsel. Ein Politiker

---

46 Realo-Wortführer Alexander Müller in der *Frankfurter Rundschau* vom 20.10.1997

kann noch so viele historische Verdienste haben, irgendwann wird man seiner überdrüssig. Wenn die CDU nicht doch noch ein Team an die Spitze stellt – z.B. zusammen mit Schäuble und Rühe an der Seite von Kohl – wird sie die nächste Wahl verlieren.

Wie auch immer die nächsten Wahlen ausgehen, die 89er bleiben auf dem Sprung, sie wollen dieses Land gestalten. Es gibt noch keine 89er-Partei, aber es gibt 89er in allen Parteien. Unser Marsch durch die Institutionen hat gerade erst begonnen.

Frank Winter

WARUM EIN STEIN IN DER SCHAUFENSTERSCHEIBE AUCH IM NÄCHSTEN JAHRTAUSEND BESSER SEIN WIRD ALS EIN MAGENGESCHWÜR

Über alte und neue Gründe für die Rebellion

Ausgangslage

Insbesondere die StudentInnen- und SchülerInnenproteste gegen den Zustand des deutschen Bildungssystems im Herbst 1997 haben einige Unzufriedenheit der jüngeren akademischen Generation mit ihrer Zukunftsperspektive offengelegt. Eine Strömung hat das zentrale Problem darin ausgemacht, daß die jungen AkademikerInnen von der Teilhabe an der Macht in dieser Gesellschaft ausgeschlossen sind. Es ist offenkundig: Die guten Sessel in der Gesellschaft sind von den Etablierten besetzt und werden bei weitem nicht in ausreichendem Maße für die Jüngeren freigemacht. In den Augen der pragmatischen Nörgler an den Verhältnissen halten die «68er» die relative Mehrheit der guten Sessel in den Universitäten, Verlagen, linksliberalen Parteien, Zeitungsredaktionen und Schulen besetzt und weigern sich, sie an die Jüngeren abzutreten. Sie klammern sich, wie es heißt, an ihre Macht, predigen von dort aus der Gesellschaft eine anachronistische Moral, blockieren alle notwendigen Reformen und rauben so der jüngeren akademischen Generation ihre Zukunftsperspektive.

Vertreter dieser Strömung fragen: «Wozu brauchen wir die 68er noch?» Diese Frage ist rhetorisch und falsch; sie ist vom Geist der autoritären Revolte getragen. Auf den Punkt gebracht, kann die suggerierte Antwort nur lauten: Es wird Zeit, daß die Jüngeren die Alten aus ihren gesellschaftlichen Führungspositionen vertreiben.

Doch diese 68er, die angeblich die Führungspositionen besetzen, sind ein Mythos; ein Mythos allerdings, an dem diejenigen fleißig mitgestrickt haben, die 68 dabeigewesen sind. Die Form dieser Erzählung ist, bei immerhin wesentlich anderem Inhalt, so falsch wie die Heldenberichte der Stalingradkämpfer, da der Anteil kritischer Vernunft in beiden Fällen gegen Null tendiert. In Freiburg lieferte im November 1997 Siegward Lönnendonker (FU Berlin), der Kämpfer vom Tegeler Weg, den ZuhörerInnen ein Schulbeispiel derartiger Protestmythen, in dem er geschlagene zwei Stunden versuchte, das Podium mit Bildern und Anekdoten der APO-Front von seiner eigenen historischen Größe zu überzeugen.

Mir geht es im folgenden darum, mit Blick auf die Versprechen und Erkenntnisse der Studentenbewegung der 60er Jahre, zentrale gegenwärtige gesellschaftliche Konflikte und Probleme zu skizzieren. Was heute in der politischen Auseinandersetzung um die Frage der Gesellschaft im allgemeinen und um die Frage der Bildung im besonderen fehlt, sind angemessene Begriffe und präzise gestellte Fragen, die der Kritik eine emanzipative Richtung geben könnten. Ebenso fehlt den gegenwärtigen Protesten der rebellische Geist. Daran wird auch dieser Text nichts ändern – man kann einen lahmen Hund nicht zum Jagen tragen. Aber zumindest einige zentrale Widersprüche können aufgezeigt werden.

Unabdingbar für eine künftig denkbare emanzipative Rebellion an oder ausgehend von den Schulen und Universitäten wäre es, das Joch vom «68er»-Mythos abzuwerfen. Er verhindert die Reflexion und delegitimiert aufgrund seiner heiligen Erhabenheit jeden neuen Protest (deswegen ist das altväterliche und selbstgefällige Gequatsche in diversen Feuilletons so unerträglich). Allerdings wäre eine Abwendung vom Mythos dergestalt, daß man die ihm zugrundeliegenden historischen Gegebenheiten blind negiert, so, als triebe man den Teufel mit dem Beelzebub aus.

Die Bildungsproteste des Jahres 1997 sind über unterirdische Bänder mit der Rebellion der 60er verflochten. Betrachtet man die zentralen Fragen und Themen der damaligen Studentenbewegung in der Bundesrepublik, wird ihre frappierende Brisanz für die Gegenwart zutage treten. Deswegen werde ich im weiteren zunächst die wesentlichen Konfliktlinien und Phänomene der damaligen Bewegung umreißen. Dabei sollen die historischen Erfahrungen der Rebellion dem Zugriff der Konformisten, der Plattbügler und Verächter aller emanzipativen Bewegungen entrissen werden. Es geht allerdings nicht darum, genau zu rekonstruieren, «wie es eigentlich gewesen», sondern darum, das historische Versprechen, das in der Studentenbewegung aufschien, zu vergegenwärtigen und neu zu formulieren.

Die bundesrepublikanische Studentenbewegung der 60er

Die StudentInnen haben in den 60ern Geschichte gemacht, aber nicht aus freien Stücken, nicht unter selbstgewählten, sondern unter unmittelbar vorgefundenen Umständen. Der zentrale Mechanismus hinter dem Rücken der StudentInnen war die Modernisierung des Bildungssystems. Im Laufe der 50er und 60er Jahre fehlten zunehmend qualifizierte Arbeitskräfte in der Bundesrepublik. Die Anforderungen an FacharbeiterInnen und Angestellte waren infolge der zunehmenden Technisierung und Spezialisierung der Berufe deutlich gestiegen. Die übliche achtjährige Volksschulbildung bereitete nicht mehr ausreichend auf die betriebliche Ausbildung vor. Aus ökonomischen Gründen mußte die allgemeine Schulbildung verbessert, das heißt verlängert, verbreitert und intensiviert werden.

Auch genügte die Anzahl der UniversitätsabsolventInnen bei weitem nicht der industriellen Nachfrage nach AkademikerInnen. Überhaupt wurden insbesondere natur- und ingenieurswissenschaftliche Erkenntnisse immer bedeutsamere Produktivitätsfaktoren. Ebenso brachten die ausdifferenzierten Institutionen des Sozialstaats viele neue akademische Arbeitsplätze hervor. Nicht zuletzt schuf der Ausbau des allgemeinen Schul- und Universitätssystems hunderttausende neue Beamtenstellen für LehrerInnen und zehntausende für DozentInnen. Die Krise des veralteten Bildungssystems spitzte sich zu: Es war den neuen Anforderungen nicht gewachsen und zur Fessel der Entwicklung geworden. In diese Situation hinein platzte die Studentenbewegung.

Seit Anfang der 60er, mitten im Kalten Krieg, begannen in der Bundesrepublik – wie vor allem in Frankreich und den USA – einige studentische Zirkel marxistische TheoretikerInnen zu lesen. Die bundesdeutsche Besonderheit dabei war, daß hierzulande seit der Weimarer Republik zum ersten Mal wieder linke Theorie rezipiert wurde; der Nationalsozialismus hatte das Erbe der marxistischen Philosophie für drei Dezennien vollkommen ausgelöscht. Karl Marx, Friedrich Engels, Rosa Luxemburg, die Kritische Theorie des in den 30er Jahren in die USA emigrierten Frankfurter Instituts für Sozialforschung, insbesondere die Schriften Max Horkheimers und Theodor W. Adornos, wurden wieder angeeignet. Man konsultierte Herbert Marcuse und Wilhelm Reich, um den Zusammenhang zwischen autoritärer kapitalistischer Gesellschaftsordnung und Sexualunterdrückung zu begreifen. Von Wladimir Iljitsch Lenin übernahm man die Kategorien des imperialistischen Systems und von Mao Zedong die moralische Essenz marxistischer Philosophie: «Es mag viele tausende Sätze des Marxismus geben. Man kann sie in einen kondensieren: Rebellion ist berechtigt!» Frantz Fanon schärfte mit *Die Verdammten dieser Erde* (dt. 1966) und Bahman Nirumand mit *Persien, Modell eines Entwicklungslandes oder Die Diktatur der Freien Welt* (1967) das Bewußtsein für die Ausbeutung des Trikonts. Die französischen Situationisten wurden wegen ihrer neuen subversiven Lebenspraktiken und Aktionsstrategien sowie aufgrund ihrer polemischen Analysen sehr geschätzt.[1]

Die zentralen politischen Konfliktfelder in der bundesrepublikanischen Studentenbewegung waren die Opposition gegen die geplante technokratische Modernisierung der Hochschulen, gegen den Krieg der USA in Vietnam, gegen die Springerpresse und gegen die Verabschiedung der Notstandsgesetze durch die Große Koalition (Mai 1968). Wesentlich war zudem die Auseinandersetzung mit den nationalsozialistischen Eltern und mit der personellen Kontinuität der gesellschaftlichen Eliten nach 1945. In der Zeit der Großen Ko-

1 Vgl. Situationistische Internationale, *Über das Elend im Studentenmilieu* (1966); Guy Debord, *Die Gesellschaft des Spektakels* (dt. Raubdruck 1971); Rauol Vaneigem, *Handbuch der Lebenskunst für die jungen Generationen* (dt. Raubdruck 1972)

alition von 1966 bis 1969 waren selbst die beiden höchsten Ämter im Staat wieder mit den alten Schergen besetzt: Der Bundespräsident von 1959 bis 1969 Heinrich Lübke war Architekt von Konzentrationslagern gewesen, der Kanzler der Großen Koalition Kurt Georg Kiesinger Mitglied der NSDAP. Aus Empörung über die Verbrechen ihrer Eltern und die weitgehende Amnestie aller Funktionsträger der nationalsozialistischen Epoche in den 50ern, die mit ihren sogenannten Persilscheinen zurück in Amt und Würden gekehrt waren, begannen die StudentInnen gegen die gesellschaftlichen Autoritäten zu kämpfen: Professoren, Lehrer, Generäle und Offiziere der Bundeswehr, Wirtschaftsführer und nicht zuletzt gegen die eigenen Eltern.

Nicht minder wichtig als die politische Opposition war der kulturelle Protest. Demonstrationen und Besetzungen von Universitätsinstituten waren nicht nur politische, sondern wesentlich auch kulturelle Manifestationen. Gegen die private Abkapselung in der eigenen Wohnung provozierten die StudentInnen mit der Aneignung des öffentlichen Raumes. Das Rebellische der Bewegung drückte sich vor allem in der Musik aus. Sie mußte aus England oder – wenigstens bis zum wachsenden Antiamerikanismus Ende der 60er – aus den USA kommen und provokant sein: Rock'n Roll machte den Anfang, dann kamen die Rolling Stones, Bob Dylan, Jimi Hendrix, Janis Joplin und die Beatles. Gerade die Rockmusik stachelte die junge Generation in der Bundesrepublik auf. Sie brach aus der spießigen Nierentischatmosphäre der deutschen Behäbigkeit aus. Gegen die gröhlenden Bier- und Weingelage in den Schützenfestzelten und Fußballkneipen setzten die StudentInnen Haschischpartys; gegen das abendliche Fernsehprogramm im trauten Familienkreis Rockkonzerte mit Gleichaltrigen. Viele zogen aus der Familie aus und in die ersten Wohngemeinschaften und Kommunen. Dort eigneten sie sich die fehlende Sexualaufklärung theoretisch und praktisch an. Damit sprengten sie die herrschende soziale Form des Zusammenlebens, die lebenslange Kleinfamilie und die herrschenden moralischen Sexualnormen, die Monogamie und das Verbot der Sexualität vor der Ehe.

In der Studentenbewegung der 60er setzte die deutsche Gesellschaft zum ersten Mal seit der immerhin halben Revolution im November 1918 aus sich heraus emanzipative Kräfte frei. Die Rebellion erzeugte wieder das Versprechen einer revolutionären Bewegung und konkretisierte für einen Moment das Verlangen nach einer freien Gesellschaft und emanzipierten Lebensweisen. Sie versprach die konkrete Aufarbeitung der nationalsozialistischen Vergangenheit, die Schaffung einer aufgeklärten politischen Kultur in der Bundesrepublik und die Abschaffung der gesellschaftlichen Eliten. (Nicht in dem Sinne, daß sich die Jungen an die Stelle der Alten setzten, sondern in dem, daß die junge Opposition den Professorenstand, den Beamtenstand, die ganze Riege der Führungspositionen als solche eliminieren würde.) Die Studentenbewegung war die erste nicht von einer Partei oder einer Gewerkschaft organisierte soziale Bewegung und knüpfte an die antiautoritären rätedemokratischen Ideen der 20er Jahre an. Gegen die bürgerliche parlamentarische Demokratie setzte sie die Forderung nach totaler Selbstverwaltung der Gesellschaft durch ihre Produzenten.

Und doch kam vieles ganz anders als die Anfänge versprachen. Die studentische Opposition unterlag im Kampf gegen Springer und gegen die Notstandsgesetze. Sie schaffte es nicht – im Unterschied zu Frankreich, wo die Rebellion das ganze Land paralysierte (Ingrid Gilcher-Holtey, *«Die Phantasie an die Macht». Mai '68 in Frankreich*, 1995) –, die ArbeiterInnen und Angestellten für eine revolutionäre Bewegung zu gewinnen. Sie vertrieb die alten Nationalsozialisten nicht von ihren Kathedern, jagte sie nicht aus ihren Ämtern und stürzte sie nicht von ihren Aufsichtsratsposten. Es ist bemerkenswert und verdiente eine eingehendere Untersuchung, wie schnell die studentische jüngere Generation in der Bundesrepublik damals die konkrete Frage an die Eltern «Was habt ihr zwischen 1933 und 1945 getan?» fallenließ und an ihrer Stelle die Faschismusinterpretation des bulgarischen Stalinisten Georgi Michailowitsch Dimitrow übernahm, die in aller Kürze besagt, der Faschismus sei die brutalste und offenste Herrschaft des imperialistischen Monopolkapitals. Mit dieser Interpretation waren alle Deutschen unterhalb der Parteispitze der NSDAP, der SS-Führung und der Aufsichtsratsetagen der Großkonzerne und Großbanken faktisch entschuldigt, da vom vermeintlich lückenlosen repressiven Nazisystem angeblich selbst unterdrückt oder schlimmstenfalls zur Unterstützung – von der viele genauer nichts mehr wissen wollten – gezwungen oder verführt. In der Bundesrepublik wurde die konkrete Erinnerung an den Alltag des nationalsozialistischen Verbrechens auch von der Studentenbewegung, die sich die Aufklärung über den Nationalsozialismus auf die Fahnen geschrieben hatte, vollkommen verdrängt. Die Vernichtung der europäischen Juden wurde von ihr als Begleiterscheinung des Faschismus abgetan. Den deutschen Antisemitismus reflektierte sie überhaupt nicht. (Raul Hilbergs Buch, *The Destruction of the European Jews,* erschien 1961 in den USA und erst 1982 in deutscher Übersetzung in einem kleinen Berliner Verlag). Stattdessen brach sie den offenen Konflikt mit ihren Eltern schnell ab. Objektiv gesehen war die Studentenbewegung in der Frage der Verantwortung ganz gewöhnlicher Deutscher für die nationalsozialistischen Verbrechen eine Entschuldungsbewegung, da sie die Verantwortung für alle Taten auf's Monopolkapital abwälzte.

In der Fortsetzung der Bewegung durch die Rote Armee Fraktion kam es noch schlimmer: Als im September 1972 das palästinensische Kommando «Schwarzer September» bei den Olympischen Spielen in München elf israelische Sportler ermordete, begrüßte die RAF das Massaker als erfolgreichen Schlag gegen die «imperialistische Metropole Israel». Die anarchistisch orientierten Revolutionären Zellen gingen noch einen Schritt weiter und wollten 1977 die Vorsitzenden der jüdischen Gemeinden in Westberlin und Frankfurt a. M. ermorden, was glücklicherweise von einem Mitglied der Revolutionären Zellen rechtzeitig publik gemacht wurde und verhindert werden konnte.

Es war die bereits erwähnte Modernisierung des bundesdeutschen Bildungssystems, die es der jüngeren akademischen Generation in den 60ern und 70ern so einfach machte, den Bruch mit den Eltern und die nachhaltige Vergegenwärtigung ihrer Verbrechen zu umgehen, ohne jedoch die Auseinandersetzung mit dem Nationalsozialismus aufzugeben. Die enorme Expansion des Bildungssystems hielt ausreichend Arbeitsplätze, insbesondere für alle Geisteswissenschaftler, die das Gros des Bewegungspersonals stellten, bereit – bis etwa 1980 wurde jeder ausgebildete Lehramtsanwärter, sofern er nicht im Verdacht stand Kommunist zu sein, in den Schuldienst übernommen. Die relative Mehrheit der GeisteswissenschaftlerInnen nahm eine Beamtenstelle in den Bildungsinstitutionen ein und tastete die Funktionshierarchie im weiteren nicht mehr grundsätzlich an und verschonte auch ihre älteren KollegInnen mit allzu indiskreten Fragen nach ihrer Vergangenheit. So marginalisierten die Angehörigen der Studentenbewegung die alten Nationalsozialisten an den Universitäten und den Schulen aufgrund ihrer Zahl. Dort wandten sie sich der weiteren allgemeinen Erforschung des Dritten Reiches zu und vermittelten ihre Erkenntnisse den nachfolgenden SchülerInnen und StudentInnen. Die Frage nach dem Verhalten der eigenen akademischen Lehrer zwischen 1933 und 1945 stellten wenige.

Der expandierende akademische Arbeitsmarkt dürfte auch die Kraft im Rücken der Bewegung gewesen sein, die ihr schnelles Ende und ihr weitgehendes Scheitern sehr beförderte. Objektiv rannte sie damals, anders als die Proteste 1997, tatsächlich offene Türen ein. Die jungen AkademikerInnen konnten, nachdem sie sich in ihrer Adoleszenzzeit die Hörner abgestoßen hatten, problemlos die bürgerliche Karriereleiter erklimmen. Diejenigen, die sich auch Anfang der 70er noch nicht von Mitgliedschaften in mehr oder weniger kommunistischen Parteien und Zirkeln trennen wollten und denen aufgrund des Radikalenerlasses (1972) der Weg in den Staatsdienst versperrt war, konnten immer noch in die boomende Kulturindustrie ausweichen. Die Rebellion hat nicht nur die riesige Nachfrage nach kulturellen Waren (vor allem Filme und Musik) hervorgebracht, sondern auch einen Großteil ihrer Produzenten. Alles in allem war die Studentenbewegung wesentlich eine Jugendrevolte. Ihre ProtagonistInnen verspießerten sich von dem Zeitpunkt an, wo sie vom rebellischen Habitus genug hatten, und das fiel in der Regel mit dem Eintritt ins Berufsleben zusammen. Letztlich fundierten nur wenige ihre leidenschaftliche Auflehnung gegen die Gesellschaft theoretisch und historisch. Nicht zuletzt darin dürfte der Grund für die zahlreichen und kläglichen politischen Niederlagen der Studentenbewegung zu suchen sein.

Aber trotz ihres allgemeinen Scheiterns, sind die Erfolge der Studentenbewegung gegen die Restauration autoritärer Verhältnisse in der Bundesrepublik nicht von der Hand zu weisen. Mit den LehrerInnen und DozentInnen, die durch die Studentenbewegung geprägt wurden, ist ein aufklärerischer kritischer Geist in die bundesdeutschen Schulen und Universitäten eingezogen. Ohne die antiautoritäre Rebellion wäre das deutsche Bildungssystem vermutlich zu einer bloßen technokratischen Produktionstätte einer modernen Industrie- und Verwaltungsarmee ausgebaut worden. In den 50ern ist das bundesdeutsche Schulsystem nach Maßgabe restaurativer Prinzipien wiedererrichtet worden. Man versuchte einerseits dem gestiegenen Bedarf an qualifizierten Arbeitskräften Rechnung zu tragen und verlängerte darum die Regelschulzeit auf 10 Jahre. Andererseits hielten die Kultusministerien der 50er erfolgreich zentrale bildungspolitische Imperative der Aufklärung (Bildung hat die Entfaltung und Förderung der individuellen Fähigkeiten und Talente aller Gesellschaftsmitglieder zum Ziel; Bildung hat allen die allgemeinen Kulturtechniken und Wissensschätze einer Gesellschaft zu vermitteln) aus den Lehranstalten fern.

Das zentrale Grundmodell, nach dem das Schulsystem in den 50ern ausgerichtet worden ist, folgt dem in Deutschland seit dem 19. Jahrhundert herrschenden Prinzip der funktionalen Dreigliedrigkeit. Es bewirkt die fundamentale soziale Hierarchie kapitalistischer Arbeitsteilung: Die HauptschülerInnen bedienen und warten die Maschinen, die die RealschülerInnen bauen und verwalten und die von den Gymnasiasten erfunden und entworfen werden. An dieser Grundform änderte die Studentenbewegung trotz allem revolutionären Willen grundsätzlich nichts mehr, sondern besserte nur noch nach. Ihre einzige ökonomische Errungenschaft war das umfassende Ausbildungsförderungssystem für Angehörige unterer Schichten, denen damit, sofern sie die Leistungsanforderungen erfüllten, der Besuch der Oberstufe an Gymnasien und Fachoberschulen und insbesondere der Besuch der Universitäten ermöglicht wurde. Zwar trug die Studentenbewegung dazu bei, den Zugang zur allgemeinen Bildung zu demokratisieren und die tief eingelassenen Trennungen zwischen den Schultypen ein wenig durchlässiger zu gestalten. Aber die grundlegenden Widersprüche zwischen den Privilegierten und den Deklassierten hob sie auch im Bildungssystem, das die grundlegenden Weichen für die Lebenschancen der einzelnen stellt, nicht auf.

Die avancierteste politische Errungenschaft der Studentenbewegung dürfte darin bestehen, daß es ihr gelang, Ideen und Denkweisen auch linker Aufklärung in den Lehrplänen und in Forschungsprojekten zu institutionalisieren und daß seit Ende der 60er die bundesdeutschen Schulen und Universitäten zum zentralen gesellschaftlichen Ort der Vermittlung eines aufgeklärten Humanismus und des Wissens über den Nationalsozialismus geworden sind. Die Bewegung füllte die ursprünglich grundlegend technokratische Form der Bildungsinstitutionen mit humanistischem Inhalt, was zum einen die Form modifizierte, die allerdings auch wieder auf den Inhalt zurückschlug und ihn veränderte. Die Qualität und der Umfang der schulischen Allgemeinbildung war allerdings auch nach dem Eingriff der Studentenbewegung und ihrer NachfolgerInnen entsprechend der funktionalen Hierarchie des dreigliedrigen Systems abgestuft. Den GymnasiastInnen wurde viel beigebracht, den HauptschülerInnen reichte man Schmalkost, dazwischen lagen die RealschülerInnen.

Gegenwartsfragen

Die Erfolge der Studentenbewegung bei der Ausgestaltung des bundesdeutschen Bildungssystems hielten nicht lange vor. Bereits seit Mitte der 70er werden die Verbesserungen an den Universitäten und Schulen kontinuierlich zurückgedrängt. Dagegen gab es von Anfang an einigen Widerstand. Neu an den SchülerInnen- und StudentInnenprotesten im vergangenen Jahr war, daß die Bildungsfrage, die seit den 70ern vorwiegend als politische und kulturelle Frage begriffen worden ist, wieder nachdrücklich und fundamental um ihre soziale und ökonomische Dimension erweitert wurde. Das geschah aus zwei Richtungen.

Die Vertreter der jüngeren Generation, die lieber heute als morgen eine größere Tonnage von Führungskräften in diesem Land hinwegfegen würden, um sich auf ihre Sessel zu setzen, begründen ihre Rechte auf diese Plätze nicht zuletzt mit der Notwendigkeit, den «Standort Deutschland» für die Zukunft effektiv zu sichern; und sie sind überzeugt, es besser zu machen als die Alten. Überhaupt gilt das politische und ökonomische Werden der deutschen Kulturnation seit der «Wende» als die große Sorge von Rostock bis Friedrichshafen. Gestritten wird in der Bildungsfrage darum, ob ein gewisser Anteil aufgeklärten Allgemeinwissens für die deutsche Zukunft notwendig ist oder nicht und wie hoch das finanzielle Notopfer der Eltern für die Ausbildung der deutschen Kinder sein soll. So stellen sich die gegenwärtigen gesellschaftlichen Probleme aus der Perspektive des Willens zur autoritären Revolte.

Die VertreterInnen der anderen Richtung scheren sich einen feuchten Kehrricht um das Wohl der deutschen Nation. Sei es, daß sie sich der deutschen Verbrechen zwischen 1933 und 1945 bewußt sind, oder daß es ihnen auch ohne dieses Wissen egal ist, ob sie von deutschem oder anderem Blut abstammen. Sie kritisieren statt irgendwelchen PolitikerInnen, die die deutsche Sache angeblich schlecht vertreten, den Terror der kapitalistischen Ökonomie. Sie versuchen, die soziale Frage, die auch in der Bildungsfrage enthalten ist, aus dem gesellschaftlichen Untergrund an die Oberfläche zu heben. Auf sehr bemerkenswerte Art geschieht dies in einem Flugblatt Freiburger GewerbeschülerInnen. Da Zeugnisse unterhalb der gymnasialen Oberstufe sehr selten sind und die Flugschrift inhaltlich sehr aufschlußreich ist, gebe ich sie ungekürzt wieder:

«Alle, die den Mund aufzumachen haben, sollen das tun!

Uns stinkt's!!

Die Medien berichten ununterbrochen von den Protesten der Studis. Von uns ist nie die Rede. Um eins klarzustellen: uns ist die Verschärfung der Studienbedingungen erst mal scheißegal. Den Studis fehlen die neuen Bücher? Uns hat man nie beigebracht, sie richtig zu lesen. Die Studis protestieren dagegen, daß sie ihre Lehrerausbildung nicht zu Ende machen können, daß das ihre Lebensperspektive zerstört? Unsere ist schon lange im Eimer. Wir haben einen Hauptschulabschluß, manchmal einen Realschulabschluß. Wir sind also nie zu höherer Bildung gekommen. Das Schulsystem weist uns die schlechten Plätze in der Gesellschaft zu. Nicht mal Arbeiter dürfen wir mehr werden und selbst das ist beschissen genug! Unsere Eltern haben das erworben, was man ‹bescheidenen Wohlstand› nennt. Uns bleibt wahrscheinlich nicht viel mehr als häufige Arbeitslosigkeit. So eine Lebensperspektive ist ganz schön beschissen.

Auch viele Studis sind nach dem Studium immer öfter arbeitslos und müssen während ihres Studiums für miese Löhne jobben. Jetzt jammern sie darüber und fordern mehr Bafög. Aber sie vergessen dabei, daß Realschüler, Hauptschulschüler und Sonderschüler heute oft nicht einmal eine Lehrstelle finden. Wir träumen so gut wie sie vom guten Leben! Wir haben kein Bock zu arbeiten! Wir haben kein Bock, Industriekaufmann, Jungarbeiter und Friseurin zu sein. Wir wollen nicht immer Rechnungsabschlüsse machen und immer irgendwelche fettigen Haare schneiden und dafür so wenig Geld bekommen, daß wir meist noch bei unseren Eltern wohnen müssen. Wir sind nicht dümmer als die Studis!

Die Studenten sagen uns später, was wir zu tun haben. Lehrer, die auch mal studiert haben, haben uns irgendwann einmal auf die Realschule oder die Hauptschule geschickt. Damit waren wir ausgegrenzt. Damit war klar, daß wir zu den 50 Prozent der Menschen in Deutschland gehören, die gerade 1 Prozent des Reichtums besitzen und dafür verdammt viel schuften müssen.

Wenn die Studis also nicht mehr wollen, als wieder die besseren Plätze in der Gesellschaft, dann sollen sie uns bloß vom Hals bleiben. Wenn sie wirklich Bildung für alle wollen, wie sie sagen, dann sollen sie daran denken, daß man das Schulsystem, wie es jetzt ist, abschaffen muß. Wir sind nicht dümmer als sie, sie hatten nur gebildetere und reichere Eltern!

Bildung für alle heißt, daß es in Zukunft keine Sonderschüler, Hauptschüler, Realschüler und Gymnasiasten mehr geben darf.

Bildung für alle heißt, daß auch Friseurinnen, Industriekaufmänner, Jungarbeiter, usw. an die Uni dürfen.

Bildung für alle heißt, daß alle so wenig arbeiten müssen, daß sie Zeit haben zum Lernen!

Bildung für alle heißt, daß alle genug Geld für Bücher haben!»

In dem Maße wie die Ausbildungsförderung in den letzten zwei Jahrzehnten für die unteren Schichten auf den Hund gekommen ist, und in dem Maße wie die Verarmung der Underdogs zunimmt, tritt der Klassencharakter des deutschen Bildungssystems wieder deutlich zutage. Es weist den Kindern im Alter von 10 bis 12 Jahren ihre individuellen Lebenschancen in einer streng abgestuften sozialen Hierarchie zu. Daran ist später nur schwer und unter immensen Mühen für die Einzelnen etwas zu ändern. In der Regel werden heute Hauptschüler Betriebsschlosser und häufig arbeitslos, Realschülerinnen Bürokauffrauen und manchmal arbeitslos, Gymnasiasten Rechtsanwälte, freie Redakteure oder reiche Erben und selten arbeitslos, Gymnasiastinnen schließlich werden Ärztinnen, Fremdsprachensekretärinnen oder arbeitslose Wissenschaftlerinnen. Die grundlegende Vergabe der hohen und niederen Einkommen nach Maßgabe des Bildungsabschlusses ist ein alter Hut, war aber in den Zeiten des sozial-liberalen Kapitalismus vom allgemein ansteigenden materiellen Wohlstand überformt. Neu ist in den 90ern, daß ein Realschulabschluß nicht mehr notwendig einen Ausbildungsplatz garantiert und ein Universitätsabschluß nicht gegen Arbeitslosigkeit feit. Trotzdem gilt grundsätzlich, daß das Risiko zu verelenden in dem Maße steigt oder fällt, wie das eigene Bildungszertifikat vom gesellschaftlichen Durchschnitt nach unten oder oben abweicht.

Der moderne industrielle Kapitalismus bildet also immer noch den gesellschaftlichen Untergrund auf dem das Bildungssystem errichtet wurde. Das, was heute als Krise des Sozialstaates gehandelt wird, ist eigentlich die Verschärfung der sozialen Widersprüche in der Gesellschaft; das, was als Krise des Bildungssystems bezeichnet wird, hat seinen Grund zum einen in den seit zwei Jahrzehnten fortwährend zusammengestrichenen staatlichen Bildungsausgaben und zum anderen in den noch stark feudalistisch geprägten Verfassungen der Universitäten, die zur Fessel der Entwicklung geworden sind. Zudem gibt es deutlich mehr AkademikerInnen als in Industrie, Forschung und Verwaltung benötigt werden. Die Bildungsinstitutionen werden gegenwärtig wieder einmal dem veränderten Diktat der kapitalistischen Ökonomie angepaßt. Aufgrund dieser Verflechtung der Bildungsfrage mit der sozialen Frage müßte eine grundsätzliche Rebellion gegen die Misere in den Schulen und an den Universitäten sich auch gegen den Terror der Ökonomie wenden.[2]

Die erneute Brisanz der sozialen Frage heutzutage ist der wesentliche Unterschied zur Studentenbewegung der 60er, die in einer Phase allgemein steigenden Wohlstands in den Lauf der Dinge eingriff. Da die ökonomischen Probleme nicht so unter den Nägeln brannten, war damals Zeit und Muße, sich den Fragen der Kultur zuzuwenden. Trotz aller gegenwärtigen Zentralität der Ökonomie drohte ein Rückfall in alte Spießigkeit und Kleinfamilienfrustration, unterließe man, an die avanciertesten Bestandteile des kulturellen Erbes der Rebellion anzuschließen. Allem Anschein nach werden seit einigen Jahren die Anfänge der Emanzipation menschlichen Zusammenlebens und kultureller Manifestationen ausgehend von der Studentenbewegung über die Frauenbewegung bis hin zur Jugendrevolte der 80er vom neuen Konservatismus und Konsumismus der jüngeren Generationen verdrängt. Junge Menschen heiraten wieder gerne, ziehen sich häufig vor den Fernseher oder in die Pläsierkasernen zurück, streben ausgesprochen nach Karrieren und schönen Waren und lieben den neuen deutschen Schlager.

Wachsendes Unverständnis bringen die heutigen jüngeren Generationen insbesondere den Zielen der Frauenbewegung der 70er entgegen. Der Begriff Feminismus und sein kämpferischer Inhalt ist vollkommen verpönt, kaum darf man noch von Frauenfrage spre-

2 Viviane Forrester, *Der Terror der Ökonomie* (dt. 1997) und Pierre Bourdieu et al., *Das Elend der Welt: Zeugnisse und Diagnosen alltäglichen Leidens an der Gesellschaft* (dt. 1997) re-formulieren die soziale Frage auf dem Niveau der Gegenwart. Und so lange das kapitalistische System bestehen wird, legt die Kritik der politischen Ökonomie im *Kapital* von Karl Marx dessen grundlegende Widersprüche offen.

chen, akzeptiert wird nur noch die neutrale Umschreibung Geschlechterverhältnis. Daß die Frauenemanzipation seit dem Zusammenbruch der DDR und der deutschen Einheit enorme Rückschläge erlitten hat, ist dem Bewußtsein der Jüngeren wenig präsent. Gerade das erreichte theoretische und literarische Niveau der Auseinandersetzung um die kulturelle Emanzipation der Frau und nicht zuletzt ihre faktische soziale Gleichstellung in der DDR droht vergessen zu werden.

Viele politische Erkenntnisse der Studentenbewegung haben ihre historische Wahrheit noch nicht verloren. Man kommt bei Strafe, reaktionär zu werden, nicht an ihnen vorbei. Solange der Springer-Konzern mit seinen Erzeugnissen eine nennenswerte Verbreitung erzielt, kann man nicht von einer aufgeklärten politischen Kultur in Deutschland sprechen. Die Notstandsgesetze halten die Option für einen autoritären Staat immer noch offen (und nicht zuletzt waren sie Tabubrecher für viele in den 70ern durchgesetzte Polizeigesetze und Polizeimaßnahmen). Die Studentenbewegung hatte erkannt, daß eine wirkliche Opposition gegen die kapitalistische Gesellschaft nur außerhalb des parlamentarischen Systems möglich ist. Der Unvereinbarkeitsbeschluß der SPD im Jahre 1961, der alle Angehörigen des Sozialistischen Deutschen Studentenbundes (SDS) wegen Mißliebigkeit ihrer Kritik aus der Partei hinauswarf, hatte den StudentInnen vor Augen geführt, daß die SPD nicht mehr zu einer wirklichen Oppositionspartei zu verändern ist. Die Bewegung weitete diese Erkenntnis auf alle bestehenden politischen Massenorganisationen aus.

Einer der wesentlichen Momente des antiautoritären Bewußtseins bezog sich auf die Frage nach der angemessenen Form gesellschaftlicher Opposition. Die Studentenbewegung haßte (zunächst) die bürgerlichen Partei- und Gewerkschaftsbürokratien, die ihre Mitglieder zu Stimmenfängern und Fähnchenträgern degradieren. Sie lehnte die autoritären leninistischen Kaderstrukturen der kommunistischen Parteien in den östlichen Staaten sowie in Italien und Frankreich ab. Sie entwickelte politische Organisationsmodelle, deren erklärtes Ziel es war, sowohl die jeweiligen Interessen der Individuen nach Handlungsspielräumen und weitreichenden Gestaltungsmöglichkeiten innerhalb der Organisation zu berücksichtigen, als auch den Erfordernissen einer effektiven Opposition gegen die Klassengesellschaft zu entsprechen. Dabei sollte die Spontanität und Kritik der einzelnen Erstarrungen und Bürokratisierungen verhindern und die Gesamtorganisation der Gruppen die langfristige Verbindlichkeit und Einheitlichkeit der Opposition gewährleisten. Die Geschichte der Grünen seit den 80ern demonstrierte, daß auch eine oppositionelle «Anti-Partei» keine zureichende Antwort auf die Organisationsfrage ist. Binnen zehn und ein paar Jahren haben sich die Grünen in den Mühlen des parlamentarischen Systems so von ihren emanzipativen Zielen und ihrer aufgeklärten inneren Verfaßtheit befreit, daß ihr politisches Programm sich mittlerweile nahezu im Ziel der Regierungsbeteiligung erschöpft und ihr Personenkult keinen Deut weniger als der der anderen Parteien vernebelt, daß das Elend der Politik in der völligen Entmachtung des politischen Subjekts in der technokratisch verfaßten Gesellschaft besteht.

Da die kapitalistische Gesellschaft ihre Funktionsweise im Zuge ihrer historischen Entwicklung zusehends verschleiert, wird das Begreifen der gesellschaftlichen Wirkungszusammenhänge für den einzelnen immer schwieriger. Besonders vertrackt ist, daß auch selbst erlittenes Elend nicht notwendig die Aneignung kritischen Bewußtseins motiviert. «Was eigentlich gegen das Leiden empört, ist nicht das Leiden an sich, sondern das Sinnlose des Leidens», erkannte Friedrich Nietzsche hellsichtig. Ergo sind sinnstiftende Ideologien der Kitt, der die Gesellschaft mit ihren sozialen Widersprüchen zusammenhält.

In Deutschland ist der Nationalstolz, der dem Leiden hierzulande traditionell den Sinn einer welthistorischen Mission verleiht, anscheinend nicht zu zerstören.

Tausende deutsche Sozialhilfeempfänger und Arbeitsknechte rotten sich offensichtlich lieber zu einem Pogrom gegen Flüchtlinge zusammen (Rostock-Lichtenhagen, August 1992), als, wie es das Gebot der Vernunft wäre, ein Sozialamt oder eine Industrie- und Handelskammer zu verwüsten. Dabei muß man davon ausgehen, daß jeder einzelne in so einem Mob genau weiß, was er tut, hochgradig motiviert ist und vermutlich sogar ausgesprochene Lust bei der Hatz empfindet. Auch kollektive Ausbrüche des Antisemitismus sind im neuen Deutschland nicht mehr unbekannt, wie die offene Pogromdrohung des gesamten 400-Einwohner-Dorfes Gollwitz im Herbst 1997 im Landkreis Potsdam-Mittelmark gegen den Zuzug von fünfzig jüdisch-russischen Emigranten bewies (*Jungle World*, 2. und 16. Oktober 1997, 23. Dezember 1997). Es sind einige der gegenwärtig entscheidenden politischen Fragen und Kämpfe, die sich um das Phantasma der deutschen Nation zentrieren. Auch die Auseinandersetzung mit den Verbrechen des Nationalsozialismus strebt diesem Zentrum zu. CSU und Junge Nationaldemokraten mobilisierten im März 1997 in München anläßlich der Ausstellung *Vernichtungskrieg – Verbrechen der Wehrmacht 1941-1944* des Hamburger Instituts für Sozialforschung etwa 5000 Skinheads und Salonfaschisten zur Verteidigung der Ehre der deutschen Nation und gegen den Beweis, daß die deutsche Wehrmacht freiwillig und als Gesamtorganisation an der Vernichtung der europäischen Juden, den Massakern an der Zivilbevölkerung und an der Ermordung der sowjetischen Kriegsgefangenen beteiligt war.

Die Studentenbewegung der 60er ist der Vergegenwärtigung der konkreten Beteiligung ihrer Eltern an der Shoa und der Frage nach ihrer Motivation vollkommen ausgewichen. Der amerikanische Historiker Daniel Jonah Goldhagen fragt in seinem 1996 auf deutsch erschienenen Buch genau nach dieser konkreten Verantwortung ganz gewöhnlicher Deutscher:

> «*Hitlers willige Vollstrecker* befaßt sich mit der Weltsicht, den Handlungen und den Entscheidungen des einzelnen, der Verantwortung, die jeder einzelne für seine Taten trägt, und mit der politischen Kultur, aus der diese Individuen ihre Überzeugungen herleiten.» (S. 6)

Goldhagen konzentriert sich auf die Frage der Motivation der Täter und Täterinnen, die willentlich an der Vernichtung der Juden mitwirkten.

> «Und meine These ist, daß sich der *Wille*, die Juden zu töten, sowohl bei Hitler als auch bei denen, die seine mörderischen Pläne

in die Tat umsetzten, vorrangig aus einer einzigen gemeinsamen Quelle speiste: aus einem bösartigen Antisemitismus.» (S. 8)

Dies sei nicht der einzige Faktor bei der Erklärung der Shoa, aber ein unabdingbarer und von den anderen Faktoren unabhängiger. Sich mit den Erkenntissen über die Verbrechen der Wehrmacht und mit den Thesen und Erklärungen Goldhagens auseinanderzusetzen, ist gegenwärtig die vordringlichste Aufgabe im Umgang mit dem deutschen Nationalsozialismus, die sich insbesondere der jüngeren Generation stellt.

Angesichts dessen, daß Auschwitz ein Produkt der Zivilisation war, verbietet sich aller Fortschrittsoptimismus, da die Barbarei sich wiederholen könnte. Darum ist die erste Maxime der Politik, diese historische Option zu verhindern. Künftige emanzipative Bewegungen können nicht mehr naiv enthusiastisch die Verwirklichung gesellschaftlicher Freiheit anstreben, denn in dem begeisterten Streben nach dem letzten Gefecht droht dabei die kritische Selbstreflexion schnell unter die Räder der Geschichte zu geraten. Die Geschichte der RAF und der Revolutionären Zellen zeigt, daß in Deutschland im Überschwang der Revolte, in der Eskalation der Militanz, nicht nur bei den Neofaschisten offensichtlich immer noch unvermeidlich Antisemitismus zum Ausbruch kommt. Man kann es nicht oft genug betonen: Es ist nicht der vermeintlich gesammelte böse Wille der Unternehmer, nicht der vermeintlich gesammelte egoistische Wille der Hausbesitzer, also der Wille «der da oben», die «denen da unten» den «ehrlichen Lohn» vorenthalten oder das «sauer verdiente Geld» vermittels der Mieten aus der Tasche ziehen. Es ist das abstrakte Kapital, das die Individuen in das Joch des Marktes spannt. Es ist das abstrakte Gesetz kapitalistischer Ökonomie, das die einen auf die Seite der Ausgebeuteten stellt und die anderen profitieren läßt. Beide Parteien – und es kommt auch vor, daß Profiteure bankrott gehen – unterstehen der sachlichen Gewalt des Systems. Beide verfolgen nichts weiter als ihre Selbsterhaltungsinteressen. Die Kritik des Kapitals läßt sich nicht personalisieren. Dieses müßten sich künftige emanzipative Bewegungen immer wieder vor Augen führen.

Vor allem eines hat die Studentenbewegung gezeigt und für einen kurzen historischen Moment zur selbstverständlichen Erkenntnis gemacht: Solange noch Menschen in einer Gesellschaft geknechtet, ausgebeutet, unterdrückt oder beleidigt werden, ist Rebellion vernünftig. Sie hat daran erinnert, daß der Kapitalismus historisch entstanden ist und im Verlauf der Geschichte ebenso abgeschafft werden kann. Sie hat, und das ist im neuen Zeitalter patriotischer Bescheidenheit vollkommen vergessen worden, den Zustand der Gesellschaft an ihren historischen Möglichkeiten und nicht an der denkbar schlechtesten Verelendung gemessen. Solange nicht alle Individuen in der gleichen Weise am unermeßlichen Reichtum der Gesellschaft – der nicht nur und nicht wesentlich aus teuren Autos besteht – teilhaben, solange kann man gar keine überzogenen Forderungen stellen. Auch ist es ganz und gar nicht notwendig, jeder Kritik an den Verhältnissen einen Alternativvorschlag anzuhängen oder jedem Pflasterstein ein konstruktives Dialogangebot folgen zu lassen. Wichtig ist vor allem, die Widersprüche möglichst präzise zu formulieren und die vollkommene Sinnlosigkeit des Elends in den modernen Gesellschaften zu begreifen. Der Zorn darüber läßt sich nicht in einem Ausschuß der Lokalen Agenda 21 sublimieren.

Die Bildungsproteste des Jahres 1997 waren gerade in Anbetracht der miesen Zukunftsperspektiven vieler Angehöriger der jüngeren Generation sehr verhalten. Überraschend war ihr plötzliches Entstehen wie ihr abruptes Ende. Bemerkenswert war die verbreitete Angst, nicht von aller Öffentlichkeit geliebt zu werden. Ob die Proteste eine Fortsetzung und Eskalation erleben werden, ist nicht vorherzusagen. In einem solchen Fall wäre es von entscheidender Bedeutung, ob der Wille zur autoritären Revolte oder der zur emanzipativen Rebellion in der jüngeren akademischen Generation dominieren wird und ob die Rebellion historisch und theoretisch fundiert wird. Ni Dieu, ni maître et a bas le capital!

PS: Und die Antwort auf die falsche Ausgangsfrage? Von den erbärmlichen Kreaturen, die heute mit der Identitätsmarke «68er» am Revers Persönlichkeitsreklame machen, ist außer einer mit dem Alter weiter zunehmenden Verblödung wirklich nichts mehr zu erwarten (eines ihrer jüngsten und peinlichsten Erzeugnisse ist die 68er-*taz* Ostern 1998, deren intellektuelles und journalistisches Niveau Drittklässler beleidigt).

Claus Leggewie

NACHWORT

1968 war ich 18 Jahre alt und ... Keine Sorge, der rote Großvater wird jetzt nicht über seine «Politisierung» erzählen. Solche Geschichten werden tatsächlich nicht mehr gebraucht. «Wir» sollen also abtreten und den Jüngeren Platz machen – welch' eine Kränkung für die Ewig-Jungen! Wäre der Titel des Buches ganz ernst gemeint, gäbe es kein Nachwort eines 68ers. Vermutlich hat der Verfasser die Chance zu dieser kurzen Nachbetrachtung bekommen, weil er als «konvertierter 68er» (Tremmel) durchgeht – was die Einschätzung mancher «Genossen» verstärken dürfte, die ihn als Renegaten exkommuniziert haben. Aber auch in die andere Richtung gilt: bloß keine falschen Wir-Gefühle! Interessanter ist, ob Herausgeber und Autoren der Idee eines neuen Generationenvertrages politisches Gewicht geben können und ob der von ihnen ausgerufene «Clash der Generationen» (Bury) das geeignete Mittel dazu ist.

Vatermord sei in der Geschichte häufig vorgekommen, Vaterselbstmord hingegen selten, meinte einmal der (damalige) Chefredakteur der *Zeit*, Robert Leicht, und sein (damaliger) Feuilletonchef schmetterte den 89ern ein forsches «Laßt sehen!» entgegen. Bevor die ihre Karten überhaupt aufdecken konnten, hatten bereits ein paar clevere Vertreter der «78er» genannten Zwischengeneration die Stühle des *Zeit*-Establishments eingenommen, die das Blatt bisher auch nicht viel attraktiver für junge Leser gemacht haben. Nun, Robert Leicht darf weiterschreiben und seiner Generation wird, anders als geschlagenen Heerführern, nicht die geladene Pistole gereicht, sondern höflichst Sterbehilfe angeboten – *allmählich* sollen wir abtreten, bitte. Anders als 1968, werden die historischen Verdienste der älteren Generation anerkannt und respektiert, zum Teil sogar bewundert. Dabei werden ihr Verdienste zugeschrieben, die sie nicht hat: Meiner Erinnerung nach waren 68er zunächst weder an der ökologischen Frage interessiert (sondern an der forschen «Entwicklung der Produktivkräfte») noch sonderlich pazifistisch gesonnen (»schafft ein, zwei, viele Vietnam!») – der in den Grünen Programm und Lebensstil gewordene Ökopazifismus ist eher von der Nachhut der 68er in der späteren Friedensbewegung zum Programm erhoben worden.

Egal: die Jungen möchten nicht an dem Ast sägen, auf dem sie – ideell wie materiell – sitzen. Der Mainstream der Kinder der 68er distanziert sich von jenen falschen Fuffzigern, die sich das 89er Label unter den Nagel gerissen haben, zum *Kulturkampf* gegen die Bonner Republik blasen und ihre Berliner Republik nach rechts rücken wollen. In diesem Buch fehlt der nationalistische Schmäh wider Supranationalismus und Multikulturalismus ebenso wie die konservative Predigt «Mut zur Erziehung!», der Feminismus der 68er wird hingegen genauso pragmatisch anerkannt wie der kulturelle Wertewandel der 70er Jahre. Vergeblich sucht man auch «autonome» Autoren, die 68er des *Verrats* an der revolutionären Sache bezichtigen und den Kampf gegen den «Terror der kapitalistischen Ökonomie» (Forrester) wiederaufnehmen, oder postmoderne Dekonstrukteure der Großen Erzählungen, zu denen die 68er-Legende zweifellos gehört.

Diese 89er stehen ökumenisch auf den Schultern der 68er-*Reformisten*, deren (durchaus systemerhaltender) Einsatz für soziale Gerechtigkeit, Breitenbildung und Beteiligungsdemokratie sie teilen und durch die Dimension nachhaltiger Entwicklung ergänzen, auch eine Idee (des *Club of Rome)* von 1968. Sie entsprechen damit der gesellschafts- und umweltpolitischen Orientierung der meisten Erst- und Jungwähler, deren Herz verhalten rot-grün und mitte-links schlägt – wenn sie noch wählen gehen und sich überhaupt politisch betätigen. Denn die attraktivste Option der 18-25jährigen, vor allem in Ostdeutschland, ist laut Meinungsumfragen und Jugendstudien die «Partei der Nichtwähler». Da auch das alternative Mittel außerparlamentarischen Protestes und neuer sozialer Bewegung bei ihnen nicht mehr sehr gefragt ist, leiden die Grünen genauso unter Nachwuchs- und Legitimationsmangel wie die Volksparteien.

Woran soll sich ein neuer Generationskonflikt dann überhaupt entzünden? Das probate Thema der 60er Jahre, die unterlassene «Vergangenheitsbewältigung», ist passé; es läßt sich auch mit einer «Bewältigung der Vergangenheitsbewältigung» nicht mehr aufwärmen, wie die rechtsradikalen 89er sie propagieren. Aber in diesem Buch wird der hypermoralische Tugendterror mancher 68er aufs Korn genommen, der – mit dem Hinweis auf Auschwitz – auf alle politischen Fragen der *jüngsten* Vergangenheit, von der deutschen Vereinigung über den Golfkrieg bis zum Völkermord in Jugoslawien, politisch korrekte und bisweilen fatal falsche Antworten produziert hat. Daß Alexis de Tocqueville und Hannah Arendt eventuell bessere Quellen sind als Georg Lukács und Ernst Bloch, ist den linksliberal gewordenen Publizisten der 68er Generation mittlerweile auch aufgefallen. Der Haussegen hängt nur gelegentlich schief, wenn in diesem Buch einer mal «rechte Töne» über das Unwesen türkischer Jugendbanden oder den fehlenden Opferschutz in einer liberalen Rechtskultur anschlägt.

In den Beiträgen findet man auch deutliche Aversionen gegen die «Politikrituale» der geistigen Väter und Mütter. Das sind Stilfragen, die in der politischen Debatte bekanntlich nicht unwichtig sind. Aber es gibt auch berechtigte Einwände gegen ihren «Strukturkonservatismus». Nicht allein Kohl wird für den «Reformstau» (Wolfgang Schäuble) zur Verantwortung gezogen, auch die Reformer der 60er und 70er Jahre, in deren Fußstapfen er getreten ist. Sozialliberale und christlich-liberale Koalitionen haben gewaltige Staatsschulden und eine pensionsträchtige Beamtenbürokratie hinterlassen; der nächsten Generation, die nach der Ölkrise geboren ist und das Projekt der deutschen Einheit zu bezahlen hat, legt diese Staatsklasse ans Herz, den Gürtel enger zu schnallen. Die Reaktionen der Betroffenen, die es als erste Generation seit langem *nicht* besser haben sollen als ihre Eltern, stufen die Älteren dann fast unisono als harmlos und unpolitisch ein – sie vermissen «die Utopie» und den «Biß».

Sollte Joschka Fischer seine Parteirebellen tatsächlich als «Heiapopeia-Generation» verhöhnt haben, verkennt er den Ernst des Interessen- und Anerkennungskonflikts zwischen den Generationen, der in einem Cartoon des «New Yorker» pointiert zum Ausdruck gekommen ist: In einem Restaurant tafeln und plaudern ganz entspannte Babyboomer; sie süffeln Pinot Grigio, tauschen sich über Investmentfonds, Bausparverträge und Armani-Klamotten aus, balzen ihre Lebensabschnittspartner an – und haben kaum einen Blick für die KellnerInnen aus der Generation X, die nicht gerade freundlich aus der Wäsche schauen. Eine Karikatur, gewiß, aber die Stimmung ist nicht eben *heiapopeia*, wenn flexibilisierte McJobber auf ihre Eltern, Lehrer und Chefs, wohlständige Postmaterialisten und Rebellionsgewinnler, zu sprechen kommen, die sich mit der Kriegs- und Flakhelfergeneration zu einer Großen Koalition der Besitzstandswahrer wiedervereinigt haben, bei der die *babybuster*, schon mangels Masse, außen vor bleiben.

Nur ein Autor zerstört den gepflegten Konsens und stimmt dem großen Vorsitzenden Mao zu: «Rebellion ist berechtigt». Aber auch dieser Slogan ist schon von den 68ern besetzt, die gepflegte Dissidenz zum Merkmal der herrschenden Kulturindustrie gemacht haben, und der «Stein in der Schaufensterscheibe» (Frank Winter) sprengt die versteinerten Verhältnisse nicht auf, wie man jeden 1. Mai in Kreuzberg und am Prenzlauer Berg sehen kann. Es liegt nicht allein an den Studenten, daß sie zum wiederholten Male erfolglos auf die Straße gegangen sind; vom Bundespräsidenten bis zur Institutsmannschaft klopfen den Tapferen alle auf die Schultern – und lassen sie ins Leere laufen. Die Veteranen hätten eh besser gewußt, wie man zünftig protestiert und Konflikte zuspitzt. Die (nolens volens) «neuen Selbständigen» trauen folglich weder der etablierten Politik noch klassischer Staatsintervention. Die Beiträger dieses Bandes begehen freilich nicht den Fehler, die politische Arena ganz links liegen zu lassen. Ihre noch etwas nebulösen Vorstellungen über neue Generationenverträge, die nicht allein die Sicherung der Renten im Auge haben, sondern auch eine andere Steuer- Bildungs- und Arbeitsmarktpolitik erfordern, verdienen eine seriöse Diskussion, und es ist fatal, wenn die staatsverliebten Funktionäre der Grünen und der SPD sie als «neoliberal» abtäten. Gerechterweise haben die Freien Demokraten kaum Anhang unter den 89ern. Soziale Demokratie ist gut und ohne Zweifel besser als die vermeintlichen Sachzwänge der wirtschaftlichen Globalisierung; aber in der Kritik eines *strukturkonservativen* sozial-demokratischen Konsenses würde ich noch weiter gehen als die hier versammelten Generationsanstifter.

Für mich sind die von ihnen vorgelegten Konzepte politischer als die utopischen Traumtänzereien der meisten 68er. Aber wie können sie ihre Reformvorschläge politisch zuspitzen? 30 Jahre nach 1968 regiert in Deutschland der christdemokratische Flakhelfer Helmut Kohl. Deutlicher kann man das Scheitern der 68er-Aktivisten und den Erfolg der 68er-Bewegung nicht demonstrieren. Denn die 68er haben es (ganz abgesehen von ihren systemsprengenden Ambitionen) nicht einmal geschafft, auf Dauer eine Mitte-Links-Regierung zu etablieren und Vertreter ihrer eigenen Alterskohorte an deren Spitze zu stellen. Sie mögen kulturelle Meinungsführer sein und das Gros der Leitartikler, Professoren und Gesamtschullehrer stellen, sie mögen auch in einst so konservativen Bastionen wie Ärzteschaft, Jurisprudenz und Kirche beträchtlichen Einfluß gewonnen haben. Aber die politische Kommandogewalt haben sie nicht bekommen und nicht einmal einen Bill Clinton oder Tony Blair hervorgebracht. Kohl hat reihenweise 68er-Enkel ausgesessen und ließ auch die «anderen 68er» in seiner eigenen Partei am ausgestreckten Arm verhungern. Der Generationswechsel von den bald 70jährigen Flakhelfern zu den über 50jährigen 68ern vollzieht sich jetzt biologisch, nicht dank ihres politischen Schwergewichts. Da darf dann vielleicht auch eine rot-grüne Regierung ins Amt.

Zugleich hat Kohl den sozial-demokratischen Konsens, den die Studentenbewegung erst angezweifelt, dann aber umso tiefer verankert hat, nie so stark verlassen wie die Neokonservativen Reagan und Thatcher. Das versetzt die jungen Kritiker dieses Buches in ein strategisches Dilemma. In der «Richtungswahl» (Kohl) von 1998 müssen sie das kleinere Übel, die 68er, akzeptieren, um den 68jährigen Kohl abzulösen, d.h. sie spielen das Billard *ihres* Marsches durch die Institutionen gewissermaßen über die Bande, um ihren eigenen Machtanspruch durchzusetzen. Deswegen bleibt der Aufstand der jungen Grünen gegen die Fischer-Trittin-Mafia ebenso verhalten wie der Affront der «jungen Wilden» in der CDU gegen Kohls Kanzlerwahlverein. Eine Zeit lang sah es aus, als könne am ehesten eine schwarz-grüne Reform-Koalition aus Modernisierern in der Union und Tabubrechern der Grünen die deutsche Misere beheben, aber für eine solche Mesalliance waren beide Parteien zu konservativ und das deutsche Parteiensystem ungeeignet. Eine Interessenallianz jüngerer Abgeordneter und Politiker quer durch die Parteien ist aus denselben Gründen nicht zustande gekommen. Insofern bleiben die Jungen vorerst im Käfig rot-grüner Politikstrategie, womit, solange sich der Einbezug der Alte-Männer-Partei PDS verbietet, auch der Ost-West-Konflikt in ihren Reihen weitergeht. Nicht, daß ich für eine Ossi-Quote wäre, aber daß kein einziger Autor dieses Bandes die Erfahrung der Revolution von 1989 aus östlicher Sicht repräsentiert, ist mehr als editorisches Mißgeschick.

Fazit: Die Jungen mögen unser Volksfest nicht. Aber «wir» sind noch mal davongekommen – wir werden sogar noch «gebraucht» von den 89ern, die keine Generation sein wollen. Manche Autoren, das kommt einem bekannt vor, riskieren eine kesse Lippe, aber die meisten bevorzugen ein ökumenisches «Faßt mit an!» (Gohl). Der Krieg der Jungen gegen die Alten ist vertagt, ein neues '68 wird, jedenfalls von den meisten Autoren, nicht auf die Tagesordnung gesetzt, eher eine kleine Palastrevolte. Wahrscheinlich wäre ein neuer Generationskonflikt auch Zeitverschwendung. Doch die Allianz der Besitzstandswahrer aus Flakhelfern und 68ern droht sich zur Großen Koalition zu verfestigen. Die demographischen Prognosen sind eindeutig, und sie setzen sich um in politische Machtverhältnisse, da Flakhelfer und 68er nicht nur numerisch in der Mehrheit sind, sondern über ihre noch in der alten Arbeitsgesellschaft verankerten Lobbies über mehr Druckmittel und Einfluß im politischen Zentrum verfügen. Die Lasten, die der demographische Wandel, der Umbau des Wohlfahrtsstaates, die Beseitigung der ökologischen Schäden, die Folgen der deutschen und europäischen Vereinigung und die Internationalisierung des Kapitals mit sich bringen, müssen gerechter verteilt werden – jede Mark, die zuviel in die Altersvorsorge der

Großkoalitionäre investiert wird, fehlt den kommenden Generationen doppelt. Frank Winter und Maja Schmidt haben recht, wenn sie – genau wie 1967 – der «Bildungsfrage» die größte Sprengkraft zubilligen. Von ihr könnte sehr wohl ein «neues 68» ausgehen, aber auch das wird ganz anders aussehen als anno dazumal.

Fürs erste müssen die *babyboomer*, die eigentlichen Erben einer langen Phase nichtendenwollenden Wachstums, ihre Privilegien, ihre soziale Sicherheit und ihre Arbeitsplätze teilen. Dazu werden sie auf jeden Fall noch gebraucht ...

AutorInnen

Matthias Berninger

26 Jahre, Bundestagsabgeordneter von Bündnis 90/Die Grünen

Hans Martin Bury

32 Jahre, ist Bundestagsabgeordneter der SPD

Christopher Gohl

Zur Zeit studiert der 23 Jahre alte Politikwissenschaftsstudent aus Stuttgart an der Georgetown University in Washington, DC.

Sue Hermenau

16 Jahre, Schülerin aus Berlin

Natalie Immel

18 Jahre, Schülerin aus Wetzlar

Julia Junger

17 Jahre, ist Schülerin am Gymnasium Mellendorf. Sie ist Vorstandsmitglied im Jugendparlament der Gemeinde Wedemark. Nach bestandenem Abitur strebt Julia 1999 ein Jura-Studium an.

Michael Kauch

30 Jahre, Vorsitzender der Jungen Liberalen

Benjamin Kiesewetter

18 Jahre, Schüler und Kinderrechtler aus Berlin

Claus Leggewie
48 Jahre, ist Professor für Politikwissenschaft in Gießen und New York, 1995 erschien «Die 89er – Portrait einer Generation», Hamburg.

Manuela Rottmann
25 Jahre, beendet derzeit ihr Jura-Studium an der Uni Frankfurt. Von 1994 bis 1995 hat sie als Sprecherin des Grün-Alternativen Jugendbündnisses diverse Erfahrungen im Umgang mit 68erinnen und 68ern insbesondere bei Bündnis 90/ Die Grünen gemacht.

Maja Schmidt
22 Jahre, Studentin aus Bonn und Mitglied der Jungen Liberalen

Jörg Tremmel
27 Jahre, Gründer der Stiftung für die Rechte zukünftiger Generationen, Student in Politikwissenschaft und Doktorand in BWL

Martin Viehöver
23 Jahre, Student und Bundesvorsitzender der Jungen Ökologen

Mathias Wagner
23 Jahre, Student und Mitglied des Grün-Alternativen Jugendbündnisses

Arne Robert Weiss
19 Jahre, bestand sein Abitur 1997 und war von 1993-1996 Schülersprecher am Gymnasium Mellendorf. Er ist ebenfalls Vorstandsmitglied im Jugendparlament der Gemeinde Wedemark. Arne ist zur Zeit Zivildienstleistender und wird danach voraussichtlich ein VWL-Studium in Passau beginnen.

Frank Winter
25 Jahre, Student in Freiburg i. Br. und Mitarbeiter des «Archivs Soziale Bewegungen»

Falkensteinstr. 6, D-79102 Freiburg i. Br.
(+49)761/7909591-0 (Tel.) 7909591-4 (Fax.)

(http://www.tremmel.de und http://www.srzg.de)

Umschlaggestaltung: Michael Wiesinger
Umschlagphoto: «Studentenunruhen in der Bundesrepublik (1968)», © Peter Albers, Hamburg
Satz: Kore, Nicolas Weiß
Gesamtherstellung: freiburger graphische betriebe
Printed in Germany

Die Deutsche Bibliothek – CIP-Einheitsaufnahme:

Stiftung für die Rechte zukünftiger Generationen (Hg.):
Die 68er – Warum wir Jungen Sie nicht mehr brauchen / hg. von der SRzG
– Freiburg i. Br. : Kore Edition, 1998

ISBN 3-933056-65-9

ISBN 3-933056-65-9